コミュニケーション・デザインの学びをひらく

教科横断で育てる協働的課題解決の力

Communication
Design

お茶の水女子大学附属中学校
［編］

明石書店

刊行にあたって──コミュニケーション・デザイン科（CD科）の教育実践に接して

　お茶の水女子大学附属中学校のコミュニケーション・デザイン科の研究は、加賀美前附属中学校長のもとで始まった研究である。私が加賀美先生の後を承けて校長に就任したときには、新教科としての立ち上げが終わり、その研究の成果を各教科、領域に反映させる段階に研究が進展していた。このように深化した本校の教育実践に接するにつけ、CD科がもたらした豊かな成果に瞠目することがしばしばである。そこで、私の専門分野が教育哲学であることから、私がCD科の実践に接して感銘を受けたことを、思想史の脈絡で少し述べてみたいと思う。

　まず何よりも、附属中学校の教育実践に接して驚いたのは、子どもたちが協働的な学習において、ICTツールを駆使して意見を交わし合う姿に接してであった。異質な他者と意見を交換しながら自身の考えを深めていく教育実践は、附属小学校でも大切にされており、お茶の水女子大学附属学校の教育の共通した根幹をなしている考え方である。だが、小学校段階では、子どもたちがサークル状に座り対面で意見を交わしあうのに対して、附属中学校の教育実践においては、パソコンに自分の意見を入力し、さらにその意見にコメントを互いに付しあいながら、生徒たちは議論を深めていく。もちろん、このような教育実践が可能になるのも、子どもの発達段階が高まっていることによる。そして、近年のICT機器の進歩が可能にしていると言えるだろう。

　実は、科学技術の進歩が教育のあり方を変えた先行事例としては、20世紀初頭の映像メディアを活用した教育がある。それまでの教育においては、基本的に文字と、文字による事柄の理解を補足するものとして絵画が使用されてきた。ここでは、われわれが生活している通常の時間・空間観念が支配している。ところが、静止画の連続体としての映画が20世紀初頭に発明されたとき、スローモーションによって時間が引き延ばされたり、早送りによって時間が凝縮される事態が観衆の眼前で起こることになった。また、映像によって普通の空間感覚では把握できない対象の俯瞰像を獲得できたり、対象に微細に迫ることによって肉眼では捉えることができない対象の微細な構造を眼前にすることができるようになった。映画によって、われわれの空間・時間観念が著しく拡張されたのである。そして、こうした技術を教育に導入することによって、ワイマール期ドイツの教育実践家であるライヒヴァインは『学校における映画』において、子どもの対象を「見る力」が飛躍的に発達することを指摘

している。また、当時の映画のもたらしたものに注目するドイツの批評家ベンヤミンは『複製技術時代の芸術作品』において、カメラが現実から切り出してくる断片的な現実像をモンタージュしてつなぎ合わせることによって、これまでわれわれが知ることのできなかった世界の姿や世界の真実を知ることができるとして、映画による世界認識の深化に期待を寄せた。

　哲学の伝統では、例えばカントが述べているように、われわれの認識においては、感覚器官が対象を知覚するときには、その感覚データを素質としてわれわれに具わっている時間と空間の枠組みに従ってあらかじめ整理して、われわれの心はわれわれの知性に提供すると考えられている。だが、映画による教育を受けた子どもたちにおいては、前世代の人々が持つ枠組みを更新する時間・空間の枠組みを持っている可能性があることになる。このような、認識の枠組みが更新されているのではないかと思われる光景を、私は附属中学校の子どもたちの姿に感じ取ったのである。つまり、彼らは、空間の隔たりを軽々と超えて眼前に不在の人々や遠方の人々と自在に意見を交わしあい、しかも文字や映像を通してその人々と共感しあってさえいるのである。あるいは、自身の学習を調整しながら進めるためにクラウド上に残されている記録を通して、過去の自分（の考え）を現前させながら内省的に対話をして振り返りを進めている。

　このように、CD 科で学ぶ子どもたちの中では、来たるべき時代の萌しとして、時間・空間観念の拡張と他者との共感力の更新が見られると思われたのである。ただし、ICT 機器を活用することによる共感力の拡張を促す本校の教育実践においては、もうひとつ注目しなければならないことがある。それは、ICT 機器を教育現場で活用するとしても、決して情報機器を活用した子どもの自己学習が考えられているのではないということである。つまり子どもが学習過程で取り組むのが主にディスプレイ上の映像であるとしても、「映像のどこに目を向けたらいいのか」といった子どもの思考を促す語りかけや対話のあり方に工夫が凝らされている。CD 科における教育実践に見られる ICT 機器の活用術や子どもの思考を促す対話のあり方など、本校が精力的に取り組んできた実践例が、本書を手にされる方の日々の教育実践を構想する際に裨益するものがあれば幸いである。

お茶の水女子大学附属中学校長

池 田 全 之

はじめに

　本書『コミュニケーション・デザインの学びをひらく——教科横断で育てる協働的課題解決の力』は、中学校の教員のために「協働的課題解決の力」を育成する教育方法や授業実践について書かれたものです。

　お茶の水女子大学附属中学校では、2014 年度から 2018 年度まで、文部科学省研究開発校としての指定を受け、「協働的な課題解決を支える思考・判断・表現の力を育てる授業づくり」を研究主題として、継続的に教員一同、教育実践を進めてまいりました。コミュニケーション・デザインとは、「協働的課題解決のコミュニケーションを効果的にデザインする（構成・創出する）」ことであり、また、コミュニケーション・デザイン科とは、論理的・創造的な思考力を働かせ、協働的な問題解決のための構想や計画を練り、よりよい生活や社会の実現をめざす基盤となる「協働的課題解決の力」を育成しようとする教育課程のことです。この新教科の開発に当たっては、変化の激しい現代社会の抱える困難な問題に対し、生徒たちが課題を発見し、論理的に思考・判断し、他者との対話・協働しながら、伝達していくコミュニケーション能力が育成されるように、試行錯誤を重ねながら本校の教員たちが多様な授業実践に取り組んでまいりました。

　本書の目的は、上述したように 5 年にわたる本校のコミュニケーション・デザイン科の教育実践の蓄積を整理し、それを公教育に活用していただくために広く発信することです。具体的にコミュニケーション・デザイン科とは何か、どのように教員は生徒を指導し、生徒はどのように学ぶのか、また、それを実践したことで学校が、そして教師がどのように変容したのかを表すことにあります。そのことによって、お茶の水女子大学附属中学校の培ってきた教育の独自性とは何か、その目指すべき教育の価値は何かを明確にし、広く公教育に貢献できる道筋を提示したいと考えたからです。

　また、学習指導要領では、「主体的・対話的で深い学び」の実現を通してこれからの時代を子どもたちが「生きる力」をはぐくむために「教科等横断的な視点にたった資質・能力の育成」をめざした教育課程を編成していくことが求められています。まさにこの学習指導要領で掲げられていることは、本校の取り組んできたコミュニケーション・デザイン科の研究開発の課題とも共通する内容であり、各教科の関連性だけでなく、領域横断的な視点を重視する教員の意識の変革を促す教育課程であるともいえます。

本書は、全5章から構成されています。まず、第1章は、コミュニケーション・デザイン科とはどのようなものか論じています。第2章は、コミュニケーション・デザイン科の授業実践事例の詳細を「論理・発想」、「対話・協働」、「伝達・発信」という観点から挙げています。それを中学校の3年間でどのように学んでいくのかを学年ごとの実践をもとに示しています。第3章では、コミュニケーション・デザイン科をどのように開発してきたかを示しています。第4章では、コミュニケーション・デザイン科の実践に当たり学校と教師がどのように変容したか、また、在校生や卒業生のアンケートからどのようにコミュニケーション・デザイン科で培った学びを活用しているかを表しています。最後の第5章では、平成29年度版学習指導要領に基づいて教育課程を編成する一般の中学校が、CD科の内容をとり入れていただけるように、お茶の水女子大学附属中学校のモデルカリキュラムをお示しいたしました。

　本書は、こうした5年の研究開発の蓄積を土台に、本校のコミュニケーション・デザイン科を牽引してきた研究部のメンバーが中心となり、すべての教員が授業実践について書き下ろしました。また、研究開発に当たり研究指導を引き受けてくださった奈須正裕先生（1章）、堀田龍也先生（3章）、藤江康彦先生（3章）、冨士原紀絵先生（4章）にも、本書に執筆していただきました。多くの貴重なご助言やご指導だけでなく、本書の執筆にもご協力いただきこころより感謝申し上げます。

　お茶の水女子大学附属中学校のコミュニケーション・デザイン科の実際を多くの方々と共有し、それぞれの学校でより豊かな教育活動に応用していただけましたら幸いです。最後になり恐縮ですが、本書の出版を快くお引き受けくださった明石書店の大江道雅社長およびきめ細かく編集作業をしてくださった秋耕社の小林一郎氏に心より感謝申し上げたいと思います。

前お茶の水女子大学附属中学校校長

加賀美常美代

コミュニケーション・デザインの学びをひらく
──教科横断で育てる協働的課題解決の力

目次

第1章

教科等横断的な資質能力の育成をどう進めるか？　コミュニケーション・デザイン科とは？

1 コミュニケーション・デザイン科（CD 科）で協働的な課題解決の力を育てる

1．コミュニケーション・デザイン科開発のきっかけ

お茶の水女子大学附属中学校では平成21〜23年度に文部科学省教育課程研究開発学校指定による「生徒の主体的な研究活動に培う実践的な言語力・思考力・論理力を活用し、課題の追究・解決の力を育てる「自主研究」を中心とした教科・総合の統合型教育課程の研究開発」の研究を行い、平成24〜25年度はこの成果と課題をふまえて「〈探究の楽しさ〉が駆動する学びの創造」を主題とする校内研究を展開しました。

この一連の研究を通して、浮かんできたのは次の気づきや課題でした。

○課題発見・解決の力としての思考力や、協働的に話し合う力の指導における共通理解を一層進めていくことが必要なこと。

○協働的な課題解決の過程で、アイデアの可視化に関する指導を共有していく必要があること。

○発表指導の際にさまざまな表現指導を行うだけでなく、普段から多様な表現のワザ（コツ）を知っていることが思考そのものを引き出し、見通しをもった探究活動の展開に資すると考えられること。そのための指導内容・方法を整理し共有すべきこと。

つまり、協働的な課題解決の過程で行われる「表現」に着目することは、生徒たちの表現力を高めるだけでなく発想の広がりや思考の深まりを引き出す効果も期待でき、また他者と共に協働的な話し合いを通して課題を解決していく力を育てていくことにつながると考えたのです。それはこれからのグローバル化した社会に生きる子どもの基盤を培っていくことにつながるはずです。

思考力育成については、当時すでに先行実践（広島ほかの「論理科」や関西大学初等部の「ミューズ学習」ほか）が一定の成果を上げていました。ただし、それらは個々の思考力育成に重点があり、集団思考や協働的課題解決のための指導については未着手の部分が多いと考えました。また、統合メディア表現（＝言語だけでなく図表や写真・動画、音楽等のさまざまな手段や方法を統合的に用いた表現）については、メディアリテラシー分野に先行の研究実践が進みつつあるものの、現在の学校教育においては、なお課題が大きいように感じました。

こうした検討をふまえて、新教科「コミュニケーション・デザイン科（略称：CD科）」を位置づけた教育課程の研究は始まったのです。

2. コミュニケーション・デザイン科(CD科)とは？

　現代の社会には、私たち人間や地球環境が持続的に発展していくために、さまざまな立場に立つ人間同士、さまざまな価値観をもった人間同士が、協働して解決を試みていくべき課題が数多くあります。そうした社会を、これからの世界を生きていく子どもたちには、それぞれが「課題の発見・解決の力」を身につけていくとともに、一人一人が力を出し合って、「他者と協働して課題を解決し、目標を達成していけるための資質や能力」を身につけていくことが、一層大切になるといえるのではないでしょうか。そして、こうした資質や能力は、どこか一つの教科ではなく、教科の枠組みを超えて学校全体で育てていく必要があることは、想像に難くありません。

　平成29年3月に告示された新「学習指導要領」も、こうした時代の教育を考える立場から改訂されたといえますが、その「総則」には、次の記述があります。

> **2　教科等横断的な視点に立った資質・能力の育成**
> (1)　各学校においては、生徒の発達の段階を考慮し、言語能力、情報活用能力（情報モラルを含む。）、問題発見・解決能力等の学習の基盤となる資質・能力を育成していくことができるよう、各教科等の特質を生かし、教科等横断的な視点から教育課程の編成を図るものとする。
> (2)　各学校においては、生徒や学校、地域の実態及び生徒の発達の段階を考慮し、豊かな人生の実現や災害等を乗り越えて時代の社会を形成することに向けた現代的な諸課題に対応して求められる資質・能力を、教科等横断的な視点で育成していくことができるよう、各学校の特色を生かした教育課程の編成を図るものとする。
>
> 　　　　　　　　　　　　　　　　　　　（『学習指導要領総則』H29年3月、p.5）

　すなわち、これからの学校では、「言語能力、情報活用能力、問題発見・解決能力等の学習の基盤となる資質・能力」を、教科等横断的な視点に立って育てていくことが求められることになったのです。では、どうすれば時代の求めに応えられるのか。

　私たちが平成26年から平成30年まで文部科学省の教育課程研究開発学校の指定を受けて開発した「コミュニケーション・デザイン科」がその一つの答えです。

（1）コミュニケーション・デザイン科（CD 科）の目標

コミュニケーション・デザイン科のことを、お茶の水女子大学附属中学校では CD 科と呼んでいます。CD 科の教科目標は以下の通りです。

> よりよい社会の実現に向けた課題発見・解決・探究のために、様々なツールを活用して思考・発想し、他者と対話・協働しながら、思いや考えなどを伝達・発信するための統合メディア表現を工夫して、効果的なコミュニケーションを創出する能力と態度を育てる。

CD 科は、社会を構成する一員として、身の回りの大小さまざまな問題に気づき（課題発見）、地球全体を視野に入れつつ、その解決や探究を目指して行動することを通して「よりよい社会の実現」を目指す生徒を育てていくことを目標としています。

この目標は、次のような構造になっています。

> ①よりよい社会の実現に向けた課題発見・解決・探究のために
> ②様々なツールを活用して思考・発想し
> ③他者と対話・協働しながら
> ④思いや考えなどを伝達・発信するための統合メディア表現を工夫して
> ⑤効果的なコミュニケーションを創出する能力と態度を育てる

こうしてみると、「よりよい社会の実現に向けた課題解決のために（①）」、「効果的なコミュニケーションを創り出せる生徒を育てる（⑤）」という軸を、

　問題解決のための考え方・発想に関する知識・技能（②）

　問題解決のための話し合い・協働に関する知識・技能（③）

　問題解決を目指す他者や社会への伝達・発信に関する知識・技能（④）

を学び、活かすことによって達成しようとしていることがおわかりいただけるかと思います。

「様々なツール」は、私たちが考えたり伝えたりするための道具や手法です。例えば、言語や図表、付箋紙やホワイトボード等の文具やコンピュータ等の機器、さらにはブレーンストーミングや KJ 法などの手法に類するものなど、およそ生徒たちが課題の解決に用い得る道具や手法等が含まれます。CD 科では、これらを効果的に活用して「課題解決に向けて思考・発想すること」を学ぶのです。

協働的な課題解決のためには、話し合ってアイデアを出し合ったり、意見を調整をしあっ

たりすることが必要になります。そのための効果的な話し合いの仕方や、調整の考え方など、さまざまな「対話・協働」を学びます。

伝える相手は、学校の仲間だけでなく地域や社会の人々などさまざまです。「統合メディア表現」とは、言語、映像や音楽、身体パフォーマンスなど、さまざまな表現手段を組み合わせて表現することを指します。

つまり、CD科は、教科横断的に育てていきたい汎用的な資質・能力として、「協働的な課題解決の力」を設定し、「協働的な課題解決」のための「知識・技能」あるいは「思考・判断・表現」を学んでいく教科なのです。

(2) コミュニケーション・デザイン科という名前

CD科はこうした目標を掲げる教科ですが、教科名の「コミュニケーション・デザイン」という言葉は耳慣れない言葉かもしれません。どのような意味が込められているのでしょうか。実は、この教科名には次の二つの意味が込められています。

　　○コミュニケーションをデザインする。
　　○コミュニケーションによってデザインする。

「デザイン」という語には、「意匠を考える」「設計する」という側面があります。「コミュニケーションをデザインする」というときは、この意味で「デザイン」という言葉を用います。「目的達成のための効果的な対話や話し合い、あるいは大勢の人に伝えるための発信の仕方を構想し、創り出していく」という意味になります。

一方また「デザイン」には、例えば川添登『デザイン論』(1979) に見られるように、人間・社会・自然の三者の関係に生じる様々な問題を解決する「問題解決行為」としての意味があります。「コミュニケーションによってデザイン（問題解決）する」ということです。「仲間やさまざまな人との対話・協働を通して、目の前の課題の解決策をデザインしていく」という意味の名前でもあるのです。

(3) コミュニケーション・デザイン科の領域と主な内容

CD科では、こうした考え方をふまえて、「A 論理・発想」「B 対話・協働」「C 伝達・発信」の三つの領域を設定し、「協働的に課題を解決していく」ために知っていると良いと考えられることや、できると効果的と考えられることなどを取り上げて、それぞれの内容を整理することにしました。各領域の目標と概要は以下の通りです。

> A　論理・発想
>
> 領域の目標：社会の課題の協働的解決において、論理的に思考したり、豊かに発想したり、課題解決のプロセスを俯瞰的に捉えることの価値を理解するとともに、その能力と態度を伸ばす。
>
> ・課題の発見・解決・探究のためのものの見方や考え方
> ・思考・発想・表現を効果的に支える可視化・操作化のツール・手法の例
>
> B　対話・協働
>
> 領域の目標：社会の課題の協働的解決において、自他を生かし、温かみのある対話をし、円滑に討議を進めることの価値を理解するとともに、その能力と態度を伸ばす。
>
> ・他者と協働して課題の発見・解決・探究していくための対話の知識や技能
> ・効果的に話し合う方法やそれを支える可視化・操作化のツール・手法の例
>
> C　伝達・発信
>
> 領域の目標：社会の課題の協働的解決において、伝達・発信する内容の構成を工夫し、方法を吟味し、視覚化などの表現手段を活用する価値を理解するとともに、その能力と態度を伸ばす。
>
> ・課題解決・探究のために他者に向けた伝達・発信を効果的に行う知識や技能
> ・伝達・発信のためのツール・手法および機器の例、その効果的な使い方
>
> ＊具体的な指導内容は、後の「CD科学習指導要領」に示す。以下、「ツール・手法」を総じて「ツール等」と略すことがある。

① 「A　論理・発想」の指導内容と事例

　「論理・発想」の指導内容としては、「課題の発見・解決・探究のためのものの見方や考え方」として、次の各項目で整理された指導事項を取り上げます。各指導事項については、p.29「コミュニケーション・デザイン科学習指導要領」を、またどのようにして指導事項を作ったかは第3章1（p.130）を参照ください。

> (1) ア 思考の基礎操作　　イ 論理思考の基礎　　ウ 問題解決の思考

　例えば、「イ　論理思考の基礎」の「（イ）判断を構成する要素（主張・根拠・理由付け・裏付け・反証）について知り、論理的に表現したり批判的に吟味したりすること。」では、トゥールミンの論理モデルを取り上げ、主張を組み立てるのに、根拠と理由付けを分けることや、裏付けや反証を確かめて、批判的に検討することを指導します。こうした基礎指導は1年生で学びます。

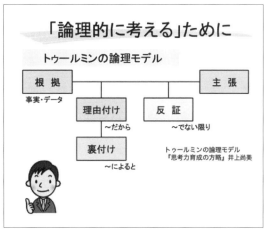

　また、「思考・発想・表現を効果的に支
える可視化・操作化のツール・手法の例」
としては、図解のツールとしてのベン図や
XY チャート等のいわゆる思考ツールや、座標軸などを紹介するとともに、マップ法や「評
価軸×評価」表等の発想や判断を支えるツールなどを取り上げて指導します。

②「B　対話・協働」の指導内容と事例

　また、「対話・協働」の内容としては、

> （1）ア 対話・話し合いの基礎　　イ 対立の解決・解消　　ウ 外部との交渉

について、具体的な場面を設定して指導していきます。

　右の写真は文化祭のクラス出し物を相談してい
る場面です。とりわけ「対話・協働」の内容、例
えば効果的な話し合いの方法にしても、外部との
交渉にしても、本物の場で、話し合う必要性が感
じられないと本気の学習になりにくいと考えま
す。学習効果を高めるためにも、また必要な話し
合いを CD 科の時間を使って実際に達成していく
うえでも、対話・協働の場を本物にしていくこと
が大切なのです。

　右（下）は、自分たちが作った「しおり」を置
いてもらう交渉をしに、大学図書館へ行って窓口
で準備をしている生徒たちの様子です。大学の機
関や地域のさまざまな人々の協力を得ていくこと
が必要になります。

③「C　伝達・発信」の指導内容と事例

「伝達・発信」の内容は、次の二つの項目で整理しました。

---

(1) ア 情報収集と情報共有　　イ 戦略的な表現

「イ　戦略的な表現」には、例えば、「(イ) 社会にある表現を批判的に吟味し、その意図を読み取ること。」のように、情報の受け手としての視座とともに、「(ア) 目的に合わせた効果的な表現について理解し、目的に応じて表現を調整・改善・評価すること。」のように、目的や相手に応じて、効果的な伝え方を工夫する情報の送り手としての項目も学んでいけるようにしました。

例えば、学級掲示物を実際に作りながら、美術科の教師がレタリングや効果的な色彩の使い方など、指導すべきポイントを教材化し（左図（上））、それを学年の他教科の教員がそれぞれの学級で指導したりもします。その結果、こうした内容を美術科の教員が一人で指導していたときに比べると、学校全体で共有が進んでいくことになります。

伝達・発信の内容については、社会で実際にそれを職業としている専門家たちが多く、卒業生にも人材がいるので、外部講師を積極的に招聘し、私たち教師自身が生徒とともに学びながら、学習を展開しました。

こうした成果は、例えば左図（下）の自主研究発表会などの発表資料（プレゼン画面）の構成などの工夫にも現れ、発表資料の作り方が変わっていきました。

それぞれの領域の具体的な指導内容は、本書 p.29 〜 33 に掲載する「CD 科学習指導要領」を参照ください。

（4）教育課程への位置付けと実際指導のあり方

① 教育課程への位置付け

　では、こうした指導を行う CD 科を、本校の教育課程の中にどのように位置付け、また実際どのように運用したのでしょうか。詳しくは第 3 章 2（p.141）で紹介します。

　CD 科は、文部科学省の教育課程研究開発学校指定を受けて研究開発した新教科です。この開発研究というのは、「学習指導要領」等で定められた教科・内容・時数などを独自に変更してもよいというお墨付きをもらって、通常の教科の配当時数などを変更することで新教科開発を行う研究です。したがって普通は、一般の学校でそっくりそのまま実施するということは難しい部分があります。しかし CD 科の場合、総合的な学習の時間に読み替えていくなどによって、かなりの部分を一般の学校でも実施可能ではないかと考えます。

　というのは、CD 科は、総合的な学習の時間を大胆に削ることで全体の指導時数の多くを生み出し、これに各教科から年間数時間程度の時数を切り出し、さらに週あたりの授業時数を 6 時間 × 5 日フルに取ることで作り出した時間を加えて実施しているからです（下の「教科時数表」を参照）。

　各教科の年間指導時数から少しずつ指導時数を拠出して実施するということは、生徒たちが使う「時間割表」の上には、CD 科という教科名は現れません。

　実は、本校では時間割上、道徳・特活・総合的な学習の時間をあわせて、「総合カリキュラム」という枠を設定しています。この総合カリキュラムの枠は、各学年が年間指導計画を設定して、道徳や特活、そして CD 科などを実施していくわけです。

教科時数表（平成 29 年度・平成 30 年度の時数）

	各教科の授業時数									新教科 CD 科	自主研究	道徳	総合的な学習の時間	特別活動	総授業時数
	国語	社会	数学	理科	音楽	美術	体育	技家	英語						
第1学年	134	102	136	102	48	48	102	67	136	70	35	35	0	35	1,050
増減	− 6	− 3	− 4	− 3	＋3	＋3	− 3	− 3	− 4	＋70	＋35	0	− 50	0	＋35
第2学年	136	102	102	137	35	35	102	69	137	75	50	35	0	35	1,050
増減	− 4	− 3	− 3	− 3	0	0	− 3	− 1	− 3	＋75	＋50	0	− 70	0	＋35
第3学年	104	139	139	139	35	35	105	35	139	75	35	35	0	35	1,050
増減	− 1	− 1	− 1	− 1	0	0	0	0	− 1	＋75	＋35	0	− 70	0	＋35
計	374	343	377	378	118	118	309	171	412	220	120	105	0	105	3,150
増減	− 11	− 7	− 8	− 7	＋3	＋3	− 6	− 4	− 8	＋220	＋120	0	− 190	0	**＋105**

　開発研究を終えた現在の扱いは第 5 章（p.192）を参照下さい。

② 三つの指導法で CD 科の力の定着をめざす

　CD 科では、「CD 科学習指導要領」に示した内容を、具体的な題材・教材・活動を用いて体験的に学ばせていくことになります。実際指導に当たっては、以下の三つの指導法によっ

てその効果を高め、定着を促していくことにしました。

ア　[CD 基礎]による取り立て的なワークショップ型学習による基礎指導
イ　[CD 活用]によるテーマ探究学習による活用指導
ウ　教科および自主研究と連携した基礎および活用指導

[CD 基礎]　CD 基礎では、通例1～2時間程度を1単元として、ワークショップ型の授業を通して指導していきます。

　各教科は「教科時数表」の通り、予め決められた時数を CD 科に出します。それぞれの学年教科担当が CD 科指導計画と各教科の指導計画とを考え合わせて担当内容と実施時期を決定し、通常の時間割の中の当該教科の時間を使って行ったり（この場合、例えば左の時間割例で、理科の山本教諭が月曜1時間目に CD 科を実施する場合、山本教諭が CD 科を指導します）、学年の総合カリキュラムの枠を使って、学年ごとの計画に基づいて授業したりします（この場合、例えば学年担任団の教員が各学級を分担して CD 科の授業を担当します）。

平成29年度　前期時間割（例）　　　　　平成29年4月～

時程（通常 / ○時程）		月	火	水	木	金
1校時	8:40↓9:30 / 8:40↓9:20	理科 山本	総カリ 戸谷	英語 加藤	国語 戸谷	体育 佐藤
2校時	9:40↓10:30 / 9:30↓10:10	数学 松本	技家 平地・有友	社会 寺本	英語分割 醍醐吉川パワー	数学 松崎
3校時	10:40↓11:30 / 10:20↓11:00	体育 君和田・小安	英語 加藤	数学 松本	数学 松本	理科 山本
4校時	11:40↓12:30 / 11:10↓11:50	音楽 中山	社会 木村	理科 小山	体育 君和田・小安	英語 加藤
5校時	13:20↓14:10 / 12:40↓13:20	社会 木村	理科 山本・竹村	総カリ 戸谷	美術 楢山	総カリ 戸谷
6校時	14:20↓15:10 / 13:30↓14:10	国語 戸谷	国語 戸谷	総カリ 戸谷	社会 木村	総カリ 戸谷

[CD 活用]　CD 活用は数時間から 20 時間程度の幅で大きな単元を編成し、授業を展開していきます。学校生活（文化祭などの学校行事等）や社会の中の様々な問題（震災復興等）を取り上げ、その改善や解決に向けて自分たちにできる活動を考え実践していく形のプロジェクト学習型で展開することが多いのが特徴です。

　CD 活用の授業は、4学級を同時進行で実施したほうが、生徒のグループ作りも自在にでき（学級の枠を超えたグループも組める）、また午後の時間から校外活動へ出かけるといった展開も可能なので、水曜・金曜の午後の総合カリキュラムの時間を使って行うことがほとんどです。

[教科・自主研究との連携]　三つ目の「ウ　教科および自主研究と連携した基礎および活用指導」というのは、各教科等の学習において、CD 科と関連させた方がより効果的と思われる内容を扱うときなどに、CD 科の指導を意識的に想起して活用するよう促したり、CD 科の単元と連動して展開することで教科学習や CD 科学習を相互に効果的にしようとして取り組んでいくようにする指導方法です。

CD科は、そもそも「協働的な課題解決のための資質・能力」という観点で、汎用的な知識や技能を取り出したり、各教科の指導内容や指導方法の中で、「協働的な課題解決」に関連しそうな内容や指導から指導事項を刷り上げたりして指導内容を作ってきました（詳細は第3章1を参照）。また各教科の教員がそれぞれの教科の時間にCD科の授業を行うこともあり、内容の面でも教員の意識の上でも各教科との連携はスムーズに行えています。

自主研究では、トゥールミン・モデルの援用による研究推進や、発表資料作成における効果的な伝達の工夫など、研究を進めたり発表したりしていくうえで、CD科との連携を図っていくようにしました。

（5）CD科の学習評価

CD科は「教科」として設定しましたので、当然「学習評価」も行います。CD科の評価の観点とその趣旨は、以下のように設定しました。

コミュニケーション・デザインについての知識・技能	コミュニケーション・デザインについての思考・判断・表現	コミュニケーション・デザインへの態度
課題発見・解決・探究に向けて、論理的に思考・発想したり、対話・協働したり、伝達・発信したりするための知識や技能を身に付けている。	課題発見・解決・探究に向けて、論理的に思考・発想したり、対話・協働したり、伝達・発信したりする工夫を実践している。	課題発見・解決・探究に関心をもち、論理的に思考・発想したり、対話・協働したり、伝達・発信したりする工夫を実践しようとしている。

この観点に沿って、汎用ルーブリックを作り、また単元ごとの評価規準を定めて評価していくことになります。

また主な評価材としては、各授業でのワークシート等の成果物のほか、「ワザカード」というふり返りカードを開発して行ってきました。

評価の具体的な方法等については、本書の第3章3（p.149）で具体的に説明・紹介していきます。ご参照ください。

（宗我部義則）

教科等横断的な視点に立った
資質・能力の育成から見る CD 科の意義

上智大学総合人間科学部教育学科教授　奈須正裕

1. 資質・能力を基盤とした教育

　長年にわたり、学校は教科のような領域区分に沿って膨大な知識・技能を教えてきました。ところが、1970年代になると、領域固有知識の所有を問う伝統的なテストや学校の成績、資格証明書の類いが、およそ職務上の業績や人生における成功を予測しないことを示す研究が相次いで報告されます。知識の所有以上に大きな影響力を示したのは、粘り強さや感情の自己調整能力、対人関係の調整能力やコミュニケーション能力などの非認知的能力でした。さらに、認知的な学力側面についても、批判的思考やメタ認知などの高次で汎用的な認知スキルが注目を浴びるようになります。

　こういった研究を背景に、人生で直面するさまざまな問題状況に対し、質の高い問題解決を現に成し遂げることができる「有能さ」（コンピテンシー）とは何かを巡る議論が盛んになりました。そして、学校のカリキュラムや授業についても、領域固有知識、つまり従来の学習指導要領でいう内容の習得を中心としたものから、質の高い問題解決に向けて子どもたちの「有能さ」を高めていくものへと原理を転換してはどうかという発想が生まれたのです。これがコンピテンシー、平成29年3月に告示された新学習指導要領でいう資質・能力を基盤とした教育の基本的な考え方です。

2. 教科の得意・不得意を分けるもの

　以上のことに理解を示しつつも、多くの教師には釈然としないものが残るのではないでしょうか。なぜなら、内容中心の教育は領域固有知識の習得を最優先に展開してきたかもしれませんが、同時にその過程において、質の高い問題解決に向けて子どもたちの「有能さ」を高めようともしてきたとの思いなり自負があるからです。

　たとえば、理科的な知識を教えるのに、ただただ結論を教えて暗記するよう指示する教師など、どこにもいないでしょう。実験なり観察を実施し、得られたデータを科学的な論理や

方法に即して吟味する中で、一定の知識を導くはずです。この経験が、個別的な知識の習得に加え、科学の方法に関する理解や科学的な思考の様式、さらに科学的探究に不可欠な思慮深さや誠実さ、倫理観を養うと考えられてきました。

　しかし、ことはそれほど容易ではありません。近年の研究によると、人間の学習や思考は文脈や状況に強く依存しており、学んだ場面や課題から離れて自在に活用されるといったことは、そう簡単には生じないことがわかってきました。

　実験や観察を繰り返し経験するうちに、その奥に横たわる「条件制御」「系統的な観察」「誤差の処理」など、科学的な思考や方法に関わる抽象的・一般的・普遍的な概念を帰納的に感得する子どもも、一定程度はいるでしょう。しかし、多くの子どもは「振り子」や「電流」といった具体的・特殊的・個別的な対象や実験状況との関わりでのみ、その実験なり観察の工夫を理解するに留まっています。そこから科学的なアプローチについての茫漠としたイメージくらいは抱くでしょうが、それでは新たな対象や場面に対して科学の論理や方法を自力で繰り出すことなど望むべくもありません。

　いかに科学的な原理にのっとった実験や観察であっても、単に数多く経験しただけでは、科学的な思考や方法を身に付け自在に繰り出せるようになるには、なお不十分です。さらに、表面的には大いに異なる複数の学習経験を俯瞰的に眺め、そこに共通性と独自性を見出し、ついには統合的な概念的理解に到達する必要があります。

　興味深いことに、その教科が得意な子どもは、この統合的概念化をいつの間にか自力で成就しています。同じ教室で実験に取り組んできたのに、その経験が単なる個別的な実験の記憶に留まっている子どもがいる一方で、そこから科学とは何かを高度な水準で感得し、さらにはそれらを理科とは異なる対象や領域、たとえば社会的事象の検討にまで上手に活用する子どもがいるのです。

　彼らは必ずしも優秀なわけではありません。たまたまそういった思考に意識が向かいやすい、何らかの特性を有していたと考えた方がいいでしょう。それが証拠に、別な教科では、まったく概念化や統合が進んでいなかったりもするのです。

3. 学習経験に潜在する抽象的意味の自覚化

　では、質の高い問題解決に向けて、すべての子どもたちの「有能さ」を高めるにはどうすればよいのでしょうか。シンプルにして有効性の高い方策の一つとして考えられるのは、明示的（explicit あるいは informed）な指導の徹底です。

　先の理科の例で言えば、時に複数の実験や観察の経験を整理し、比較・統合すること、そして科学的探究を構成するいくつかの鍵概念について、それらを自在に操れるよう「条件制

御」「系統的な観察」「誤差の処理」などの言語ラベルを付与すること、そして次には、それらの鍵概念を用いて新たな実験や観察について思考を巡らせること、そんな段階的で明示的な指導が有効であり、必要です。

たとえば、振り子の実験で「どんな工夫が必要かな」と問えば、さまざまに試してみる中で、子どもたちは「何度も測って平均を取ればよさそうだ」と気付きます。この段階で教師は「誤差の処理」を理解したと思いがちですが、いまだ「振り子」という具体的な対象や状況との関わりでの気付きに留まっており、自在に活用の効く汎用的な概念的理解にまでは到達していません。

そこで、授業の最後に、思い切りボケて尋ねてみます。

「今日の実験では、どうして振り子が振れる時間を何度も測って平均を取っていたのですか」

「正確なデータを取るためです。でも、それは理科の実験の基本でしょ。いつだってそうしていると思うんですけど」

「そうかなあ。この前の電流計の時は、何回も測って平均を取ったりはしてなかったよ」

「だって、電流計の針は一発でピタリと止まるから。ああ、そうか。電流計と違って振り子は動きが不安定でどうしても値がばらつくから、何度も測って平均を取ったんだ。これまでたくさんの実験をやってきたし、その場その場で工夫してきたけれど、なぜそうしてきたのか、なぜそれでうまくいったのか、振り返って整理すると面白いかもしれない」

複数の経験を整理し、丁寧に比較・統合することで、個々の実験に独自な部分と共通する部分が見えてきます。すると、振り子も含め物理領域ではばらつきの多くは測定誤差ですが、生物領域では個体差が優勢だということにも気付くでしょう。これは、第1分野と第2分野における方法論的な特質の一つなのですが、このような概念的理解は、それぞれの領域で実験や観察に取り組む際の助けとなるに違いありません。

4. 教科等横断的な視点に立った資質・能力の育成

各教科等は、その教科等ならではの対象に対する迫り方と、それを基盤とした知識や美や価値の生成方法、新学習指導要領でいう「各教科等の特質に応じた見方・考え方」を持っています。各教科等の指導に際しては、それらをしっかりと意識し、また明示的に指導することで、その教科等ならではの特質を着実に子どもたちに感得させることが、資質・能力育成の観点からは決定的に重要になってきます。

その一方で、資質・能力を基盤とした教育が目指すもの、すなわち、人生で直面するさまざまな問題状況に対し、質の高い問題解決を現に成し遂げることができる「有能さ」を高める視点からは、教科等を横断する発想も併せて必要です。理由は明確で、人生で直面する問題状況の多くは複雑で込み入っており、複数の教科等の着眼なり問題解決方略を臨機応変に活用したり、適宜組み合わせたりして解決に当たる必要があるからです。伝統的な教室で子どもたちが取り組んできたような、単独の教科等のアプローチであっさりと解決に至れるようなケースは極めて稀なのです。

教科等横断的な視点については、新学習指導要領の総則でも繰り返し出てきます。具体的には、まず、カリキュラム・マネジメントの充実について記した第1の4において、「生徒や学校、地域の実態を適切に把握し、教育の目的や目標の実現に必要な教育の内容等を教科等横断的な視点で組み立てていくこと」の重要性が語られます。

さらに、これをより具体的に受けるのが、教科等横断的な視点に立った資質・能力について記した第2の2です。そこでは、「言語能力、情報活用能力（情報モラルを含む。）、問題発見・解決能力等の学習の基盤となる資質・能力」と「豊かな人生の実現や災害等を乗り越えて次代の社会を形成することに向けた現代的な諸課題に対応して求められる資質・能力」の二つを、教科等横断的な視点で育成できるよう教育課程編成を工夫することが求められています。

5. 汎用的だからこそ大切な各教科等ならではの特質

たとえば、言語能力の一つである「話し合う力」の育成に取り組んでいる学校は少なくありませんが、国語科の指導だけで、あるいはさまざまな教科等で話し合う活動や場面の量を増やすだけで達成できるものではありません。一口に「話し合う」といっても実際には多様な話し合いがあり、それらをしっかりと身に付け、さらに状況に応じて適切なものを自在に繰り出せるようになる必要があるからです。

たとえば、理科での話し合いでは、いずれの推論がより妥当性が高いかをはっきりとさせることを目指し、厳密に定義された言葉を携え、高い批判精神を持って冷静沈着に進められることが期待されています。社会科でも同様の話し合いはなされますが、加えて、相手の立場を共感的に理解することに重点を置いた話し合いや、お互いにとって納得のいく妥協点を見出そうとする話し合いもしばしば行われます。

一方、美術科の鑑賞では、いずれが真か決着を付けるような話し合いはなされず、同じ一枚の絵に対し、思いもよらない感じ方やその表し方をしている友の背中に回って、彼が見ている世界を自分も見たいと願っての言葉の交歓が中心になるでしょう。当然、そこでは理科

のような厳密に定義された言葉ではなく、メタファーやアナロジー、さらにはその場で独自に生み出した言葉をも駆使しての話し合いになります。

　ならば、これらの経験を子どもたちが明晰に自覚し、教科等横断的に整理・比較・統合する機会を設けてはどうでしょう。子どもたちは、なぜこの教科等ではこのような話し合いをするのか、そこでの目的や構え、暗黙のルールや用いる言語の特質はどのようなものであり、なぜそれが有効なのかを考えていきます。そして、どのような場合にはどのような話し合いが、なぜ効果的なのかを俯瞰的・統合的に理解し、また個々の話し合い方を身に付けて自在に繰り出せるようになったとき、それが「話し合う力」という教科等横断的で汎用的な資質・能力が身に付いたことになるのです。

　具体的な教育課程編成としては、すでに得ている経験を整理・比較・統合する場面を設けるだけで十分かもしれません。あるいは、一定の時期に複数の教科等で、その教科等ならではの話し合いを要する学習活動を十分な時数を充当して展開してもいいでしょう。そして、まずは教科等ごとに、その教科等ならではの話し合いの様相について、以前の経験等も想起させながら自覚的で分析的な学習を行います。その上で、さらにそれらの経験を教科等横断的に整理・比較・統合する場面を設定するのです。たとえば、子どもたちが話し合いとは何かについてグループにわかれて俯瞰的な見取り図を描き、相互に報告して吟味しあうといった活動です。

　興味深いのは、このような学びを深めていくにつれ、なぜこの教科等ではこのような話し合いの仕方を取るのか、その意味や理由についても合点がいくことでしょう。この気付きは、さらにその教科等の見方・考え方に関する洞察へと連なります。

　このように、教科等横断的な視点に立つことによって、個別の教科等で学んできたことが相互に結び付き、俯瞰的な視座の中でそれぞれの相対的な位置付けや機能、たとえば、いつどんな場合に何をどう用いれば質の高い問題解決が実現できそうかといったことが構造的に整理されるとともに、振り返ってその教科等ならではの固有な価値や存在意義が鮮明になってくるのです。

　特定の教科等に依存しない、その意味で汎用的であるからと言って、形式的な手順や方法を脱文脈的に訓練するのは得策ではありません。真の意味で汎用的、つまり、特定の着眼なり問題解決方略がいかなる状況でも適切に繰り出されるためには、各教科等の独自な存在感を塗りつぶしたモノトーン的なあり方ではなく、むしろ、各教科等の独自な色合いや佇まいが互恵的に共存し、全体としての構造と調和を生み出しているような、カラフルなあり方をイメージする必要があるのです。

6．CD 科の特質とそこから学びたいこと

　以上の議論を踏まえて、CD 科について考えてみましょう。

　まず、CD 科では、資質・能力を基盤とした教育における本質的な問い、すなわち、人生で直面するさまざまな問題状況に対し、質の高い問題解決を現に成し遂げることができる「有能さ」とは何かという問いに対し、斬新な教育課程の編成と授業実践の創造という具体的な営為をもって答えようとしてきました。この努力は、「A 論理・発想」「B 対話・協働」「C 伝達・発信」の 3 領域からなる CD 科の編成原理と具体的な内容、さらにユニークな授業の数々として、本書の中に見事に結実しています。

　とりわけ注目すべきは、「有能さ」をコミュニケーションのデザインという視点で捉えようとしたことでしょう。思考と表現の関係について、従来はややもすれば、個人の中で十分に思考し、一定の結論に至った後に、その結果を表現（対話・伝達・発信）するとのみ考えがちでした。もちろんそれもありますが、表現しようとする中で思考が深まる、あるいは明らかになるという方向も併せて重要です。人間の認識能力を巡る古典的な問いの一つに「画家は見たものを描くのか、描くことができるものを見るのか」というものがありますが、描く技術や、それを支える概念的な負荷が豊かになるにつれ、見えるものはドラスティックに変化していくのです。

　また、CD 科では、かなり徹底した明示的指導を教育方法の原理の一つとして用いています。特に CD 基礎では、極めてコンパクトで直截な形で、特定のスキルや着眼を指導します。しかも、多くの場合、従来の教科等と密接に結びついた形で、その教科等の見方・考え方の発揮や自覚化・概念化にも寄与するように計画・実施されている点が注目に値します。つまり、CD 科として汎用的な資質・能力の育成に連なる思考なり表現のツールを指導すると同時に、そこでの学びがその教科等の本質に関する洞察を深めることにもなっているのです。繰り返し述べてきたように、教科等横断的で汎用的なものを目指すことと、特定の教科等の色合いをしっかりと打ち出すことは、何ら矛盾しないどころか、むしろ互恵的な関係にあります。CD 科の取り組みは、このことを実践の具体によって証明していると言っていいでしょう。

　一方、CD 活用では、長期に及ぶ自由度の高いプロジェクトの中で、探究的な学びがダイナミックに展開していきます。個々のスキルや着眼を指導しただけでは、それらは自在には活用されません。具体的な社会課題の解決に向けて、現にさまざまに活用する経験を豊かに持つことが不可欠なのです。

　このように、CD 科では、各教科等の見方・考え方を踏まえて鋭角的に学び深める CD 基礎と、そこで身に付けたものを間口の広い対象にさまざまに適用する中で複雑多岐に渡る現

実の問題解決に熟達していくCD活用という複眼的で立体的な構造を基盤に、さらに在来の教科や自主研究とも有機的な連関を図りながら、まさに教育課程全体を通して、教科等横断的な資質・能力の育成を図っているのです。

　先に述べたように、新学習指導要領では、教科等横断的な視点に立った資質・能力の育成が求められています。CD科は、この要請に対するお茶の水女子大学附属中学校なりの一つの回答です。しかし、それは唯一絶対の回答ではありませんし、すべての学校にとって最善の回答でもないでしょう。

　教科等横断的な視点に立った資質・能力の育成に資する教育課程には、他にもさまざまな姿や方法があり得るはずです。各学校には、自律性と創造性を発揮し、学校や地域の実情、そして何より目の前の子どもたちの実態に応じたあり方を生み出していくことが求められています。CD科を参考事例の一つとして、全国からさまざまな取り組みが現れてくることを、今後に期待したいと思います。

3 コミュニケーション・デザイン科

学習指導要領

第1 目標

コミュニケーション・デザインについての見方・考え方を働かせながら、よりよい社会の実現に向けた課題発見・解決・探究のために，様々なツールを活用して思考・発想し，他者と対話・協働しながら，思いや考えなどを伝達・発信するための統合メディア表現を工夫して，効果的なコミュニケーションを創出する能力と態度を育てる。

第2 各領域の目標及び内容

〔A 論理・発想〕

1 目標

社会の課題の協働的解決において、論理的に思考したり、豊かに発想したり、課題解決のプロセスを俯瞰的に捉えたりすることの価値を理解するとともに、その能力と態度を伸ばす。

2 内容

(1) 論理・発想の能力を育成するため、次の事項について指導する。

ア 思考の基礎操作

　(ア) 一つまたは複数の観点を設定し、比較したり分類したりし、判断すること。

　(イ) 視点を変えて多面的に思考・発想したり、考えたことを整理・統合したりすること。

　(ウ) 変える条件と変えない条件を考えて計画すること、または条件に応じて分岐させながら計画すること。

イ 論理思考の基礎

　(ア) 客観的な表現と主観の混じった表現の違いを考え、情報を吟味すること。

（イ）判断を構成する要素（主張・根拠・理由付け・裏付け・反証）について知り、論理的に表現したり批判的に吟味したりすること。

（ウ）様々な価値観や多様なものの見方があることを知り、自分の中にある思い込みや偏見に気づき、多面的、複眼的なものの見方をしようとすること。

　ウ　問題解決の思考

（ア）問題の所在に気づき、具体的に分割して考え、目的と目標を明らかにして共有すること。

（イ）目標達成までの手順とおよそのスケジュールを計画すること。

（ウ）問題解決に向けた自らの行動や進捗状況を俯瞰的にとらえ、修正を加えながら解決しようとすること。

（エ）複合的な問題に対して評価の軸を設定して判断し、意思決定をすること。

（2）（1）に示す事項について、例えば、次のようなツール、手法を活用して学習を支援する。

　ア　思考の基礎操作：ベン図、座標軸、KJ法、Xチャート、マインドマップ、マトリックス

　イ　論理思考の基礎：三角ロジック、トゥールミンモデル、クリティカルシンキング

　ウ　問題解決の思考：フローチャート、ロードマップ、ガントチャート、評価軸×評価リスト、PDCAサイクル、ワザカード

〔B　対話・協働〕

1　目　標

　社会の課題の協働的解決において、自他を生かし、温かみのある対話をし、円滑に討議を進めることの価値を理解するとともに、その能力と態度を伸ばす。

2　内　容

（1）対話・協働の能力を育成するため、次の事項について指導する。

　ア　対話・話し合いの基礎

（ア）互いの立場や考えを尊重し、建設的で穏やかな対話の場を作るうえで大切なことを考えること。

（イ）伝え方の違いで相手への伝わり方や受け止め方が変わっていくことに気付き、目的や相手、場に応じた伝え方を工夫すること。

（ウ）目的や目標を確かめつつ話し合いに参加し、論点をとらえて効果的に話し合いを運ぶこと。

（エ）質問の種類や機能について知り、話し合いの場面に応じて効果的な質問の仕方を工夫すること。

（オ）目的に応じて様々な方法を工夫・選択して話し合うこと。

イ　対立の解決・解消

（ア）目的や目標を鮮明にして、仲間を募るための方法を工夫し、実践すること。

（イ）身の回りの問題を解決するために状況を分析し、意見の異なる他者の考えを理性的に受け止め、自分の考えを言葉で表現すること。

（ウ）対立の背景や対立の解決の方法について理解し、平和的な解決のために意見や役割を調整し合ったり、解決策をつくりあげたりすること。

ウ　外部との交渉

（ア）交渉が円滑に進むために、相手に合わせた適切な伝え方や交渉の仕方を考えること。

（イ）内容を整理し、場や状況をふまえて交渉の手順を計画し、戦略的な交渉方法を工夫すること。

(2)（1）に示す事項について、例えば、次のようなツール、手法を活用して学習を支援する。

ア　対話・話し合いの基礎：インタビュー、ロールプレイ、ファシリテーション

イ　対立の解決・解消：アサーション、アンガーマネージメント、メディエーション、ウィンウィンの思考

ウ　外部との交渉：シミュレーション（想定問答）・企画書

〔C　伝達・発信〕

1　目　標

　社会の課題の協働的解決において、伝達・発信する内容の構成を工夫し、方法を吟味し、視覚化などの表現手段を活用する価値を理解するとともに、その能力と態度を伸ばす。

2 内 容

（1）伝達・発信の能力を育成するため、次の事項について指導する。

　ア　情報収集と情報共有

　　（ア）図書館等を利用した情報収集の方法を理解し、必要な情報を得られるようになること。

　　（イ）インターネットを利用した情報収集の方法を理解し、必要な情報を正しく得られるようになること。

　　（ウ）他者と情報を共有するために可視化することの良さを理解し、様々な可視化の方法を理解し、工夫すること。

　　（エ）知的財産を保護したり共有したりするために、引用や著作権等の適切な知識を持ち、活用すること。

　イ　戦略的な表現

　　（ア）目的に合わせた効果的な表現について理解し、目的に応じて表現を調整・改善・評価すること。

　　（イ）社会にある表現を批判的に吟味し、その意図を読み取ること。

　　（ウ）プレゼンテーションソフト等を用いて、言葉と図表、画像、色や動きの効果的な組み合わせと表現について学び、その表現方法をいかして発表資料を作成すること。

　　（エ）図表・画像・言葉・音・身体表現などの表現手段の特徴をいかした、目的に合わせた表現の組み合わせについて理解し、それらを選択して表現すること。

（2）（1）に示す事項について、例えば、次のようなツール、手法を活用して学習を支援する。

　ア　情報収集と情報共有：図書館、インターネット、フィールドワーク

　イ　戦略的な表現：絵コンテ、シナリオ、グラフ、イラストレーション、文字（フォント等）、キャッチコピー、音（BGM・効果音）、写真、動画、ポスター、プレゼンテーションソフト、演劇

第3　指導計画の作成と内容の取り扱い

1　指導計画の作成に当たっては，次の事項に配慮するものとする。

（1）第2の〔A　論理・発想〕〔B　対話・協働〕及び〔C　伝達・発信〕の各領域の学習については、入門期の学習においては、各領域の指導事項を焦点的に取り上げる、講義

もしくはワークショップ型の学習を主とする学習（【CD基礎】）とし、発展期の学習では既習の知識及び技能を総合的に活用していくプロジェクト型の活動を主とする学習（【CD活用】）を設定して、学習した内容を自覚的に活用できるようにすること。

(2) 第2の〔A　論理・発想〕〔B　対話・協働〕及び〔C　伝達・発信〕の指導に配当する授業時数は，年間70単位時間程度とし、そのうち、【CD基礎】の学習は、第1学年では7割、第2学年では5割、第3学年で3割程度とすること。

2　【CD基礎】、【CD活用】の学習については、次のように取り扱うものとする。

(1)【CD基礎】の学習については、次のとおり取り扱うこと。

ア　授業で取り上げるスキルやツール等を明確にして指導すること。

イ　学習課題はスキルやツール等の習得の必要性・有効性が感じられるものにすること。

(2)【CD活用】の学習については、次のとおり取り扱うこと。

ア　学習課題は「人間」「社会」「自然」などのESD（持続可能な社会のための教育）の視点に立った課題を取り上げ、学習者にとって真正の課題となるように留意すること。

イ　【CD基礎】の学習で獲得したスキルやツール等の複合的・統合的な活用が起こる学習活用・場面を設定すること。

3　評価については、次のように取り扱うこと。

ア　教師と学習者とがルーブリックを共有したり、自己評価、相互評価などの多面的な評価を工夫したりすることで、プロジェクトの達成度や学習内容の充実度などを実感できるようにすること。

イ　【CD基礎】の学習の評価では、スキルやツール等が、日常や社会、他教科や学校生活など他へと活用することができるように評価方法を工夫すること。

ウ　【CD活用】の学習の評価では【CD基礎】の学習で獲得したスキルやツール等の自覚的・選択的な活用を促し評価すること。

第2章

コミニュケーション・デザイン科の授業事例

本章では、コミュニケーション・デザイン科で開発した授業事例を示します。
各事例の 国語 総合 等の表示は、その事例が CD 科のない一般の学習指導
要領における「国語」「総合」などの教科等とも関連付けて実施できること
を示したものです。

1

ガイダンス

論理・発想

ESD 座標軸での分類

考えよう！ 社会や地球の問題

［CD 基礎］ A 論理・発想「ア 思考の基礎操作」：（ア）一つまたは複数の観点を設定し、比較したり分類したり、判断すること。

1. 学習のねらい

【学習の課題】
①CD 科（コミュニケーション・デザイン科）とはどんな教科か？
②社会や地球の問題について、座標軸を使って分類してみよう。

【学習の目標】
〇コミュニケーション・デザインという教科名や教科目標を確認し、学習の意義を知る。
〇判断の指標が二つある場合に、座標軸を用いて判断結果を可視化することで、話し合いが有効に展開することを学ぶ。

【学習材・ツール】
・成田喜一郎氏による「持続可能性を脅かす 14 の問題」をカード化したもの
・「問題の優先度・緊急性（高低）」と「問題と自分との関係（遠近）」の 2 軸の座標軸を描いた画用紙

【関連して活用される知識・技能】
・CD 科「思考のスキル 図解して考えよう！伝えよう！」
・CD 科「対話・協働 学級目標をつくろう！」

　CD 科は、身の回りや社会の中の「みんなで話し合う必要がある問題」について（＝コミュニケーション）、どうすれば、より効果的に話し合ったり、発表したりできるか、考えていく（＝デザイン）教科であるとも言えます。みんなで話し合う場では、お互いの頭の中のイメージや考えを他の人に見える形にする、検討できる形にすることが必要です。判断指標が二つある場合に座標軸を用いて判断結果を可視化することにより、話し合いが有効に展開することを実践的に学ぶことができます。

2. 学習の展開（1時間）

本時　CD科（コミュニケーション・デザイン科）という教科名の意味を確認する。

　　　私たちが解決していくべき社会や地球の問題について考える。

○私たちが解決していかなければいけない社会や地球の問題にどのようなものがあるか、グループごとに書き出す。

○成田喜一郎氏（東京学芸大学）による「持続可能性を脅かす14の問題」を座標軸に位置づける。

○最後にもう一度、CD科（コミュニケーション・デザイン科）がどのような教科かを確認する。

3. 学習の実際

（1）CD科という教科名の意味を確認しよう！

CD科の「コミュニケーション・デザイン」とはどんな意味でしょうか。CD科ガイダンスの学習として、まず右のような「コミュニケーション」と「デザイン」の意味を確認します。

（2）考えてみよう！　社会や地球の問題

CD科の意味を確認したら、次に、私たちが協働的に解決していくべき問題としてどのようなものがあるかを考えさせます。CD科の構想をたてた際、CD活用の指導内容については、①人間（生活・文化）、②社会（社会・多文化）、③自然（生命・環境）の三つの視点から横断的・総合的な題材を取り上げていくことにしました。具体的には、生徒の関心や時々のトピックに合わせて、ESDの観点をもとに、現代社会が直面する課題をいくつか扱うことが考えられました。そこで、このCD科ガイダンスの学習でも、生徒たち自身が生きているこの社会や地球の問題といった大がかりな問題を考えさせることにしました。

① この社会や地球の、私たちが解決していかなければいけない問題を出し合おう

5～6人のグループで、各自思い思いに頭に浮かんだ、社会や地球の解決すべき問題を画

用紙に次々と書いていきました。5分もすると、画用紙上にはかなりの数の問題が書き出され、グループ内でそれらを共有できました。生徒たちが書き出した問題は、おもに次のようなものです。

異常気象　地球温暖化　いじめ　人種差別　貧困　マナー　大量生産　少子化　高齢化　温暖化　寒冷化　東日本大震災の復興　熱帯雨林の減少　戦争　火山の噴火　ニートの増加　地震　津波　福島を！　貧富の差　水不足　海面上昇　等

---

②「持続可能性を脅かす14の問題」（成田喜一郎）を座標軸に位置づけてみよう

　成田喜一郎氏は、「私たちが地球規模や身近な地域で持続可能性を脅かす様々な事件・事故・災害と背中合わせに暮らしている」として、14の問題を掲げています[1]。それら14の問題をカード化し、画用紙に示された「問題の優先度・緊急性（高低）」と「問題と自分との関係性（遠近）」という2軸の座標軸に位置づけてみる話し合いを行いました。

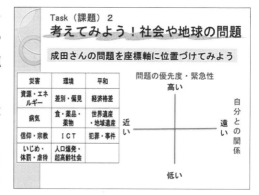

　上記①では、私たちが解決しなければいけない社会や地球の問題について、思いつくままにたくさん出し合うことに主眼があります。しかし、この②では、「人・社会・自然」に関わる諸問題を、座標軸を用いて図解して検討することで考えることの大切さや、話し合いのためにお互いの頭の中の考えを可視化することの有効性などを実感できるように配慮しています。

話し合いの様子：

○「平和」はやっぱり一番大事だよね。

○世界遺産・地域遺産の破壊は実際どれだけ行われているのかよくわからない。

○「いじめ」は身近な問題だけど、「差別・偏見」というと身近に感じられなくなるのはなぜかな。→「人種差別」などをイメージするからかも。「差別・偏見」は「いじめ」よりも根本的で大きな問題だと思うけど。

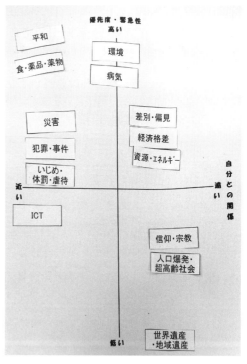

(3) 最後にもう一度、CD 科がどのような教科かを確認しよう

　実際に座標軸などを用いて話し合うことを通して、生徒たちは頭の中の考えの見える化・可視化の大切さを実感します。右の「例えば？」のようなアイデアの見える化・可視化の具体的な方法は、生徒たち自身の口から様々な言葉で出てきたものをまとめたものです。

　これらの気づきから、最後にもう一度、CD 科が「身の回りや社会の中の、みんなで話し合う必要がある問題について、どうするとより効果的に話し合ったり、発表したりできるのかを考えていく教科」であることを実感を伴って確認しました。

4．生徒たちの変容（学習成果・発展）

　まず、座標軸に位置づけた 14 の問題カードを移動させながら話し合うという活動は、生徒たちの対話を活発にしました。これは、問題の緊急度（高低）と問題の身近さ（遠近）という二つの判断指標が共通に設定されたことで、それらに基づいて比較したり分類したりして判断したお互いの考えがより検討しやすい形で見える化されたためといえるでしょう。

　また、話し合いながら問題カードの配置場所の微妙な調整をしている様子が、どのグループでも見受けられました。自分の考えを発言するだけでなく、他の意見と調整しながら、集団としての意思決定に参加する上で、この座礁軸を用いた図式化が可視化

の方法として非常に有効であることを生徒たちが実感できたと考えられます。（佐々木善子）

注
1）　成田喜一郎「ESD とは何か？——すべての子どもたちへのメッセージ」『持続発展教育（ESD）調査研究協議会報告書』所沢市立教育センター・平成 25 年度持続発展教育 (ESD) 調査研究協議会、巻頭言を参照。

2

2年
（論理・発想）

考えたことを分類する

「いのち」について考えよう

［CD基礎］　A論理・発想「ア　思考の基本操作」：（イ）視点を変えて多面的に思考・発想したり、考えたことを整理・統合したりすること。

1．学習のねらい

【学習の課題】	【学習の目標】
動物の殺処分に関する資料を読み、動物殺処分についてどのような問題点があるかを考えよう。	○ブレーンストーミングとKJ法を用いて、多面的に問題点をとらえ、整理していく。 ○殺処分を減らすための様々な取り組みを知る。

【学習材・ツール】	【関連して活用される知識・理解・技能】
・新聞記事　・書籍　・映像資料 ・環境省による統計資料 ・ワークシート ・付箋紙・画用紙	・CD科 　　思考ツール ・各教科・領域 　　理科（生物）・社会科（倫理）

　今、日本はペットブームであると言われています。ペットが人々に癒やしを与え、家族の一員として私たちの生活には欠かせない存在だとされています。その一方で、飼えなくなった、子どもをたくさん産んでしまった、などの理由で捨てられる動物が後を絶たず、動物殺処分は大きな社会問題の一つとなっています。そこで、ブレーンストーミングとKJ法を用いて、動物殺処分について多面的にとらえ、問題点を整理できることをめざします。

2．学習の展開（4時間）

　1時　動物殺処分について現状を知り、問題点を考える

　　　○環境省による統計資料を読み取り、殺処分問題の現状を知る。

　　　○ブレーンストーミングとKJ法を用いて問題点を整理する。

　2時　殺処分を減らすための様々な取り組みを知る

○動物愛護センターの取り組み(譲渡会や殺処分の様子)を知る。

○映像資料『犬と猫と人間と』を観て、殺処分に関わる人々の想いを知る。

3時　被災地に残された動物の現状と問題点を知る

○映像資料『犬と猫と人間と2』を観て、東日本大震災後、捨てられた動物たちの様子を知り、ボランティアの人々の想いを知る。

4時　動物のいのちについて考えを深める

○『犬と猫と人間と』の監督である飯田基晴氏をお招きし、氏の講話を聞き、動物のいのちについてグループで話し合いを行う。

3. 学習の実際（ここでは第1時）

(1) 動物殺処分の現状を知り、問題点を整理しよう

下の2つのグラフは環境省による「犬・猫の引取り及び負傷動物の収容状況」です。このグラフから読み取れる、動物殺処分の現状はどんなことでしょうか。

（参考）平成16〜28年度の犬・猫の引取り状況

年度	犬			猫			合計		
	引取り数	処分数		引取り数	処分数		引取り数	処分数	
		返還・譲渡数	殺処分数		返還・譲渡数	殺処分数		返還・譲渡数	殺処分数
平成16年度	181,167	25,297	155,870	237,246	4,026	238,929	418,413	29,323	394,799
平成17年度	103,576	24,979	138,599	228,654	3,936	226,702	392,232	28,915	365,301
平成18年度	142,110	28,942	112,690	232,050	4,427	228,373	374,160	33,369	341,063
平成19年度	129,937	29,942	98,556	206,412	6,179	200,760	336,349	36,121	299,316
平成20年度	113,488	32,774	82,464	201,619	8,311	193,748	315,107	41,085	276,212
平成21年度	93,807	32,944	64,061	177,785	10,621	165,771	271,592	43,565	229,832
平成22年度	85,166	33,464	51,964	164,308	11,876	152,729	249,474	45,340	204,633
平成23年度	77,805	34,282	43,606	143,195	12,680	131,136	221,000	46,962	174,742
平成24年度	71,643	33,269	38,447	137,745	14,858	123,400	209,388	48,127	161,847
平成25年度	60,811	32,092	28,570	115,484	16,320	99,671	176,295	48,412	128,241
平成26年度	53,173	32,625	21,593	97,922	18,592	79,745	151,095	50,217	101,338
平成27年度	46,649	29,637	15,811	90,075	23,037	67,091	136,724	52,674	82,902
平成28年度	41,175	33,500	10,424	72,624	26,886	45,574	113,799	57,386	55,998

(注) 16,17年度の犬の引取り数は、狂犬病予防法に基づく抑留を勘案した推計値である。

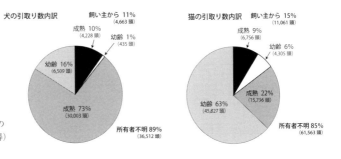

犬の引取り数内訳　飼い主から 11%（4,663 頭）／成熟 10%（4,228 頭）／幼齢 1%（435 頭）／幼齢 16%（6,509 頭）／成熟 73%（30,003 頭）／所有者不明 89%（36,512 頭）

猫の引取り数内訳　飼い主から 15%（11,061 頭）／成熟 9%（6,756 頭）／幼齢 6%（4,305 頭）／成熟 22%（15,736 頭）／幼齢 63%（45,827 頭）／所有者不明 85%（61,563 頭）

出典：環境省ホームページより「犬・猫の引取り及び負傷動物の収容状況」(2016.9.29 情報取得)

ここで、3〜4人の学習班を作り、ブレーンストーミングを行います。付箋を一人につき

10枚ほど配り、二つのグラフから読み取れたことを思いつくだけ書き、配られた画用紙にどんどん貼っていきます。ブレーンストーミングでは、班のメンバーと相談せず、まずは自分で考えていくところから始めます。なかなか付箋を書けない場合は、画用紙に貼られた他の人の意見を参考にすることもできます。付箋に書かれた他の人の意見には異を唱えないことも大切な約束事です。

　生徒の意見より：

＊平成16年度から平成27年度まで、全ての年度で犬よりも猫の殺処分数が多い。

＊犬は平成16年度からずっと引き取り数と殺処分数が減り続けている。

＊引き取られた猫のほとんどが殺処分されている。

＊猫の返還・譲渡数は増えてきている。犬は返還数・譲渡数が減ってきているけれど、それは引き取り数が年々減ってきているからなのだろう。

＊犬は成犬で、所有者不明のものが一番多く引き取られているけれど、猫は所有者不明の子猫が一番多く引き取られている。

　ブレーンストーミング後、班のメンバーと話し合いながら画用紙に貼られた付箋をグルーピングします。これがKJ法です。生徒たちは付箋の内容についてあれこれ話しながらグループ分けをしていきます。グループは「子猫の数の多さ」「殺処分を行う人や場所、方法」「処分数の減少」「飼い主の都合」などの項目を作り、グルーピングしている班が多くありました。KJ法を用いることによって、テーマについての話し合いが自然と始まります。そして、メンバーの意見を好意的に受け取りながら、自分の意見との共通点や相違点に気づき、新たな視点を得ることができるのです。

　グルーピングがある程度進んできたところで「動物殺処分にはどんな問題点があるのか、考えてみよう」という指示を生徒に出します。生徒たちは、まず引き取られる犬猫の数の多さに気がつきました。ある班では「殺処分数が減っていると言っても、毎日150匹以上処分されているんだよ」という声が出ます。他の班からも、次のような疑問が出てきました。

　生徒の意見より：

＊犬も猫も引き取り数がかなり減っているのはどうしてだろう。

＊殺処分数も年々減ってきているのはどうしてだろう。

＊殺処分って、誰がどのように行っているのだろう。

＊殺処分をなくすことはできるのだろうか。

　目の前にある画用紙（KJ法でグルーピングしたもの）を見ながら、生徒たちからは「これは大きな問題だよね」「この問題を解決するために、私たちにできることは何だろう」「これって、人間が身勝手だから起こった問題だよね」などという声が出てきたのです。

4. 生徒たちの変容（学習の成果・発展）

　ブレーンストーミングとKJ法を活用することで、「ペット」という身近な存在でありながらも、自分たちの問題と捉えて考えることがなかなかなかった動物殺処分問題について、生徒たちは考えを深めることができたように感じました。実際、第1時での話し合いはどの班でも活発で、解決の方法、つまりどうすれば殺処分をなくすことができるのかを真剣に考えている姿がとても多く見られました。導入として、中学生に人気のあるアーティストが殺処分をゼロにする活動をしていることを紹介したことで、興味を持ってくれたこともあるでしょう。殺処分に関する具体的な数値をグラフで示したことも、生徒が「殺処分問題は決して小さな問題ではない」という意識を持つことにつながったと感じています。第2時では徳島県を例に、動物愛護センターの仕事や譲渡会の取り組みを知り、映像資料『犬と猫と人間と』からは動物愛護センターで働く人たちの苦労や動物への想いに気づきました。第3時では翌年の岩手への修学旅行を視野に入れ、被災地で残された動物たちの現状と、残され

飯田氏の講話を受け、話し合う生徒たち（第4時）

た動物たちの世話をするボランティアの人たちの存在を知りました。そして、第4時で『犬と猫と人間と』の監督である飯田氏からの講話を聴き、氏の話を受け、話し合いをすることで殺処分問題に対してさらに考えを深めることができました。

　すぐには解決できない、とても大きな社会問題を今回扱いましたが、様々な資料を活用し、CD科で学んでいたブレーンストーミングとKJ法を用いることで、生徒たちは様々な視点を持ち、多角的に捉え、より深い話し合いをすることができました。この単元後、動物殺処分に関する新聞記事を見つけたり、様々な取り組みをする団体の活動を探したりした生徒が多くいたことも、ここに記しておこうと思います。

（戸谷順子）

参考文献

環境省ホームページ「犬・猫の引取り及び負傷動物の収容状況」（2016.9.29 情報取得）

新聞記事「セカオワ動物殺処分ゼロを支援」（2016.10.20 朝日新聞夕刊）

DVD『犬と猫と人間と』監督：飯田基晴（2010年・紀伊國屋書店）

DVD『犬と猫と人間と2』監督：宍戸大裕（2014年・紀伊國屋書店）

徳島県動物愛護管理センターホームページ「飼い主をさがす会・講習会のご案内」「犬及びねこの譲渡申請書」「愛護センターだより vol.54」（2016.10.1 情報取得）

3

2年

論理・発想

批判的に考える

情報の矛盾に気づこう！

［CD 基礎］　A 論理・発信「イ論理的思考の基礎」：（イ）判断を構成する要素について知り、論理的に表現したり批判的に吟味したりすること。

1. 学習のねらい

【学習の課題】	【学習の目標】
日常生活における勧誘や案内書の情報を、批判的な視点でとらえ吟味し、矛盾点を指摘しよう。	与えられた情報について、必要な知識を用いたり情報の比較をすることで、客観的で批判的な視点でとらえ、適切な判断をしていく姿勢を身に付ける。

【学習材・ツール】	【関連して活用される知識・理解・技能】
・英会話スクールの宣伝（広告）・案内 ・ワークシート ・パワーポイント（提示用）	・CD 科 　「クリティカルシンキング」「データを基にした判断」 ・各教科・領域 　国語（メデイアリテラシー・論説文の読み・比較読み） 　社会（時事問題に関わる公民的分野）

　現代の社会では、情報を主体的に読み解いてその真偽を見抜き、活用する能力や、様々な価値観や考えを客観的にかつ的確に判断していく「批判的に考えること」が強く必要とされています。そこで、この単元では課題について吟味し、矛盾を指摘し批判的に考える練習をするだけでなく、実際の社会にある広告や案内についても考え、実生活に活かすことへとつなげていくことを目指します。

2. 学習の展開（1 時間）

1時　日常生活の中の情報を、批判的な視点でとらえ吟味し、矛盾点を指摘しよう。

　　○資料の例から何が不適切なのかを考え話し合い「信頼できる根拠による適切な論証の条件」を確認する。（学習課題の把握）

　　○課題「英会話教室の宣伝」について納得できる情報であるかグループで検討する。（批判的に考える演習①）

○実際の英会話スクールの宣伝や説明書について意見を出し合い、実生活につなげるための学習のまとめを行う。（批判的に考える演習②）

3．学習の実際

(1)「信頼できる根拠による適切な論証の条件」を確認しよう。

まずは、【資料1】のＡさん（主観的）Ｂさん（客観的）の報告を比較しどちらがどういう点で信頼できるか考え、意見を出し合います。

【資料1】 自分が住んでいる町のごみの報告

Ａさんの場合：

　私が住んでいる10階建てのマンションでは、同じ階に住んでいる人たちが、廊下に集まってマンションのごみ集積場に出されるごみの量は、最近、以前よりも減ってきていると話していました。隣のマンションに住んでいる友人のＤさんに聞いても、住人たちが同じように減っていると話していたそうです。このことから、私の住むＳ市のごみの量は減っていると言えそうです。

Ｂさんの場合：

　Ｓ市の発表した資料によると、Ｓ市全体の家庭から出されるごみは、5年前には約10万トンでしたが、昨年度は約7万3千トンでした。このことから、Ｓ市は、約2万7千トンの減量ができているということになります。

生徒たちからは、「正確な調査でない」「数値が出てないので減ったことの基準があいまい」「自分の住んでいるマンションと隣のマンションの人たちの話だけで結論でづけるのは無理」などといった具体的な意見が出されました。それらを一般化して適切な論証の条

「信頼できる根拠による適切な論証の条件」
1　客観的であること
2　十分な情報（量や期間が十分）
3　明確な調査方法・資料の出どころ
4　正確な根拠から適切に導きだされた結論（根拠と結論の関係が適切）

件として整理し、この条件に基づいて情報を吟味していくことを確認しました。

(2) 課題「英会話教室の宣伝」についてグループで検討しよう

次に、課題として英会話教室の宣伝について検討しました。

課題：英語の学習に困っているあなたは、友人から「ある英語の勉強法が話題を呼んでいる」と聞きました。調べてみたところ、この方法を開発した英会話教室では、入会したときと勉強が終了したとき（3カ月後）の英会話力を比べて、明らかに全員に勉強法の効果があったことを宣伝していて、この英会話教室に入会した人の話では「この方法を3カ月続ければ、驚くほど英語が話せるようになる」そうです。

　あなたはこの話をどのように考えますか。

まず小グループで話し合った後、全体で意見を交流しました。「あなただったら、この英会話教室に入会して勉強法に挑戦しますか？」と問いかけ、課題の内容を自分事にしながら、意見交換をする際には「信頼できる根拠による適切な論証の条件」に基づいて、

①どのような点が納得できない、またはあいまいか。

②どのよう情報があれば納得できるのか。または意思決定できるのか。

の2点をはっきりさせながらまとめていきました。

生徒の意見：

①どのような点が納得できない、またはあいまいか。 ・効果があるとは？——効果の程度・基準・入会時の英会話力のレベルがわからない。 ・明確な調査に基づいた情報とはいえない。 ・個人差はどうなのか？ ・英会話力のレベルとは？ ・効果的な勉強法とは？（具体的に示されていない） ・全員に効果？——何人を対象？　規模は？	②どのよう情報があれば納得できるのか。または意思決定できるのか。 ・調査方法を明確にして効果を述べる。 　　——具体的なテスト方法 　　——レベルや変化の数値的なデータ ・勉強法を明確に（具体的に）する。 ・「全員」とは何人が対象者なのかはっきりさせる。 **根拠が明確で客観的な情報になる**

（3）実際の英会話スクール・講座の案内や広告を検討しよう。

（2）で行ったことと同様の検討を、よく目にする英会話スクールや講座の宣伝広告・案内パンフレット（右の図はイメージ）を何種類か用いて行いました。会社・企業名は隠した状態でしたが、より現実味を帯びて、生徒達の反応も大きくなりました。

実際のものは、数値が示されていたり、実際の具体的な体験談が示されていたりしていますが、「信頼できる根拠による適切な論証の条件」にあてはめて考えると、疑問点などがいくつか挙がってきました。

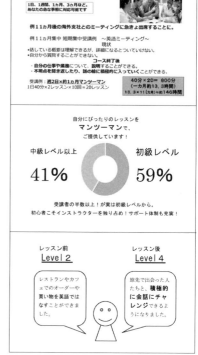

生徒の意見：

・レベルアップといっているがどのくらいレベルがあがったのか？　始めとその後の数値的なものがわからない。 ・「初級レベル」や「初心者」がどれくらいのレベルなのか明確でない。 ・受講者の数が不明確。 ・良い人の声だけ情報源としているよう。 ・実感＝実績ではないのではないか。

4．生徒たちの変容（学習の成果・発展）

A〜Hまでの生徒の感想から、これまでの自身の情報の見方・受け取り方を振り返り、批

判的な思考の必要性や大切さを認識している感想が多く、今後それを生活の中で活かしていこうとする姿勢が感じられます。またFやGでは単に受け取る側としての批判的思考でなく、自分が発信し、表現する立場としてもそれが活かせるという、授業者が目指していた以上の、より前向きな批判的思考の活用について考えている生徒もいることがうかがえます。

【批判的思考】

A：今まで情報を選択するときは「何となくこれの方が正しそう」というように感覚的に選んでしまっていましたが、資料を読み込んでみると色々な疑問に思うところがあり、「信頼できる正しい情報」はどのようなものかということを考えることができて判断する際の注目点もわかりました。これから情報を見るときには批判的な目を忘れず、また色々な情報を比較しながら見ていきたいです。

B：根拠と結論が適切に結びついているかが大事だと思う。

C：何気なく読んでいたら全く気づかないようなおかしい所や矛盾しているところがあったので、これから、数値など細かい所を気をつけて読んでいったり、余計な情報に惑わされたりせず、上手く情報とつきあっていきたいです。

D：立ち止まって「冷静に」考えてみることが様々な情報がでまわっている現代において大切なことではないかと考えます。自主研究などでも活用できることなのでしっかりと頭にいれておきたいと思います。

E：グラフなどの数値が示されていると論理的な気がしてしまったり、名前・写真つきの経験者の声があったりすると証拠があるという気になって信用してしまったりするが、それも意図的にやっていることもあるので、必ずしも信用できるとは限らないと思った。

F：4つの広告を見ているとどれも良いような気がしてきてどれもよく練られた広告なんだなと思いました。私が作成者でも自分たちが不利になるようなことは書かないから広告に惑わされず批判的に見ることが情報に溢れているようなこの社会では大切なことだと思います。

【発信する側・主張する側に立つ】

G：情報を受け取る側だけでなく、自分が情報を発信するときにも役に立つのではないかと思います。これからは報告をしたり発信したりするときも一度立ち止まって、矛盾がないか適切な論証かどうかを考えるようにしたいです。

H：小学校のディスカッションでは主張に加えて、自分の意見を批判的な立場で考えた反論、それに対する解決策を入れて話すと良いと教わりました。これはまさに批判的に考えることを上手く活用して自分の主張をより根拠のある説得力のある意見にしているのです。批判的に考えることは自分の主張をより説得力のあるものにすることができると思いました。

（市川千恵美）

4

批判的思考

3年
論理・発想

それって本当 ?!——情報を鵜呑みにしない

［CD 基礎］　A 論理・発想「イ　論理思考の基礎」：（ア）客観的な表現と主観の混じった表現の違いを考え、情報を吟味すること。

1. 学習のねらい

【学習の課題】	【学習の目標】
ドラッグストア販売員の勧誘に対して、ロールプレイを通して考えてみよう。	情報を鵜呑みにしない。自分で確かな情報を収集し、自分で思考・判断することの大切さに気づかせる。
【学習材・ツール】	【関連して活用される知識・技能】
・教員 2 人による導入劇（①販売員と母親） ・ワークシート ・授業の流れを可視化するプレゼン資料	・CD 科「情報収集と情報共有」

　情報はまことしやかに伝えられることが多く、情報を鵜呑みにしてしまいがちです。私たちが情報の受け手となったときは、その情報を冷静に受け止め、自ら思考・判断し、行動することが大切です。特に健康や安全に関係する内容であれば注意が必要です。そのために、何を根拠に主張しているのか、反証はないか、裏付けとなる情報はどこで得られるのか、など、批判的に吟味する態度を養う必要があります。販売員と母親とのやり取りの中で、その子どもだったらどのように自分の考えを述べるかを考え、ロールプレイを互いに見ながら自分の考えを深めていく学びです。

2. 学習の展開（1 時間）

　1 時　天然物質を含む日焼け止めクリーム（天然物質はよい成分と思いがち）

　　　○天然成分を含む日焼け止めクリームの販売員と女性とのやり取りから、情報の受け取り方の誤りを考える。

　　　○情報を客観的・批判的に受け止める方法を考える。

3．学習の実際

（1）劇（理科と家庭科教員による寸劇）を見て考えよう

　家庭科教員が販売員として、「紫外線防止効果を示す成分が天然の物質」であることを日焼け止めクリームのアピールポイントとして、店を訪れた女性に売り込みをかけます。その言葉を受けて、天然物質は合成物質よりも効果が高く、安心して使用でき、他の効果も期待できると勘違いしている女性（母親）役を理科教員が演じます。つまり、誤りを指摘する場面が３カ所設定されています。ワークシートには、その三つの場面で、子ども役の台詞を入れられるよう吹き出しをつけました。

　授業は教員の劇で幕を開けたため、生徒たちの笑いで始まりました。三つの場面での子どもの台詞をワークシートへ書き込む際には、周囲のなかまと考えを交流しつつも、それぞれ自分なりの考えを真剣に書き込む姿が見られました。

　　2．幸枝さんが最後「私、もう一度しっかり調べて考えてから判断するわ。今日は買わずに帰ります。」と言えるよう、次の場面でどのようなことを話しかけますか？　あなた方が幸枝さんの子どもになったつもりで考えてください。

・店員：この日焼け止めクリーム、「紫外線防止効果を示す
　　　成分が天然の物質」ということで売り出されています。

・幸枝：天然の物質だったら、合成の物質より効果も高いか
　　　しら。

・店員：先日お買い上げのお客様がそうおっしゃっていまし
　　　た。

・子ども（　　　）①右の吹き出しに

①

・幸枝：天然の物質だったら安心して使えるわね。

・店員：そうですね。天然物質は合成物質とは違いますか
　　　ら。

・子ども（　　　）②右の吹き出しに

②

・幸枝：天然の物質なら、美白効果や若返り効果もありそう
　　　ね。

・店員：はあーい…。③右の吹き出しに

③

・幸枝：私、もう一度しっかり調べて考えてから判断するわ。
　　　今日は買わずに帰ります。

（2）ロールプレイをしよう

　4人班で販売員役、母親役、子ども役をローテーションして経験していきました。次に前でやってみたい生徒に、教員を相手に子ども役を演じてもらいました。すると、子ども役の生徒が変わるとその発言内容も変わり、ロールプレイを通して生徒の思考を広め深めるきっかけとすることができました。生徒の発言例を以下に示します。

① 合成物質の方が、効果が高い？

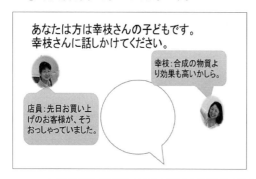

　天然物質と合成物質を比較すると、天然物質の方が優れていると勘違いしている場合が多く、その一つとして成分の働きの効果が挙げられます。その物質の働きや、物質そのものに着目した発言よりも、例3のように店員の発言に対して、科学的根拠がないことを指摘する例が多くありました。

> 例1：お母さん、合成の物質より天然の物質の方が、効果が高いって本当に言えるの？
> 例2：お母さん、物質って天然と合成で違うの？
> 例3：お母さんちょっといい？　店員さん、そのお客さんの意見はいわゆる「個人の感想」ですよね。

② 天然物質は安心だ？

「天然物質は安心して使える」という母親の思い込みに対して、「本当？」「何故？」と批

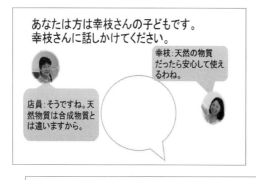

判的に問い返して母親の思考を促そうとしている生徒や、裏付け情報を得るために調べることを直接促す生徒もいました。例3や4のように反証となる例を挙げて母親の思い込みが誤りであることに気づかせようとする生徒もいて、聞いている生徒は感嘆の声をあげていました。

> 例1：お母さん、天然物質って肌にいいのかな？
> 例2：お母さん、天然物質だとなぜ安心なの？
> 例3：お母さん、天然物質といってもトリカブトの毒とか、フグの毒とかあったりするよ。
> 例4：天然物質だってアレルギーを起こすこともあったりするから、ちゃんと調べた方がいいよ。

③ 他の効果も期待できる？

母親の発言を根拠のない思い込みと頭から否定して帰りを急ぐ例、店員さんの反応ぶりを引用して、暗に否定されたことに気づかせる例などがある中、店員さんの気持ちや母親の気持ちを考えた、誰も傷つけずに上手に目的の方向へ誘導する発言もありました。

例1：何を証拠に言ってるの？　もう帰ろう！

例2：定員さんも困っているじゃない。

例3：日焼け止めの成分って最初に言ってたよ。

例4：もしかしたら色々な効果があるかも知れないね。もっと詳しく調べてみよう。また来ます。

（3）まとめ

① 理科教師の立場から

物質は天然であろうと合成であろうと物質としては同じであることを、昆布や鰹の出汁に含まれるグルタミン酸ナトリウムと人工合成されたグルタミン酸ナトリウムを例に説明しました。また、物質の働きについても汗に含まれる尿素と保湿クリームに含まれる尿素を例に説明しました。

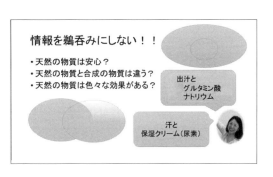

その説明を通して、何かを思考・判断する際には正しい知識が必要で、その知識は自分で情報を集めることで得られること、そして思い込みに対しても「本当？」と改めて批判的な目を向けることが大切だと伝えました。

② 家庭科教師の立場から

最後に「世界旅行で珍しい塩を見つけた。あなたは購入する？　含まれる微量成分を確認する？」と問いかけ、様々な場面で人は思考・判断を迫られていることに気づかせ、その思考・判断の大切さを伝えました。

（薗部幸枝・栗原恵美子）

5

3年
論理・発想

社会的ジレンマ

あなたの行動を決めるのは何？

［CD 基礎］　A 論理・発想「イ　論理思考の基礎」：（ウ）様々な価値観や多様なもの
の見方があることを知り、自分の中にある思い込みや偏見に気づき、多
面的、複眼的なものの見方をしようとすること。

1. 学習のねらい

【学習の課題】
①個人で「4枚カード問題」に
取り組もう。
②ペアで「最終提案ゲーム」
を体験してみよう。
③3人組で「寄付金ゲーム」
を体験してみよう。
④あなたの行動を決めている
のは何だろうか。

【学習の目標】
○あいまいな情報に惑わされずに、物事を
論理的に考え、本質を見極めることの大
切さに気付く。
○個人にとって論理的・合理的な選択が、
必ずしも社会全体に良い効果をもたらす
とは限らないことに気付く。
○社会的ジレンマと呼ばれる課題が身近に
多く見られ、その解決に向けて必要な思
考・態度・行動に気付く。

【学習材・ツール】
・ワークシート
・プレゼンテーションソフト
のスライド

【関連して活用される知識・理解・技能】
・CD 科
・コミュニケーション・デザイン科活用における課題
解決学習（各学年　思考・判断・表現）

　本時では人の様々な思考上の錯誤を実感させながら、論理的に考えることの大切さを理解
させます。一方で、個人の合理的な思考に基づいて行動することによる他者との対立から社
会的な課題が発生することにも気付かせます。そして、このような様々な対立を社会的ジレ
ンマの文脈で捉えることで、自分の身に置き換えて考えやすく、生徒に当事者意識を実感さ
せやすくなります。

2. 学習の展開（1時間）

1時　課題やゲームを通して、社会的ジレンマの構造を理解する

　○「4枚カード問題」を実施して、論理的に考えることの大切さに気づく。

○「最終提案ゲーム」を実施する。

○「寄付金ゲーム」を実施して、社会的ジレンマの構造を理解する。

3. 授業の実際

本時では、三つの課題やゲームに生徒に取り組ませながら、われわれがどのような点に依拠しながら意思決定を行っているか、そしてその選択から生じる社会的な課題の構造について改めて考えさせ、そして、現代社会を捉える見方・考え方の一つとして、社会的ジレンマを提示し、身の回りの問題を解決する上での有効性を感じさせたいと思います。

（1）4枚カード問題を論理的に解いてみよう

「4枚カード問題」は認知心理学研究の古典的課題として知られています。この課題のポイントは、同じ構造の問題でも、題材によって正答率が大きく変動する点です。実際に、アルファベットと数字のカードを選択させる抽象的な課題（資料1）では、論理的に考えて正答に至った生徒は学年全体でも数名しかいませんでした。特にAと4のカードを選ぶ傾向が強かった印象です。資料2を使って解説すれば理解できる生徒がほとんどですが、なぜ自分たちの多くが論理的に間違っている解答を選んでしまうのか、不思議に感じているようでした。

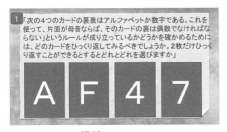

資料1

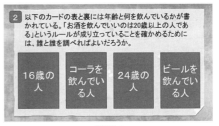

資料2

次に日常的な経験に関係した「飲酒と年齢課題」をテーマにした課題（資料3）を提示したところ、大多数の生徒が正解することができました。人は仮説を確かめる際に、仮説に反する証拠を探そうとはせず、仮説を支持する証拠だけを探す傾向があります。これは確証バイアスと呼ばれています。数学で

資料3

対偶を学習していない中学生にとってはやや難解な問いですが、この問題に接することで、今まで知らず知らずのうちに、バイアス（偏見）を持って物事を眺めてきたことがあったのではないかとあらためて考えさせることができたと思います。

（2）最終提案ゲームをやってみよう

では、常に人は論理的に考えれば合理的な意思決定ができ、より豊かな生活を送ることが

できるのでしょうか。人は理性だけでなく、感情を用いた判断も行うし、他者と協力関係をつくることが利益につながることを踏まえた行動をとります。次に行ったのは「最終提案ゲーム」です（資料4）。隣同士でペアになり、手持ちの1000円のうち、相手に自分が決めた金額を渡す、ただし、相手が承諾しなければ、2人ともお金をもら

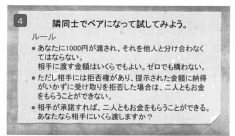

資料4

うことができない、というゲームです。このゲームでは相手のことを考えて、半々かそれよりやや多めの金額を渡すケースが多かったです。人は常に合理的に考えて自己利益を追求するのではなく、利他的な判断をすることを実証することができたと思います。

（3）寄付金ゲームをやってみよう

　そして、最後は非協力ゲームの一つである「寄付金ゲーム」を行いました（資料5）。3人組になり、手持ちのお金100円を寄付するか寄付しないかを選択します。そして寄付金の合計額の2倍を参加者全員に均等に配分するというルールで進めます。このゲームで利益を上げるには、全員が協力行動、つまり、寄付をすればよいのです。ですが、実際には個人の利益を優先する生徒、全体を優先する生徒と分かれてしまいます。

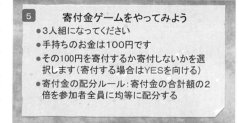

資料5

個人にとっての最適行動と全体にとっての最適行動が両立しないことを実感させるためのゲームです。

　寄付行動（＝協力行動）が当たり前、と思っていた生徒にとってはややショックを受ける

資料6

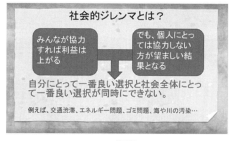

資料7

結果でしたが、身近な同様の構造を抱えた社会的ジレンマの問題、例えば放置自転車、ゴミのポイ捨て等を挙げると、自分の身に置き換えて、なぜ人は協力行動をとれないのか、どうすれば協力行動をとることができるのか考えを深める姿勢が見られました（資料6、7）。社会的ジレンマとは、個人にとって、短期的にはメリットが大きいものの長期的にはデメリッ

トが大きい行動（非協力行動）か、短期的にはデメリットが大きいが長期的にはメリットが大きい行動（協力行動）のいずれかを選択しなければならない社会状況を意味します。社会的ジレンマの構造を意識させることで、社会的な問題を捉える視点が養われるのではないでしょうか。

4. 生徒達の変容（学習の成果・発展）

　生徒たちは判断基準を揺さぶられる活動に驚き、戸惑いつつも大変興味を持って取り組んでいました。われわれは身の回りに起きる様々な対立や問題に対して、無意識下に何らかの選択、視点を通して眺めているはずです。コミュニケーション・デザインはそれをもっと意識的にデザインするという試みです。本授業はその前提である社会的な見方・考え方を働かせて、思考の深まりを促すものであり、協働的な課題解決の有用性に気付かせるものであったと感じます。

　生徒の声：

> ・普段の生活の中では特に意識していないことでも、よく考えると損してしまったり、逆に相手を損させているのかもしれないということがよくわかった。毎日、頭を使って生活することで様々なことがわかるのではないかと思った。もちろん損したくないから自分が得する方法を模索してしまいがちですが、社会全体で考えると、自分も含めて、全体が損してしまうかもしれないということを普段から考えるべきだと思う。自分のこと以外のことを考えることで全体が良くなることがわかった。
> ・今日は人間の行動は何によって決まるのか、自ら体験しながら学習した。初めの問題では合理的に考えることの難しさを、最後の寄付金ゲームでは合理的に考えられることにより得るものがあることを実感した。が、人間は合理性だけで行動する生き物ではないということも改めて知った。人間も生活をしていく上では、道徳や教訓などを守りお互いに協力することが大切なのだと思った。お互いに協力することは時によって合理性に欠けるが、もっと物事をよくすることもある。また、人間関係を深め、人生をより豊かなものにする。
> ・社会全体の生活は求めれば求めるほど、合理化にすることができるけど、合理化すれば必ず良い結果にいくというわけではなく、むしろ悪い結果になることもあると知りました。そうやって地球温暖化など取り返しのつかないことが起きてしまっていると思います。だから単純に、「自分の得」より「みんなの得」を考えた方が長い目で見れば「自分的」にも得になるのかなと考えました。そう考えると、「自分の得」だったりとか「今の状況」など狭い視野で判断せず、それを判断した場合の環境の変化など、じっくりと広い世界で物事を見ていくことが、幸せにつながると思いました。

　ただし、社会的ジレンマの構造に気付いたとしても、行動に移す判断は容易ではありません。生徒たちが「自分一人くらいなら」と、安易な選択を繰り返さないこと、そのためにどのような選択をすればよいか主体的に意思決定する力をさらに育ませたいです。（寺本　誠）

参考文献
　山岸俊男（1996）『社会的ジレンマのしくみ──「自分1人ぐらいの心理」のまねくもの』サイエンス社。

見通しを持ったプロジェクト活動

生徒祭の成功に向けて！ 何をやる？ いつやる？ 誰がやる？

[CD 基礎]　A 論理・発想「ウ　問題解決の思考」:（イ）目標達成までの手順とおよ
そのスケジュールを計画すること。（ウ）問題解決に向けた自らの行動や
進捗状況を俯瞰的にとらえ、修正を加えながら解決しようとすること。

1. 学習のねらい

【学習の課題】
生徒祭の成功に向けて、
作業の見通しを持ち、作
業計画・作業分担を行お
う。

【学習の目標】
○作業項目を具体化し、優先順位をつけること
　ができる。
○活動できる時間の中で、効率よく活動計画・
　活動分担ができる。
○活動ごとに計画・分担を見直すことができる。

【学習材・ツール】
・企画書（審議用紙）
・グループ用活動計画・分担
　表（ガントチャート）
・付箋紙

【関連して活用される知識・理解・技能】
・CD 科　プロジェクト学習（震災復興プロジェク
　ト等）
・学校行事　「体育大会」「合唱コンクール」
・各教科・領域　美術作品制作

　集団で長期的なプロジェクトを進めていく場合には、プロジェクトに参加している全員が
ゴールまでの見通しを持って活動に取り組むことが必要です。全員の作業内容を細かく可視
化し、作業計画・分担をすることで、全員が全体の様子を把握しながら活動に参加すること
が可能になります。

2. 学習の展開（1 時間）

1 時　生徒祭に向けての作業の見通しを持ち、作業計画・作業分担を行う

　　　○生徒祭までの全体の流れ・時間を確認する。

　　　○グループの企画に必要な作業項目をすべて洗いだす。

○作業項目一つひとつの内容を具体化し、優先順位をつける。

○全体作業と個人作業を確認し、分担を明確にする。

1時以降の活動

○作業の開始に確認、作業の終わりに振り返りを行う。

3. 学習の実際

(1) 全体の流れ・時間を確認しよう！

　長期的なプロジェクトを進めていくときには、①ゴールがいつであるか、②プロジェクトに向けた活動をどのくらいの時間できるのかの2点を常に確認しながら進めていくことが必要です。

　9月中旬に行われる生徒祭では5月ごろにグループが決定し、6月中旬ごろからグループごとの活動がスタートします。3カ月の中には夏休みもはさむため、時間に余裕があるように感じがちです。しかし、自分たちの本当に活動できる時間をあらためて確認したところ、林間学校や定期テストなどの行事があったり、夏休みの活動できる日も少なかったり、メンバーによっては部活動の大会で活動が難しい時期があったりと、思った以上に活動時間が少ないことに気づいたようでした。また、実行委員会に提出する書類の提出日や係会合の日なども

グループごとの話し合いの場面

あわせて確認し、だいたいの生徒祭に向けての流れを確認しました。

(2) ゴールに向けて必要な作業項目をすべて洗いだそう！

　各グループは、グループ決定時に企画書（審議用紙）を提出しています。その企画書に基づき、ゴールに向けて必要な作業項目を洗い出す作業を行いました。作業項目を洗い出しながら、それぞれの作業をだいたいいつ行うかの見通しも話し合いました。

○映像制作のグループの例：

ストーリー決め、配役決定、衣装準備、機材準備、撮影、編集、教室装飾準備、当日のシフト決め

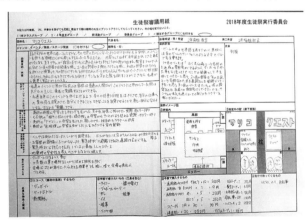

各グループの企画書（審議用紙）

○縁日系のグループの例：

　　ゲーム内容の決定、物品購入、ゲーム用備品作成、教室装飾準備、BGM の準備、当日のシフト決め

（3）作業項目一つひとつの内容を具体化し、優先順位をつけよう！

　次に、作業項目ごとに細かい準備や段取りを考えました。やるべき内容をできるだけ細分化して書き出し（1付箋1項目）、作業工程順、優先度が高い順に付箋を並べて貼っていきました。付箋で書きだす中で、付箋と付箋の間にやるべき内容はないか、細かく確認をしながら進めていきました。

　　○作業項目「物品購入」の例：

　　S_1：「購入するものを決める」「値段を調べる」「購入する」でよいかな。

　　S_2：「購入する」の前に「購入する場所を決める」や「お金を先生から受け取る」も必要なんじゃないかな。

　　S_1：インターネットで購入する場合はどうしたらよい？

　　S_2：「インターネットで購入したいことを先生に相談する」って書いておいたらよいと思うよ。

（4）全体作業と個人作業を確認し、分担を明確にしよう！

　続けて、一人一人のやるべきことを確認し、活動計画・分担表（ガントチャート）の各個人の欄に付箋を移していきました。（2）で考えた作業工程の見通しや作業期限、（3）で考えた作業工程順や優先度を考慮しながら、いつ、誰が、何人で、どのような作業を行うか、明確にしていきました。なかには、目指す期限までに作業が終わらない可能性があることが分かり、企画内容や作業内容の変更を行うグループもありました。また、作業分担が明確でない内容の付箋については、まだ作業を行えそうな時期の「未着手」の欄に貼っておくこととしました。

表全体

　　○グループの活動例

　　S_1：実行委員会に提出する書類と物品の購入管理は私がやるね。

　　S_2：○○の作業は人が多いほうがいいから、みんなが集まれる日にやろう。

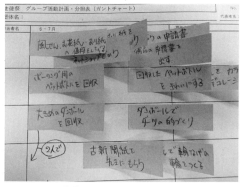

作成した活動計画・分担表

S₃：私は夏休み期間にあまり学校に来ることができないから、家でできる作業を進めて
　　おくよ。

（5）作業の開始に確認、作業の終わりに振り返りをしよう！

　毎回、作業開始前に活動計画・分担表を見て、自分がその日に取り組む作業内容を確認し
てから作業に取りかかることにしました。自分の作業が予定よりも早く終わった場合には、
自分の次の作業を行うだけでなく、活動計画・分担表の「未着手」の欄から自分ができそう
なことを探したり、進みが遅いメンバーの作業を手伝ったりもしました。

　作業の終了時にも活動計画・分担表を確認し、生徒祭までに作業が間に合うかどうかの確
認を行いました。作業を進めていく中でトラブルが起こり、そのまま計画通りに進めていく
ことが難しい場合には、作業内容そのものを見直し、作業計画の練り直しを行うこともあり
ました。

4．生徒たちの変容（学習の成果・発展）

　今までの生徒祭の取り組みでは、リーダーと一
部のメンバーは作業やゴールのイメージを理解し
ていて、自ら作業を進められていたものの、その
他のメンバーはリーダーから与えられた仕事をこ
なすのみで自ら仕事を見つけて作業を進めていく
のが難しいグループが多くありました。今回、作
業項目の中の作業内容を細かくリストアップし、
活動計画・分担表を作成することで、3カ月という

シフトの作成

期間の中でどのように計画立てて進めていけばゴールにたどり着くのかグループのメンバー
全員が確認できる形にすることができました。それにより、一人一人が見通しを持ち、自分
の作業に責任をもって取り組むことができるようになりました。

進行状況の確認

　メンバーの全員が共通の見通しをもって取り
組むことは、グループの協力・団結につなが
り、気持ちの面でも「みんなで作り上げた」と
いう達成感につながったようです。また、他の
CD科のプロジェクトなどにおいても、作業内
容を細かくリストアップし、計画・分担してい
くという場面がみられ、活動を可視化し、見通
しをもって取り組む様子が見られました。

　　　　　　　　　　　　　　　　　　（大塚みずほ）

7

国語・英語・総合

1年
（論理・発想）

ワザカードで振り返ろう

言葉の壁をビヨ～ンと越えてつながろう！
――グローバル環境・ランゲージ大作戦

［CD 基礎］　A 論理・発想「ウ 問題解決の思考」：(ウ)問題解決に向けた自らの行動
や進捗状況を俯瞰的にとらえ、修正を加えながら解決しようとすること。

1. 学習のねらい

【学習の課題】	【学習の目標】
①日本語が（あまり、あるいは全く）分からない外国人にお茶中の○○について紹介しよう。 ②自分たちの活動を振り返り、伝わるための工夫について考えよう。	○ビジュアル面での工夫を考えて、「ワザカード」にまとめる。 ○ランゲージ面での工夫を考えて、「ワザカード」にまとめる。 ○外国人相手に実際に試してみて、伝わるための様々なワザを「グループワザカード」にまとめる。

【学習材・ツール】	【関連して活用される知識・理解・技能】
・紙の辞書、電子辞書 ・日本語、英語、その他の言語 ・ジェスチャー、ボディーランゲージ ・画用紙、ホワイトボード、マーカー等 ×動画、プレゼンテーションソフト不可	・"やさしい日本語"の使用 ・相手が理解できそうな言語（外国語）の使用 ・音声言語と文字言語を臨機応変に活用 ・ノンバーバル言語（ボディーランゲージ等）の効果的な使用

　日本で生活する外国人、観光で日本を訪れる外国人は年々増えている一方で、外国人といえば英語でコミュニケーション、というステレオタイプに陥っている人も多い。実際は、日本語環境である日本で生活する外国人は、日本語を話せる、あるいは話そうとする人が圧倒的に多い。そういった外国人たちと今後の人生で共に生活したり仕事をしたりする機会の多い生徒たちに、彼らと話が通じない場合にどういうことに配慮すればよいのか、また、表現したり発信したりする自分の側はどういう工夫をすればよいのかを考えてみる授業として計画した。日本語ネイティヴの側が、外国人に理解しやすいコミュニケーション方法をとれるようになることは大切なことである。そのスキルを次世代を担う子どもたちにぜひ身につけ

てほしいと考えた。

　一泊の英語研修合宿であるグローバルキャンプの外国人講師たちに、英語のレッスン時間外に１時間だけ「日本で暮らす外国人」として生徒に接してもらうことにした。日本語の習得レベルが様々である外国人講師たちに、英語の習得レベルが初級段階である中学１年生が、「お茶中の○○を紹介する」という冒険を行うわけだが、その一連の授業の中に、「ワザカード」の活用を組み入れ、さらに発展させて「グループワザカード」を作成した。

　この一連の授業では、相手によりよく伝えるための"ビジュアル面での工夫"を学ぶ授業と、"ランゲージ面での工夫"を学ぶ授業を併走させているが、ここでは"ランゲージ面での工夫"について述べる。

2. 学習の展開（2時間）

1時　ランゲージ面での工夫を学ぶ。（1回目）
　　　使用言語や文化的背景が異なる外国人とコミュニケーションを図る場合の、言語面の工夫について考える。①公共の場での言語面の配慮について考え、②東京に住む外国人の状況について国籍や使用言語等を理解することで、自分の中のステレオタイプを認識する。

2時　ランゲージ面での工夫を学ぶ。（2回目）
　　　外国人相手に話が通じない場合、①原因となっている障壁の具体例を挙げ、②その原因を取り除くための具体的な方策を考えて表現する。

3. 学習の実際

（1）ランゲージ面での工夫を学ぶ。（1回目）
　①９カ国語で書かれている海外の公共施設（大英博物館）の案内を、９つの学習班で　それぞれ解読してみる。９つもの言語で書かれてある理由、また、日本にある公共施設の案内が４カ国語で書かれてある理由を考えてみる。

　②日本および東京で生活している外国人についてのクイズ（人口、居住都道府県、出身国など）に学習班単位で答え、予想との相違を確認する。

　③各国家元首や色々な国の人の顔写真を見て、どの国の人か当てるクイズのあと、「○○人は○○語を話すのか」について考える。帰国生の存在にも触れる。

（2）ランゲージ面での工夫を学ぶ。（2回目）
　①これまでの生活で、世代や立場や言語ゆえの"話が通じなかった"経験について振り返り、外国人に日本語で言いたいことをなるべく正確に伝えるにはどうすればよいか、また逆に話を聞く立場だったらどういう風に話されると聞きやすいかを考える。

②グローバルキャンプでのテーマとプレゼンテーション内容の企画の確認。

③言葉のレベルを下げる練習。就学前、小学生、中学生、高校生の語彙数を知る。小学校1年生の国語の教科書を参考にする。

④説明が難しそうな日本語「お年玉・大根おろし・お中元お歳暮・お見合い・かまちょ・リア充」から班で1つずつ選び、対策を立てて発表する。「そもそもそれは何なのか」というジャンルの確定と、いつ、どこで、誰が、何を、どのように、なぜするものなのか」等がポイント。班ごとに相互評価シートに2色の付箋を貼って評価する（よく工夫されている → ピンクの付箋、もうひと工夫ほしい → 青の付箋）。

4. 生徒たちの変容（学習の成果・発展）

（1）本番で活きた学習の成果

ランゲージ面での工夫、ビジュアル面での工夫を学ぶ授業を受けたあと、生徒たちはいよいよ当日のプレゼンテーションを行った（3時間）。初めは、日本語が通じない相手への説明の仕方を具体的に想像できなかった生徒たちも、CD科の授業を受けたあとでは、少なくとも頭では「コツ」が分かったようだった。

しかし本番では、頭でわかっていたはずの「コツ」も、実際に体験してみると思うようにはいかなかったようだ。10名の外国人講師たちは、日本語運用能力にかなり個人差があり、生徒たちが想像していたほどには日本語が通じなかった。班によっては、急遽、辞書を片手にカタコト英語に切り替えたり、用意した写真や図表を駆使しながら、ジェスチャーを使って"やさしい日本語"で押し通したりしながら、難局を乗り越えていた。

また、小さな講義室の中で、6名1班が1人の外国人講師を相手にするため、プレゼンテーションの途中でも終了後でも、講師からの気軽な質問に答えることで、双方の理解が深まっていった。

（2）「ワザカード」で振りかえる

まずは習得したワザを個人で「ワザカード」にまとめた。「ワザカード」は1年生の5月から、CD科の授業が一つ終了するごとに使ってきた。今回は、実際に外国人の前でプレゼンテーションを行ったあとの振り返りとなった。実際に外国人相手に行ってみて、言葉の通じない外国人ならではのワザを書いた生徒もいれば、相手が誰であれ、その内容をよく知らない人に話をするときに必要なワザを書いた生徒もいた。

（3）ワザカードを発展させた「グループワザカード」

「ワザカード」による振り返りは個人を前提としているが、さらに発展させて、グループで1つの「ワザカード」を作ってみようということになった。名付けて「グループワザカード」である。グローバルキャンプでのプレゼンテーションを振り返り、良かった点や課題点をまとめ、それをもとに"よりよく伝えるために必要なワザ"を見つけて、「グループワザカード」にまとめることを目標にした。（2時間計画）

＜グループワザカードの作成に向けての準備＞（1時間）

①自分たちの班のプレゼンを振り返って、「うまくいった点」と「うまくいかなかった点」を個人で出して班で共有。②他の班からの評価用紙とプレゼンを聞いた外国人講師からの（英語で書かれた）評価用紙を確認して、「よい評価」と「課題点」を班ごとにまとめる。③言語や文化の異なる人に対して「よりよく伝える」ために必要な3つのワザをまとめる。

＜グループワザカードの作成＞（1時間）

①［A］タイトル、［B］組、班、班員名、［C］場面や内容、［D］前時で出した「3つのワザ」、［E］そのワザを使って得られる効果、［F］グローバルキャンプ当日のプレゼン以外でどういう場面で役に立つか、をまとめる。②記事部分の分担を決めて、下書き用紙にレイアウト作成。③各班1枚、クラスカラーのB4判色上質紙で作成。イラストやデコレーション等は自由。

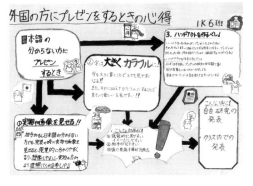

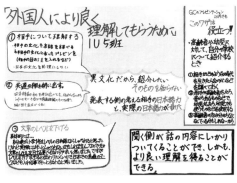

（西平美保）

8

3年
論理・発想

評価と選択

世界に打って出るプロジェクトを選ぼう

［CD基礎］　A論理・発想「ウ　問題解決の思考」：(エ)複合的な問題に対して評価の軸を設定して判断し、意思決定をすること。

1. 学習のねらい

【学習の課題】 国際大会に出す大腸菌に関する複数のプロジェクトを評価して、どれで勝負すべきかを選択しよう。	【学習の目標】 ○評価軸×評価リストなどのツールを使い、合理的な評価・判断ができる。

【学習材・ツール】 ・ワークシート ・プロジェクトの資料 ・事前事後アンケート	【関連して活用される知識・理解・技能】 ・CD科 　思考ツール ・各教科・領域　理科　生物

　多くの選択肢の中から何かに決めなければいけないような場合、例えば複数の高校から希望の高校を選択するにあたっては、比較しようとしても異なる点が多く、一長一短でどれがよいか判断しにくいことがあります。かといって、何となく選んでしまうと、適切に選ぶことができず、後悔しそうです。そこで、「評価軸×評価」リストを使って、選択肢を多面的に評価して合理的に選択できることをめざします。

2. 学習の展開（2時間）

　1時　評価軸を設定して評価するという方法を知る。
　　　　○評価軸×評価リストを活用して、志望する高校を評価する。
　　　　○多角的に評価することの重要性を考える。
　2時　評価軸×評価リストを活用してプロジェクトを選択する。
　　　　○評価軸×評価リストを活用して、4つのプロジェクトの中から世界に打って出るにふさわしいものを適切に評価・選択することができる。

3. 学習の実際

（1）君がいちばん行ってみたい高校はどこだ?!　〜評価と選択（1）〜

①「評価」って何だろう？

　身近な具体例（学力の評価、モノの値段をみて「高い」「安い」と感じる、レストランの星の数……など）をもとに、「評価」とは何かを考えてみました。

② 評価軸×評価リストをつくってみよう。

　評価を適切におこなえるようなワザとして下のような手順で評価軸×評価リストを作りました。今回は、生徒が自分の気になる三つの学校を決めて評価し、志望順位をつけました。リストの作り方は、次のとおりです。

○ステップ1　選択肢を洗い出す

まずは、どれくらい候補がありうるのか、選択肢を洗い出してみましょう。

　→ 第一志望から密かに気になってる学校まで、気になる高校を3つ挙げてみましょう。

○ステップ2　評価軸を洗い出す

　次に、評価軸を洗い出します。自分にとって欠かせない条件、あった方がよいものなどなるべく数多く書き出してみましょう。

○ステップ3　各評価軸の重要度を決める

　さらに、評価軸そのものの重要度を決めます。ふつう、全部の選択肢が同じように大切というよりは、自分にとって大切なものがはるはずです。それぞれ「1（低い）」「2（中）」「3（高い）」の3段階で評価し、重要度の高いものから低いものへ順に並べていきましょう。

評価軸	重要度	①	②	③
総合評価				

○ステップ4　各選択肢を評価する

　ステップ3で設定した評価軸の順に、それぞれの選択肢について3段階で評価してみましょう。

　IF よく知らなくて評価できない場合　　**THEN** そこをぜひその目で調べてみよう！

○ステップ5　最も魅力的な選択肢を選択する

　それぞれの選択肢について、評価軸ごとに「評価軸の重要度×評価の段階」を計算

し、全評価軸での合計を出します。最も高い値になったものが最も魅力的な選択肢のはずです。

○ステップ6　ステップ5で出てきた結果をどう感じましたか？

　　IF　なんかしっくりこない結果になった場合

　　THEN　何か大事な評価軸を見落としていたり、評価軸の重要度がおかしかったりしませんか？　ステップ2に戻り再検討しましょう。

③ 多角的に評価することの重要性を考える。

「評価して選択するにあたって、たくさんの視点（評価軸）で考えることにはどんな意味があるのでしょうか」と質問を投げかけてみました。

A高校は校風はいいけど進学実績が今一つ、B高校は進学実績は文句ないが、校風は自分に合わない……というふうにそれぞれの学校の特色があるのに、一つの項目で評価してもその学校が自分にふさわしいか判断しきれない、だからいろいろな項目で多角的に評価することが大切なのだということに気づくことができました。

(2) 世界に打って出るプロジェクトはどれだ?! ──評価と選択(2)

① 卒業生からの依頼

東京工業大学に進学した卒業生が、「マサチューセッツ工科大学（MIT）主催の国際大会iGEMcompetitionに参加することになりました。4つのプロジェクトを考えていますが、実際に発表できるのは一つだけです。そこでどのプロジェクトにしようか、中学生の皆さんの意見を聞かせてください」とお願いにいらっしゃいました。

② 4つのプロジェクトとは？

さっそくその卒業生から4つのプロジェクトについて聞き、疑問に思ったこと、分からなかったことを質問しました。

③ 評価軸×評価リストで評価してみよう

4つのプロジェクトを評価するにあたって、どのような評価軸があるかを考え、いくつか例として発表しました。次に評価軸の重みを設定し、各選択肢を評価して、最後に総合評価を行い、最も魅力的な選択肢を選びました。

4. 生徒たちの変容（学習の成果・発展）

1時では、ステップ4で重要度3とした評価軸「学校の雰囲気」で評価するところで「そういえばどんな雰囲気なのだろう」と考え込んでしまった生徒がいました。それに対して近くの席の生徒は「そういうところを高校見学でチェックしたらいいんじゃないの」と答えていました。作ったリストについては、生徒の実際の志望校選びの参考にすることができまし

た。

　また、評価というと難しいイメージがありますが、実は日常で何度となくしていること、私たちはその評価に基づいて判断(行動)することが多いこと、だから評価が適切（公平・公正）でなくてはいけないということに多くの生徒が気づいたようでした。さらに、評価・判断した合理的な理由を説明できるようにすることで、その評価・判断のみならず、ひいてはその評価・判断した人間が信頼されることにつながることに気づいた生徒もいました。

ゲストティーチャーの授業の様子

　2時の大腸菌プロジェクトでも、評価軸×評価リストをもとに評価を行いましたが、それを参考に卒業生の所属していたチーム iGEM2016Tokyo_Tech は、「白雪姫」のプロジェクトを採用、その結果見事 gold medal（金賞）を受賞し、東工大チームは10年連続の金賞受賞となった。特に、iGEM の審査員による評価シートによると、human practice という一般の方からのプロジェクトへのフィードバックという点で高い評価をいただくことができました。

・評価軸	重要度	①タンパク質分泌		②ファッションショー		③ 白雪姫		④ リン酸	
タイトルと内容の一致	3	2	6	1	3	2	6	2	6
興味を引くタイトル	2	1	2	3	6	3	6	2	4
斬新なアイデア	3	3	9	2	6	3	9	2	6
応用のしやすさ	1	2	2	3	3	3	3	2	2
範囲	3	2	6	3	9	3	9	2	6
分かりやすさ	2	3	6	3	6	3	6	3	6
影響をおよぼす範囲	3	3	9	3	9	3	9	3	9
無駄が少ない	1	3	3	1	1	3	3	3	3
総合評価		43		43		48		38	

「評価軸×評価」リストの記入例

　そして、評価軸×評価リストで評価し選択していく活動は、たとえば班ごとにプレゼンをした後、生徒祭でプレゼンする代表を決めることにも活用しました。また、「合唱コンクールで歌う曲を決める」など、クラスなどの集団で選択するときにも生徒が自主的に活用している様子が見られました。

（前川哲也）

参考文献・サイト
渡辺健介（2007）「世界一やさしい 問題解決の授業」ダイヤモンド社。
Team:Tokyo Tech - 2016.igem.org　　http://2016.igem.org/Team:Tokyo_Tech

9

1年
対話・協働

伝え方と伝わり方

ものは言いよう
——アサーティブな会話とは？

［CD 基礎］　B 対話・協働「ア　対話・話し合いの基礎」：（イ）伝え方の違いで相手への伝わり方や受け止め方が変わっていくことに気付き、目的や相手、場に応じた伝え方を工夫すること。

1. 学習のねらい

【学習の課題】
①自分の伝え方の傾向に気付く。
②アサーティブな伝え方のポイントを理解する。
③実際に日常生活で起こりそうな場面を例に、アサーティブな伝え方を対話しながら考える。

【学習の目標】
伝え方の違いで相手への伝わり方や受け止め方が変わっていくことに気付き、目的や相手、場に応じたより良い伝え方を工夫することができる。

【学習材・ツール】
・日常の生活場面での発言を巡るトラブルや友人との対立場面

【関連して活用される知識・技能】
・CD 科　話し合いの土台作り（自分・相手を知る）
　伝えるための作戦を立てる（相手の文脈の想像）
　「ワザカード」で振り返ろう
・社会科　「基本的人権」の思想

2. 本時の学習の前に

　本時を取り扱う前に、あらかじめ CD 科の項目「B 対話・協働」ア（ア）「互いの立場や考えを尊重し、建設的で穏やかな対話の場を作る上で大切なことを考えること」を取り扱っておくと、学習の深まりが期待されます。この項目を含む CD 科基礎の授業で、互いの立場や考えの違いを知り認め合うことや、対話を生み出すために必要なことは何か気付かせておくことは、本時の学習をスムーズに進めるためのレディネスとなります。4 月の学級開き、行事に向けた話し合いの場などを活用するのも有効です。

　また、本時では、生徒が相手に対しどう伝えればよいか悩むような場面を取り扱います。

授業者が日頃から収集している生徒同士の会話や生徒間トラブルについての情報を生かし、多くの生徒が直面するような問題場面を取り入れていくと、生徒が真剣に課題に取り組んでいくでしょう。

3. 学習の実際

(1) 授業のデザイン

アサーション (assertion) とは本来「主張、断定」などの意味がありますが、すべての人が平等に人権をもっているという視点から考えると、自分の主張を言う権利があるということは当然、相手にも同じ権利があるものと考えられます。このことから、「自分も相手も大切にする表現技法」という意味で用いられているのです。このような（アサーティブな）表現技法のうち、本時では DESC 法を中心に取り扱います。

DESC 法とは、事実の客観的な描写、気持ちの表明、提案、選択肢を与える、といった要素を踏まえながら発言することで、相手を尊重しつつ、自分の主張をうまく伝えることができるという表現技法のことです。この学習を通して、伝え方の違いで相手への伝わり方や受け止め方が変わっていくことに気付いたり、目的や相手、場に応じたよりよい伝え方についての基礎的・基本的な技能を習得したりすることはもちろん、よりよいコミュニケーションを作り出す際の態度として、自他の尊重、人権尊重の姿勢が欠かせないことにも気づかせたいです。また、本時で学習した技法がこれからの生活のどのような場面で使えそうか考えさせたり、これまでの自分の発言を省察させる時間を設けたりすることで、一人ひとりが意識的に、よりよいコミュニケーションを作り出そうとする態度を養っていきたいものです。なお、本授業は、［平木 2009, 2015 年；黒木 2008；シャーブ 2011］を参考に構成しました。

(2) 授業の展開

① 導　入

○相手から、自分の望んでいることと逆のことを言われたりして、困った経験を想起させる。

→授業化に際して事前に生徒にアンケートを取り、情報を集め、実践に生かしました。本校でこの実践を行ったのは文化祭（本校では生徒祭と言います）の1カ月ほど後で、試験が近い頃だったため、生徒からは次のようなことが多く挙げられました。

「生徒祭の準備中に、『今すぐ○○やって！』と強い口調で言ったら、険悪なムードになった」

「仲のいいグループ内で遊びに行く話が盛り上がっている。自分はテストが近いのであまり行きたくなかったが、断れず結局行くことにした」

「テストの3日前の放課後に突然「今からノート貸して！」と言われた。自分も勉強し

たかったので本当は貸したくなかったけど、断れず貸した
結果、復習ができず困った」

各学校の生徒の実態に合わせて、導入事例を選ぶとよいで
しょう。

○典型的な事例から、自分の思いをどのように伝えるかによって人間関係や自分・相手の
感情が変わってくることに気付かせ、望ましい伝え方について関心を持たせる。

○本時の学習課題を確認する。

② 展 開

○事例場面①、②について、自分だったらどのような伝え方をするか考え、ペアグループ
で互いに意見交換する。

→この導入では身近な学校生活上の話題を取り上げ、生徒の声（事前アンケートの結果）
を生かしながら具体的な場面や状況をイメージました。生徒が「あるある」と身近に感
じられる事例のほうが、生徒の対話が活発になるでしょう。

※事例場面①の例：定期考査の1週間前の期間に、（本当は貸したくない）ノートを貸して欲しいと
頼まれた時

※事例場面②の例：疲れていて眠りたいが親から今日中に宿題をやるよう言われた時

○伝え方の典型的な3タイプについて知り、これまでの自分
の伝え方はどのタイプに近いか分析するとともに、アサー
ティブな伝え方はすべての人の人権を尊重しているという
良さに気づかせる。

→この場面では、場や相手によって違う伝え方を選択することはないかも尋ね、これまで
の自分の伝え方を多面的に振り返らせることが大切です。

○アサーティブな伝え方を実現するためのワザとして、DESC法を紹介する。

　⇒ Ｄescribe（描写）、Ｅxplain（表現）、
　　Ｓuggest（提案）、Ｃhoose（選択）

○事例場面③について、アサーティブな伝え方を班で考え、
その伝え方を代表者が他班に伝え、アサーティブであった
かどうか相互評価する。

　※事例場面③の例：班活動で締め切りが迫っているのに手伝って
　　くれない人に手伝って欲しいと伝える時

→ややもすると生徒は妥協的な表現を考えがちです。アサー
ティブな伝え方は、決して互いの妥協を第一に求めるものではないことに留意し、あく
までも健全な自他尊重のコミュニケーションが基本であることに触れます。そのために

は始めに、自分の気持ちと相手の気持ちの設定を確認させてから、どのように伝えるか考えさせるとよいでしょう。本実践では、特に Suggest の部分で違いが表れていましたが、多くの班が違う言い回しではあるものの、おおむね自分も他者もどちらも大切にしているという相互評価を受けていました。

③ **ふりかえり・省察**

○よりよいコミュニケーションを実現するために必要な要素は何か振り返る。

　○本時の学習内容を振り返り、学んだ技能を「ワザカード」に記入する。また、これからの生活のどのような場面でワザが使えそうか考える。

→CD 科の学習展開の特色の一つに「省察」があります。省察とは、これまでの自らのコミュニケーションの在り方を振り返り、本時の学習を踏まえながら、効果的なコミュニケーションを新たに作り出していくためにはどのようなことに気を付けていけばよいか考える（メタ認知能力を活用する）場面です。また、本時で学習したことがどのような他の場面で応用できそうか考えることも、本校では省察ととらえています。省察を効果的に行うためのツールとして、本校で作成した「ワザカード」を利用しました。ワザカードの記述からは、親と対立したとき、合唱コンクールなどの行事で対立してしまったときなど、この後の日常生活や学校生活で、本時で学んだことを活用できそうだというイメージが持てていることが読み取れました。

4. 生徒たちの変容（学習の成果・発展）

　本時の学習の最後に、アサーションには自分も他人もどちらも尊重する人権意識が根底にあることを伝えました。この学習の成果として、人には（自分も含めて）多様な立場や考え方があり、互いの違いを対話を通して乗り越え、合意形成を図っていくことを大切にする風土が育ってきたように感じます。アサーションの学習を踏まえ、次は交渉や調停などの授業へと段階を踏んで発展させていくことが望ましいでしょう。

　一方で、先を見通しつつ、集団の同意を得ながら、限られた時間の中で物事をどんどん先に進める力も社会では必要となります。このような力についても別途 CD 科基礎や発展の授業等を通して、高めていく必要があるでしょう。

（渡邊智紀）

参考文献
平木典子（2009）『アサーション・トレーニング　さわやかな〈自己表現〉のために』日本・精神技術研究所
平木典子（2015）『マンガでやさしくわかるアサーション』日本能率協会マネジメントセンター
黒木幸敏（2008）「中学校教育とアサーション・トレーニング」平木典子編『アサーション・トレーニング』至文堂、pp.56-67
シャープ，リサ M. 翻訳：上田勢子（2011）『自尊感情を持たせ、きちんと自己主張できる子を育てるアサーショントレーニング40』黎明書房

10

仲間と協働して考え、創り出す

<table>
<tr><td>3年
CD 活用</td></tr>
</table>

平和のためにできること

［CD 活用］ 「A 論理・発想」「B 対話・協働」「C 伝達・発信」の各領域の学習内容を
組み合わせ、課題解決に向けた案をまとめ、発信する。

1. 学習のねらい

【学習の課題】

　「平和のためにできること」を考え、行動〈発信・実践〉しよう。

①「平和」という言葉からイメージしよう。

②「調停」を通して身近な「平和」を考えよう。

③自分たちにできることを考えよう。

④情報を読み解こう。

⑤問題点や課題を見いだそう。

⑥解決の方向性を探ろう。

⑦自分たちの政策を創り出そう。

⑧発信・実践するための材料を創り出そう。

⑨自分の考えや思いを行動に移そう。

⑩活動を評価しよう、振り返ろう。

【学習の目標】

○自分なりの「平和」観を築くことができ、それを他者と交わすことができる。

○課題に対して、グループで協働し、活動を進めることができる。

○各活動において、CD 基礎で学習したことを適宜活用することができる。

○自分たちの活動のプロセスを適切にまとめ、受け手を意識して発信することができる。

【学習材・ツール】

・ワークシート

・参考資料

・新聞

・画用紙

・付箋紙

・マジック

・ミニホワイトボード

・マーカーペン

・iPad またはパソコン

【関連して活用される知識・理解・技能】

・CD 基礎

　話し合いを効果的に進めるコツ

　イメージマップ・KJ 法・思考ツール・図解化

　「伝える」ためのコツ

　メタ認知・俯瞰的視座

・道徳　　　　　　・総合的な学習の時間

・社会（公民）

・英語（「平和」・「人権」をテーマとした単元）

本学習では、自分たちで課題発見から解決へと向かう過程を協働的に創り出すための地盤づくりととらえ、最終期での活動に活用できそうな方法を体験的に学ぶことをねらいとしています。俯瞰的な視点、社会的な文脈で考えられるもので、よりよい社会の実現のために動けるようなもの、社会貢献を意識したもの、最終的には、学校の中だけで閉じずに、学校外からの価値づけや意味づけが得られる活動につなげることを意識しています。

2. 学習の展開（7時間）

1時　〈イントロダクション〉様々な「平和」を見出す
　　　○「平和」のイメージマップを作成する。

2時　身近な「平和」を考える
　　　○「調停」を学び、模擬調停を体験する。

3時　「平和」のためにできることを広い視点で考える
　　　○「平和」につながる行動について考え、共有する。（KJ法の活用）
　　　○『ACTION FOR DISARMAMENT: 10 THINGS YOU CAN DO!』を知る。
　　　○次の活動について理解し、活動の構想を練る。

4時　「平和」のために自分たちができることを探る
　　　○与えられた新聞から記事を選択する
　　　○記事から事象を読み解き、図解化する。（図解化・思考ツールの活用）
　　　○記事から問題点や課題を見いだす。

5時　「平和」のために行動政策を考え、創り出す
　　　○課題解決のための行動企画案作成の観点を考える。
　　　○『10 THINGS YOU CAN DO!』を参考に企画案を考える。
　　　○企画案を事象や問題点、解決の方向性とともに提案するための図解資料を作成する。

6時　「平和」のための行動政策を創り出し、表明する
　　　○「平和」のイメージマップ、『10 THINGS YOU CAN DO!』を振り返る。
　　　○自分たちのグループが考えた政策の発信のための資料を図解資料も活用して作成する。
　　　○自分たちのグループが考えた行動政策企画案を、作成した資料を用いて発表する。
　　　○他のグループの発表を聴き、評価する。

7時　「平和」のための行動政策を振り返る～アクションに向けて
　　　○行動政策の企画案の作成過程を振り返り、評価する。
　　　○次のステップに向けて、新たな視点を見出だし、考える。

3．学習の実際（全7時のうち第2時・第6時を紹介）

（1）「調停」を通して身近な「平和」を考えよう！

　「平和」という言葉からのイメージを共有し合いました。次は、模擬調停を実際に体験することを通して「平和」という概念に迫ってみます。この学習では、次の2点を目的とします。

> ①「平和」という抽象的な概念に対して、実体の伴わない空疎な解決策に終始させないように配慮し、「平和的に身近な紛争を解決する」ことは、つまり「平和を創る」ことと捉えさせることを目的とする。
> ②紛争とは国や民族同士の争いに限らず、学級内での人間関係のもつれも、広く捉えれば紛争の一種である。紛争に接した際、生徒たちがルールに基づいてみんなが納得して解決できる方法を学ばせることも目的とする。

　まず、利害に関わらない第三者が仲介に入る調停のロールプレイの形式を取りながら、互いの主張をよく聴いて公正に判断をすることや、納得するまで話し合う熟議の重要性など、平和を創り出すための基盤について共通に理解することを学びました。

◆授業で提示した課題

> **フルートが壊れちゃった！**
>
> 　ある日の、放課後の出来事です。
> 　文化祭のコンサートで演奏するためのグループ練習を、2階の合併室で行う時間でした。
> 　Aさんは、友達のBさん・Xさんと、3人のグループで演奏することになり、3人は、それぞれフルートを持って登校してきていました。初めは、どのグループも合併室で練習していました。
> 　今日は、3人の息がぴったりあって、演奏している3人は気分がよくなってきました。3人とも大満足でした。しかし、周囲の他のグループの練習の音もずいぶん大きくなってきて、自分たちのフルートの音がよく聞こえません。そこで、Aさんのグループは、担当の先生に断って、3人で、3階の音楽室で練習をすることにしました。
> 　合併室から音楽室に移動するときに、Bさんは、Aさんに、「3人の譜面台や楽譜などを、3階の音楽室に持って行ってね」と、声をかけました。そして、Bさんは、「代わりに私が、Aさんのフルートを持ってあげる」と、言ったのです。
> 　Aさんは、少し迷いましたが、その申し出の通りにしました。
> 　Bさんは、またすぐに合併室に戻るので、フルートをケースには入れず、右手に自分のフルートを、左手にAさんのフルートを持って、合併室から出ようとしました。
> 　そのとき、Xさんは、「今日は、とても息がぴったり合っているな。よかった！」と、嬉しそうに独り言をつぶやいていました。Bさんは、その声を聞き、Xさんに同感といった顔をして、少し後ろを振り返りながら、廊下に出たのです。
> 　と、そのとき、廊下左側から走ってきたCさんが、Bさんの左手とフルートに、ぶつかってしまいました。その勢いで、フルートはBさんの左手からはじけ飛んで、数メートル先の柱に激しくぶつかってしまい、Aさんのフルートは壊れてしまいました。Cさんは、アリーナで文化祭の

準備をしていたのですが、同じく準備していた友だちの一人がケガをしたので、あわてて保健室に先生を呼びに行くところでした。

　さて、この中学校では、壊れたり盗まれたりすると困るので、あまりに高価な物は持ってきてはいけないことになっていました。

　ところが、この壊れた、Aさんのフルートは、80万円で購入した物でした。

　実は、Aさんは、練習用の安いフルートを持っていたのですが、コンサートには、良い方のフルートで演奏したいと願って、グループ練習の時から、担当の先生にも内緒で、80万円のフルートを持ってきてしまったのでした。

　また、Aさんは、このフルートに保険をかけていませんでした。ですから、このフルートの修理には、40万円くらいかかるそうです。Aさんは、修理をしてもフルートは完全には元に戻らないので、同等のフルート（80万円）を弁償してもらいたいと考えており、Bさん及びCさんに対し、代金80万円を請求しました。

◇生徒の声（授業感想より）

○今日はCD科で「調停」について考えました。こんなに学校のいろいろな場所で授業を行うのは初めてです！ 新鮮でした。私の役は「B」でしたが、難しかったです！ Cさんとぶつかったのも偶然だし、それでフルートが壊れてしまったのも偶然だけど、持っていくと言い出したのは自分で、しかも譜面台3個とフルート1本は少し負担に差があるような気がします。結果的に一番金額は少なかったけれど、Aさんとの溝は深くなっている気がしました。

○今日は「身近な平和」ということをやりました。フルートの話をもとに私は調停役をやりましたが、みんなのバラバラな意見を聞くのは楽しかったです。それに裁判と違ってYESかNOにかっちり決めなければならないというわけでもないので、逆に私はやりやすかったです。話せば話すほど、話が深くなっている気がして、初体験ながらとてもひきこまれました！

(2)「平和」のための行動政策を創り出し、表明しよう！

　自分たちで作成した「平和」のイメージマップや『10 THINGS YOU CAN DO!』（右参照）を振り返ります。そして、前時にワークシートに作成した図解資料をベースに、図解化・思考ツールというCD基礎での学習も活用して、自分たちのグループが考えた政策を発信するための資料を作成します。グループが考えた行動政策企画案を、作成した資料を用いて発表します。発表以外の人は、他のグループの発表を聴き、評価します。

　右資料の『軍縮のためのアクション』は中高生にも取り組みやすい活動を示したも

『ACTION FOR DISARMAMENT: 10 THINGS YOU CAN DO! 軍縮のためのアクション：あなたにもできる10のこと』　国際連合広報部・軍縮部

1) Stay informed　情報収集を絶やさないようにしよう
2) Start a club　クラブをつくろう
3) Create an event　イベントを開催しよう
4) Sign up　署名しよう
5) Facilitate a discussion　話し合いを司会進行しよう
6) Express yourself　考えを発信しよう
7) Host a film screening　上映会を開こう
8) Voice your concern　意見を訴えよう
9) Plan a presentation　プレゼンテーションをしよう
10) Reach out　輪を広げよう

ので、本学習活動「平和のためにできること」の基本的な考え方として活用したものです。

発表用資料を図解化や思考ツールを活用して作成している様子

○ 50分という限られた時間の中で発表まで行うので、授業が始まってからは班員と協力しながら急いで作業しました。結果、時間内に発表でき、良い企画案を紹介することもできました。他の班も、様々な内容をとりあげ、構成なども少しずつ違っていて、とても勉強になったので良かったです。

○ 今まで練ってきたことを発表に生かすことができたので、良かったです。ふりかえってみればそんなに時間はなかったけれど、限られた時間で効率よく作業できたのは、班員の中でやることをしっかりと全員が把握していたからだと思います。とても中身の濃い授業でとても楽しかったです。

○ CD科を学ぶことによって、私はたくさん知れたなと今感じています。「調べる」というのは今まで見たことがなかった行政のサイトを見たり、「考える」というのも筋が通るような考えにたどりつくには、見聞を広くして複数の人の意見に耳を傾け、「発表する」ということも、"私たちが" 発表するというよりは "聞き手へ" 発表することを意識する必要がある、とこれ以外にもたくさんありますが、このCD科というのは改めてプロセスの重要さを感じました。

○ ギリギリでしたが、何とか発表まで漕ぎ着けることが出来ました。発表は原稿を考えない即興だったので何を言っているのか自分でも分からなくなるほど緊張してしまいました。自分の苦手とすることだと分かっていたのでしっかり考えておくべきだった、というのが反省です。しかし、CD科としての取り組みでは、ほとんど文字を無くすことを目標とし、利益など、実体の無いものを、何かの形に置きかえることで表現する、という発見があったのは大いなる収穫だったと思います。

◇生徒の声（授業感想より）

　生徒からは、本活動に対する好意的な感想（左参照）が多々寄せられました。活動中の様子を見ていても、生徒一人ひとりが自分の役割に使命感を持ち、目をキラキラとさせ、取り組んでいた様子が見られました。生徒が取り組んでいて楽しくなる、夢中になれる活動を設定することが大切だと改めて実感しました。

4. 生徒たちの変容（学習の成果・発展）

　生徒たちは思考ツールの一つ一つの使い方や意味について決して習熟しているわけではありませんが、難解な課題に対して、「どうすれば分かりやすく伝えられるか」「どうすれば複雑な事象間の関連を整理できるか」という気持ちが自然に生まれたこ

グループで発表のリハーサルをしている様子

とで、思考ツールを使う意義を見いだすことができたのは成果です。思考ツールありきではなく、手段として用いることで事象に対する理解が深まり、表現の幅が広がるという学習経験を持たせることができたと感じています。

現実の社会では様々な利害が複雑に絡み合っていて、いくら具体的な行動計画を立てようと、想定した通りの効果が生まれる訳ではありません。それは社会参加型学習を実践させづらくしている課題の一つでもあります。だからこそ、一方的な提案だけではなく、平和的に利害を調整するための取り組みや、計画を常に振り返り、形成的に評価する取り組

自分たちの考えた政策を発表している様子

みも必要であると考えます。その意味で、本活動のようにある程度長い期間でじっくり取り組める、一連の学習経験を積み重ねることは意義が大きいと考えます。

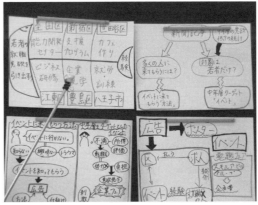

図解化・思考ツールを活用して作成した発表用資料

CD 科の学びの他教科への活用

　CD 科での学びは、他教科の学習や学校内での諸活動にとって汎用的なものとなり得ます。例えば、本学習活動での一連のプロセスを経験した生徒たちは、英語科での「沖縄の抱える問題点を資料から読み取り、自分たちなりの政策や主張、提案を発信する」という活動においても、図解化や思考ツールの活用にも慣れてきたため、発表資料作成や発表についても、とてもスムーズに取り組むことができるようになりました。この様子から CD 科での学習が生徒たちに与えた変化は大きいと感じました。　　　　　　　　　　　　　　（中島義和）

11

2年

対話・協働

聴きたいことのポイントをおさえ、わかりやすく伝える

インタビューの技法──研究室訪問

［CD 活用］　B 対話・協働「ア　対話・話し合いの基礎」：(エ) 質問の種類や機能について知り、話し合いの場面に応じて効果的な質問の仕方を工夫すること。

1. 学習のねらい

【学習の課題】

①インタビューのポイントをおさえる

⇒発言を引き出す方法、内容を深める方法を理解し実践する。

②インタビュー内容を整理し、わかりやすくまとめる。

⇒インタビュー内容を視覚的に整理する。

③ポスターセッションで効果的に伝える。

⇒まとめた内容をわかりやすく伝える。

【学習の目標】

○大学とはどのような教育機関か知り、進路選択の際の知識として活かす。

○大学の先生がなぜその道を選んだか、そのきっかけや中学校時代の姿、興味を伺い、進路を考える参考とする。

○研究内容と社会とのつながりなどについて知り、視野を広げることで、自らの主体的な学びに活かす。

○インタビュー学習を通して話を引き出すワザや深めるワザをみがく。

【学習材・ツール】

・カメラ　・タブレット

・IC レコーダー

・国語便覧

・ワークシート

・ポスター用紙

・マーカー他

【関連して活用される知識・理解・技能】

・CD 基礎「アポイントのとりかた」（国語便覧「事前に連絡してある場合」を参考に）

・CD 基礎「情報の収集」

・CD 基礎「効果的なポスターの作り方」

　本校では、中学２年生でのキャリア教育として「研究室訪問」を実施しています。この研究室訪問は、大学の構内に中学校が存在しているという地の利を活かし「多様な進路について考えよう」というテーマで、大学の研究室の先生に職業インタビューを行い、その内容を

まとめて発表する活動です。1年時から、多様な道（職業）で活躍している人に出会ってインタビューし、まとめ、その情熱を伝える活動である「情熱を持って極めている人に取材しよう」の授業や、自然環境や歴史、外国文化との共生を考え、ポスターにまとめ発表する活動である「横浜校外学習」などインタビューに関わる学習に取り組んできています。

　本学習では、相手からより発言を引き出す方法やインタビュー内容を深める方法に焦点をあて、一人ひとりが実に多様なテーマを持つ「研究者」を対象にインタビュー学習を実施しました。物事を追究する職業を自分事として引き寄せ、他者に伝える一連の流れの中で多様な進路について考える機会としています。

2．学習の展開（8時間）

1時　①大学の中にはどのような学部があり、各研究室がそのどこに属しているのか知る。

　　　②研究室を選択する（生活班ごとに選択し、訪問する）

2時　①挨拶状の作成を行う（関連 CD 基礎：アポイントのとりかた）

　　　②訪問する研究室の先生がどのような研究・活動をしているか調べる

　　　③研究室の場所、行き方を調べる（関連 CD 基礎：情報の収集）

3時　質問を考え研究室訪問の最終確認をする（関連 CD 基礎：インタビューの技法）

4・5時　研究室訪問

6・7時　お礼状作成、ポスター作成

8時　　研究室訪問　ポスターセッション

3．学習の実際

① 事前学習

　実際に研究室訪問に出かける前に、事前学習として3時間をかけ、情報収集と質問項目を考える時間としました。

【情報収集】

　まずは2時間をかけて、中学生にとって大学がどのような教育機関であるかを知るところから学びが始まります。大学の学部、学科と、それぞれ分野に分かれて研究しているところであるということを知り、班ごとに研究室を選びます。その後、大学紹介 VTR やパンフレット、タブレットを活用して情報収集を行い、挨拶状を作成します。これらの活動を生活班の中で役割分担して進めました。

【質問検討】　＊本時の学習

　集めた情報をもとに、「①研究室の先生の人となりを知る、②研究内容や社会とのつなが

図1　授業ワークシートの一例　　　　　図2　インタビューシートの一例

りについて」の2点を中心に質問項目を班ごとに話し合って決めていきました。相手から情報を引き出す工夫をしながら、質問項目を考える姿が見られました。

② 研究室訪問

事前に準備した質問をもって、研究室訪問を行いました。

少人数での訪問のため、先生方との距離も近く、さまざまなお話を伺うことができました。

50分という時間の枠を設けたのですが、時間が短い、もっと話をたくさん聴きたいという声もありました。研究内容をわかりやすくまとめて説明してくださった先生もいれば、ここまでの生い立ちを中心にお話しくださった先生、研究と社会とのつながりを主にお話しくださった先生と、15人の先生方それぞれ独自の切り口があったようです。1年次の「情熱を持って極めている人に取材しよう」インタビュー学習とは異なり、「研究職」という枠組みで、"なぜ研究職を志したか""研究内容と社会とのつながり"に絞ったインタビューでしたが、生徒たちはよく話を聴き、たくさんの材料をいただいて帰ってきました。

③ 事後学習

【ポスターセッション（研究室紹介）】

　訪問した研究室の研究内容や、先生の人となりがわかるように、特徴を活かしたポスターを班で話し合いながら作成しました。写真や文章をうまく使って、伝えたいことをコンパクトにまとめました。1年次に学んだ横浜校外学習での、魅力を伝えるポスターの作り方の学びを活かし、各班とも力作を作りあげました。ポスターセッションでは、「①研究室の先生について、②研究内容や社会とのつながりについて」の2点を中心に班ごとに発表の仕方を工夫してアリーナでパネル展示と発表を行いました。訪問した先生方にもご参加いただき、発表を聴いていただきました。

4.　生徒たちの変容（学習の成果・発展）

　本校ならではの、身近な研究職へのインタビュー学習およびポスター発表となりました。本項では、インタビュー学習の時間を切り取って紹介しましたが、生徒は実際のインタビュー活動を通して対話・協働のワザについて考えを深めている様子がよく感じられました。また、単元全体を通してみると、中学生なりのアプローチをグループで考え、インタビューし、まとめること。挨拶状やお礼状、当日の態度などの礼儀作法。ポスターセッションでの効果的な伝え方。様々なコミュニケーション手段を複合的に使った「CD科活用」の学習となりました。キャリア教育の一環としても、有意義な学びになったかと思います。

（君和田雅子）

12

1年
対話・協働

学級での話し合いのしかた

学級目標・体育大会目標をつくろう

［CD 基礎］　B 対話・協働「ア 対話・話し合いの基礎」：（ウ）目的や目標を確かめつ
つ話し合いに参加し、論点をとらえて効果的に話し合いを運ぶこと。

1．学習のねらい

【学習の課題】	【学習の目標】
①目的にあった話し合いのしかたを考えよう。 　学級での話し合いを効果的に進めよう。 ②学級目標や体育大会目標を考え、ポスターに表現しよう。	○話し合いの基本的なルールや進め方、原案・修正案に基づく話し合いのしかた等を身に付けるとともに、場面に応じて、適切な話し合いの方法を選べるようになる。 ○学級目標や体育大会目標を考える活動に積極的に参加し、テーマを生かしてポスターに表現する方法のアイデアを出し合う。

【学習材・ツール】	【関連して活用される知識・理解・技能】
・プリント「話し合いの基本」「話し合いの進め方」「効果的な表現」「生徒総会用語集・会議の進め方」 ・模造紙、色画用紙、マジック	・CD 科　話し合いの基本、話し合いの進め方 ・国語科　話し合いのしかた ・特別活動　生徒総会の議事進行のしかた ・美術科　　ポスター表現

2．学習の展開（3 時間）

1 時　学級目標をつくろう

　　○班・学級での基本的な話し合いの進め方、ルールを身に付ける。

　　○適切な目標は何かを考え、論点をふまえて話し合いを行う。

　　○文字やデザインなど、効果的なポスターの表現方法を話し合う。

2・3 時　体育大会の学級目標をつくろう

　　○原案・修正案を提出する話し合いの進め方、ルールを身に付ける。

　　○適切な目標は何かを考え、論点をふまえて話し合いを行う。

○応援合戦のテーマを生かし、効果的なポスターの表現方法を考える。

3. 学習の実際

(1) 学級目標をつくろう（第1時）

　協働的な課題解決をめざすためには、まず、話し合いの方法やルールを身に付けることが必要です。さらに、様々な話し合いの方法を経験して、テーマや場面にふさわしい話し合いのしかたを自分たちで選ぶ力を養うことも必要となります。

　国語の授業で取り上げる内容とつながりますが、入学時、学級の様々な決めごとがある時期に、話し合いの方法やルールを意識的に学ぶことで、様々な場面で活用できる汎用性の高いものとなっていくと考えました。入学してすぐのオリエンテーションでは、「話し合いの基本」「話し合いの進め方」として、班での話し合いのルール、机の向け方、役割分担、効果的な話し方など、最も基本となることを確認しました。

　本実践の第1時「学級目標をつくろう」では、まず「話し合いを効果的にするために考えるとよいこと」を読んだうえで、班での話し合いをもとに学級全体で意見をまとめていく台本をもとに、議長が議事を進行しました。

【話し合いを効果的にするために、考えるとよいこと】
○目的・目標をはっきりしよう。（何のために、何を決める話し合いか）
○話し合いの時間はどのくらいあるか。今日はどこまで進める必要があるか。
○一度決めたことは、繰り返し話し合わない。（「一事不再理」といいます）
○意見の中心は何か。自分や他の意見と同じところ、ちがうところはどこか。
○どうするとみんなの意見を活かしあえるか。

ここでは、小グループの意見を集約し、全員で修正する手順を採用しました。

① 班ごとに目標に入れたいキーワードを考える

② キーワードをもとに、班ごとに目標文案を話し合う

③ 目標文案を全員で分類し、候補を選ぶ

④ 候補の目標文案をさらに検討する

　議長は各班からの提案の要素をくみ取って調整し、さらに良い文案にしていく話し合いを進めていきました。[資料1]

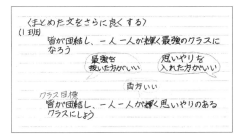

[資料1] 学級目標話し合い記録の一部

(2) 体育大会の学級目標をたてよう（第2・3時）

　第一時の「学級目標をつくろう」では、多様な意見を集約し、最終的には皆の納得を得て目標を決めることできましたが、一事不再理のはずの議論がもとに戻ったり、「一部賛成だが一部反対」という意見が入り乱れたりすることを生徒たちは経験しました。そこで第二時

では、原案、修正案を提出する「生徒総会」の議事進行方法に沿って、より論点を明確にした話し合いの手法で「体育大会の学級目標」を検討することとしました。やや難解な議事進行の方法であるため、特別活動の時間に上級生から説明を受けたものですが、CD 科で経験することによって、生徒総会前にやり方を理解し、他の機会にも活用できるようにしたいと考えたのです。

[資料2] 「生徒総会　会議の進め方・用語集」

本校の体育大会は縦割りのクラス対抗（色別対抗）です。1年生のクラス対抗種目の練習も始まり、初めての大きな行事に向けて気持ちを高めたい時期でした。上級生が作った応援テーマを生かした「体育大会の学級目標」を立て、ポスター作成に取り組むために、以下の手順で話し合いを進めました。

① 原案を立て、ねらいをわかりやすく伝える。

まず、体育大会のクラスリーダー役の生徒に体育大会全体の目標やクラスの練習の様子などをもとに、原案を準備してもらい、[資料2] の方法で原案について班ごとに話し合って質疑や意見を出し合いました。

② ねらいをよく表す表現を考える。

司会の進行のもと部分的な修正案を複数の生徒が提出し、それぞれ1名以上の支持があるととりあげられました。論点を明確にして段階的に話し合うために、「原案からより遠い修正案から採決をする」という手順にそって、教員が司会に助言しながら修正案の採決を行っていきました。いくつもの案について一斉に挙手する方法とは違い、「修正案 A が否決されたら、次に修正案 B を検討」という生徒総会の方式では、A 案を支持していた人があらため

てB案について賛否を挙手することができ、自分の意見を反映させることができます。生徒たちはやってみて初めてしくみを理解できた様子でした。「資料3」生徒総会方式をやってみて、「なるほど〜」という声が出ました。一方、人数が少ない話し合いなら、小グループの意見を集約する方式がいいという意見もあり、場面によって方法を選んでみようと考えた生徒もいました。

③ 学習した話し合いの手法を活かしてポスターの表現方法を考える。

第三時では、各団の応援合戦のテーマを生かしたポスターのデザインやレイアウトを考えました。前時ま

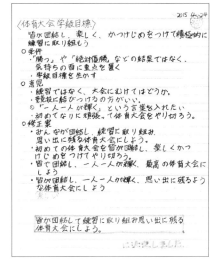

[資料3] 体育大会学級目標の話し合い

での学習をもとに、クラスごとに話し合いの方法を選択し、よりよいポスターにするアイデアを出し合いました。3年生が中心になって考えている団旗のデザインをアレンジする、全員が体育大会に向けた決意を一言ずつ記入したカードを貼る等、クラスによって様々なアイデアが生まれました。

4. 生徒たちの変容（学習の成果・発展）

体育大会という行事を題材にしたことで、生徒たちは大変熱心に議論に取り組むことができきました。学級目標の話し合いと体育大会目標の話し合いを比較し、様々な話し合いの仕方があることに気づくことができました。時間はかかりましたが、複数の話し合いを実際に経験したことは、その後の様々な活動に活かされてくることでしょう。また、ポスターの表現を工夫して作成することで、目標を共有化して意欲を高めることにもつなげることができました。

これまでも、入学オリエンテーションではいくつも議題について話し合う機会がありました。CD科として話し合いの手法を重点的に取り上げることで、「意識化」する効果を感じることができました。生徒たちの手元資料や教室掲示資料に、話し合いの基本や方法についてわかりやすく示したものを提示しておくとよいと思われました。

（木村真冬）

[資料4] 各クラスの「体育大会の学級目標」ポスター

13

3年
対話・協働

対立の解消

多様な考えから解決策を見いだそう！

［CD活用］　B対話・協働「イ　対立の解決・解消」：(ウ)対立の背景や対立の解決の方法について知り、平和的な解決のために意見を調整し合ったり、解決策をつくりあげたりすること。

1. 学習のねらい

【学習の課題】
他者との意見交換や思考の共有を通して、遺伝子操作が行われている背景や社会情勢、他の現象との因果関係などについて複数の視点で俯瞰的に捉え、課題を見いだす。

【学習の目標】
遺伝子操作に関して、提供する側、利用する側を中心に様々な立場で多面的に捉えることで、見いだした課題についての解決策を協働的に模索する。

【学習材・ツール】	【関連して活用される知識・技能】
・ワークシート ・画像、映像、統計資料 ・ホワイトボード	・CD科　3領域すべてに関連 ・各教科、領域 　遺伝子や遺伝子操作に関する知識（理科・社会）

2. 学習の展開（7時間）

第1時　・パネルディスカッションの流れを知る。

第2時　・身近なテーマをもとに、自分たちの意見をまとめる。

第3時　・パネルディスカッションを体験する。

第4時　・いのちをテーマにパネルディスカッションのテーマを決める。

　　　　　・テーマについて知り得た知識をもとに課題を見いだし、自分なりの考えを持つ。

第5・6時　・グループ内で意見を共有することで、共通点や相違点を見いだし、遺伝子操作に関する意見を一つにまとめる。

第7時　・パネルディスカッションを通して、遺伝子操作について多面的に捉え、自分たちが考えるよりよい社会の実現に向けて模索する。

今回のパネルディスカッションの実践は、CD科の三つの領域【A論理・発想】、【B対

話・協働】、【C 伝達・発信】で学習してきた内容を実際の場面で活用していくことを念頭に、各教科の学習で得た知識なども横断的に活かしながら協働的に課題解決を試みる場面として設定しました。

「遺伝子操作」については、理科や社会などの教科学習を通して恐らく一度は耳にしたことがあり、道徳的な要素も含まれるテーマです。誰の意見が正しいと簡単に言い切れないテーマに対し、自分たちなりの意見をどのようにまとめていくか、試行錯誤する場面を持つことを一つのねらいとしました。

3. 学習の実際

① パネルディスカッションを学ぶ

実際の学習では、最初の3時間はパネルディスカッションという手法の目的や流れを知り、実際に体験することに充てました。テーマは「制服について」、「定期テストについて」としました。まず自分の意見を整えた後、パネルディスカッションに向けてグループごとに意見をまとめました。今回の実践では、グループごとに一つのパネルを掲げるかたちをとったので、グループの中でテーマについて共通の認識を持つ

流れと分担	ねらい
①司会　パネリストの紹介	
②パネリストの意見発表	テーマに対する立場を明確にする。資料を用意したり、発表方法を工夫したりしてわかりやすく伝える。
③パネリストどうしの意見交換	進んで質問する。受けた質問に対して、適切に答える。
④フロアを交えての意見交換	進んで質問する。受けた質問に対して、適切に答える。話題を発展させる。
⑤まとめ	意見交換をふまえて、認識の深まったこと、考えたことを整理し、述べる。
⑥司会の総括	

図 2-13-1　パネルディスカッションの流れとねらい

こと、そのうえで、自分たちはどのような考え（立場）なのか明確にすることにある程度時間を要しました。準備の時間を取ったあと、3時間目にパネルディスカッションを行いました。パネルディスカッションの流れは図 2-13-1 の通りです。

身近なテーマであったので、意見交換も活発に行うことができましたが、以前に行ったディベートの感覚のまま意見交換を行う場面もあり、いろいろな立場で一つのテーマについて意見を述べ合い、多面的に考えることに重点を置く今回のパネルディスカッションの目的から外れてしまう場面もありました。

②「遺伝子操作」について、グループごとに意見をまとめる

パネルディスカッションの方法を学んだあと、実際に提示されたテーマ「遺伝子操作について考える～身近な食べ物から再生医療まで～」についてパネルディスカッションを行う準備に入りました。テーマ設定のねらいは前述の通りです。

まずは、テーマについて自分が持っている知識を整理するとともに、様々な方法で情報を集める時間を取りました。実践を行うにあたって、図書室の司書教員とも連携し、最新の情

報を入手できるよう準備を整えました。情報収集を行う上での共通テーマとして「三倍体」、「クローン」、「遺伝子組み換え作物」、「iPS細胞」を提示し、調べる作業のきっかけとしました。「三倍体」や「遺伝子組み換え作物」などについては、私たちの食生活にも関係する非常に身近なことでもあるため、より深く事実を知ろうとする姿勢や、そのような生き物や農作物がつくられる背景にはどのような社会、経済状況、私たち人間の考え方があるのか、どんどん疑問が沸き上がるようすがうかがえました。各自が調べる時間の間にも、グループごとに情報交換、意見交換が自然に行われていました。「問題の所在に気づき」、何が原因か、自然科学的な因果関係だけでなく、背景にある社会情勢などにも目を向けながら現状を理解し、自分あるいはグループごとに意見を持たせることは、その後パネルディスカッションに結び付けていく上で非常に有効でした。

　「遺伝子操作」というテーマから意見が拡散してしまい、建設的な話し合いができない可能性も考えられたため、グループ内で意見を出し合う場面では、

　　○「遺伝子操作」について、どのような規制が必要だと考えるか。

　　○「遺伝子操作に関するサービスを提供する側」、「遺伝子操作した商品を生産する側」、「それらのサービスや商品を利用する側」それぞれに必要なことは何か。

　という二つの話し合いのポイントを提示し、進めました。「遺伝子操作」を行う対象が人以外の動植物で、人がそれら遺伝子を操作された動植物を利用している事例が圧倒的に多いため、生徒の意見は、「人間」と「人間以外の動植物」とにわけて考えているものがほとんどでした。そこで、最終的に次の三つの立場のどの立場に近いか考えさせ、パネルディスカッションにつなげました。

　立場A　「遺伝子操作」は全面禁止派

　立場B　「遺伝子操作」は人間には使用しないが、人間以外の動植物には積極的に使用

　立場C　「遺伝子操作」は人間にも動植物にも積極的に使用

　自分たちのグループの立場や意見など掲げるパネルを決定した後、パネルディスカッションに向けての準備に入りました。

③グループごとに立場を決定し、パネルディスカッションを行う

　今回のパネルディスカッションでは、グループごとに異なる立場や視点から意見が出る中で、関係性を捉えたり、必要性や物事の優先順位を考えたりしながら、自分たちが抱えている課題の解決に向けて模索する場面を設定することが大きなねらいの一つでした。前述のパネルディスカッションの流れに沿って進め、なるべく全員が発言するよう促しました。司会と記録はフロアの中から

図2-13-2　実際のパネルディスカッションの様子

希望者する生徒が行いました。練習として事前にパネルディスカッションを体験していたこ

ともあり、スムーズに展開することができました。話し合いでは、主に以下のような内容がでてきました。

〈科学技術の視点から〉

○人への医療にしぼった研究開発、技術の仕様は、人間だけ別扱いすることにつながらないか。

○遺伝子操作に頼る前に、それ以外の解決策を十分に模索する必要があるのではないか。

〈社会情勢、経済問題の視点から〉

○人口増加に伴って、遺伝子組み換えされた農作物に頼らないというのは不可能である。

○生産者として、生産性向上、安定した収入のためには、遺伝子組み換え農作物の栽培は必須である。

4. 生徒の変容（学習の成果・発展）

　今回の実践は「物事を多面的に捉える」、「多様な視点を持つ」ということが大きなねらいでした。生徒の振り返りからは、「今か未来か」、「メリットとデメリット（利益、不利益）」という視点に関して、考えの幅が広がったという意見が多数みられました。具体的には右の通りでした。

　これらの気づきから、得られた学習成果は、知識というよりむしろ、ものの見方・考え方であったと言えます。特に、「今か未来か」という視点は、考えていることがらや緊急度によっても変わります。答えを一つに定めることができないことがらについても、視点をかえることで様々な見方・考え方がうまれてくるという大きな成果を得られた学習でした。（山本江津子）

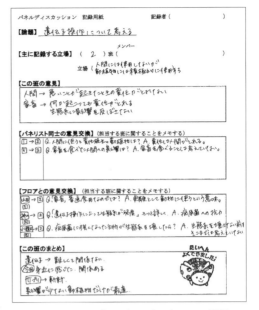

図 2-13-3　パネルディスカッションの記録

「今か未来か」
○他の班が、未来のことまで考えていることに驚いた。今の現状をしっかり把握して、人間以外 OK、近い未来を考えて、医療なら人間にのみ OK、人類の未来を考えて、全面的に OK というように、見ている瞬間が違っている。この辺をきっちり組み立ててパネルディスカッションをつくりあげていくことが大切だと思った。
○火星地球化計画がおもしろい案だと思った。近い将来のことを考えるのではなく、遠い未来のことを考えていて、スケールが大きく斬新だと感じた。
○目の前にある命、未来の人々の命、という二つの視点があり、どちらかに賛成するというのができなかったが、考えの幅は広がった。
○今の最善を考えるか、未来の最善を考えるかで、対応が変わるという点で、考えの幅が広がった。
「メリット、デメリット」（利益、不利益）
○iPS 細胞について、安全面も含めて色々な見方ができるようになった。
○遺伝子操作が何に役立ち、一方、どのような危険性があるのか分かった。
○遺伝子操作によって医療 / 病気などの治療がやりやすくなるということであったが、今のように人口爆発が起きている地球で、もし遺伝子操作がどんどん行われたら、地球の人口がどうなってしまうのか心配になった。
○火星を地球化するというのは思いつかない考えだった。遺伝子操作を植物等に使って、火星にもっていけるものをつくると良いと思う。そうやって、特殊な植物をつくれるなら、人に利益のあるような食物をつくることができたら良いと思います。

14

1年
対話・協働

行事のより良い形を考える

おもてなしのデザイン

［CD 基礎］　B 対話・協働「イ　対立の解決・解消」：(イ)身の回りの問題を解決する
　　　　　　ために状況を分析し、意見の異なる他者の考えを理性的に受け止め、自
　　　　　　分の考えを言葉で表現すること。

1. 学習のねらい

【学習の課題】
「おもてなし」の気持ちを持って相手（お客様）の立場に立ち、より良い生徒祭1年生グループの企画内容について考える。

【学習の目標】
○お客様の立場に立った生徒祭の企画を協働的に立ち上げていく中で、他者の考えを受け止めつつ、自分の考えを表現する方法を身につける。

【学習材・ツール】
・「おもてなし」参考資料スライド
・個人用ワークシート
・グループ活動用画用紙
・付箋紙

【関連して活用される知識・理解・技能】
・CD 科
　「発想法入門」「アイデアの整理」「効果的な話し合いの仕方」「情報の伝達〜効果的に伝えるコツ」
・各教科・領域
　美術「装飾」「情報伝達」「空間演出」

2. 学習の展開（1 時間）

（第0時：生徒祭準備）

※本授業は、総合学習や特活等での企画準備を進めているところで実施することが効果的です。本授業に入る前に現段階で考案している企画内容について発表準備をしておき、企画内容をお互いに聞き合ってブラッシュアップできるようにしましょう。

第1時：生徒祭の企画検討を通して、他者の考えを受け止めつつ、自分の考えを表現する方法について体験的に学ぶ。

○グループで考えた企画をより良いものにするために、他者からの意見を受け止め、肯

定的に捉えながら自己の考えを再整理する方法を学ぶ。

○自分たちの考えた企画案を受け手の視点から捉え直し再構成する。

3. 学習の実際

(1) 受け手の視点について考える「おもてなし」

特活や総合の中で企画検討を行うと、生徒たちからは、「あれをやりたい、これをやりたい」と様々なアイデアが出てきます。しかし、そのアイデアは、本当に「受け手が望むもの」になっているでしょうか。生徒たちが言う「やりたい」は「自分」が主体となってしまい、サービスを受ける相手の視点が欠けてしまうことも少なくないのではないでしょうか。

本学習では、生徒たちがサービスを受ける側である相手をより意識し、相手を主役に考えた企画へステップアップさせるために、他者の意見を受け止めながら思考を再整理することを目標としました。

まずは導入として、様々なジャンルのおもてなし（旅館・看板・案内・文化祭装飾などの具体的なサービス）について触れながら、生徒たち自身が受け手の側になり、受け手の立場に立ってサービスを提供する視点について考える時間を設定しました。

「おもてなし」参考資料スライド

(2) お互いが考える「おもてなし」を知ろう

① 学級内に構成された各係グループの企画構想を発表し合い、受け手の立場でコメントしあう

生徒祭の場は、これまでの学習以上に自分たちの力で多くのことを決定し、お客様が満足するものをつくり上げていくことが求められます。しかし、このような企画を初めて立ち上げる1年生の生徒たちは、目の前の課題をこなすことで精一杯であり、そのほとんどが自己満足で進行してしまっているところが見られます。お客様のことを考え、見通しを持って段取りしていく客観性を持つことは、まだまだできないのが現実です。そこで、個人 → 学習班（3〜4名）→ 係グ

グループによる企画構想の発表

ループの順に、客観的な目線で企画に対する改善案を具体的に考えさせることにしました。

　生徒個人用ワークシートは、前項の内容で行った各係グループの企画発表を聞く段階で、発表された内容についてのメモとして使用します。また、発表が終わった後は、各係グループの現段階での企画内容に対してその良さを見つけ、肯定的に認めながらも、より良い企画の形を個人で考えて記述するものとして使用しました。まずは生徒自身が、同じ学級の仲間として企画をより良いものにしたいという気持ちを大切にして考えます。それに加えて、発信される側であるお客様の一人としても、その企画内容について客観的に改善策を考える時間を設定しました。このことで、お互いの考えを認めるだけではなく、生徒たちの自己満足にならない企画について考えを深めていくことができました。

② 個人の考えをもとに、学習班でブラッシュアップ

個人の考えを付箋に書き、貼り合わせることで学習班の意見を視覚化し、まとめる

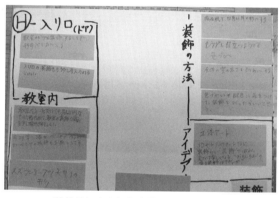

装飾係に出された意見のまとめの一例

　次の活動では、前項で使用した生徒個人用ワークシートの内容をもとに、学習班でブラッシュアップできると考える内容について意見交換していきます。個人で出したブラッシュアップの案を付箋紙に書いて画用紙に貼り付け、KJ法を用いて意見の内容ごとに分類してみます。こうすることで、それぞれの係グループの企画に対してどのような意見が多く出ているかが明確になります。付箋を書く際には、どのような意図で改善案を考えたのかについてきちんと記述させることで、受け手の立場で感じたことを改善するアイデアとして伝えることができます。

③ 学習班からの意見をもとに係グループで企画をブラッシュアップする

　学習班で作成した意見のまとめを見ながら、係グループで最終案を検討していきます。それまでは係グループのメンバーのみで企画検討をしていたため、気がつかなか

各学習班から集まった意見をもとに企画をブラッシュアップ

った視点も多くありましたが、生徒祭本番約2週間前のタイミングで客観的な意見が多く集まることで、これまでの活動にはなかった有意義なブラッシュアップにつなげることができました。

4. 学習の成果・発展

　この学習は、生徒たちが生徒祭を通して初めて外部のお客様という立場を意識しながら、ユニバーサルデザインの視点で取り組んだ課題でした。限られた時間の中で行う学級の活動では、生徒たちはお客様の存在を意識することに対してなかなか実感がわかず、同じ係グループに属するメンバーの考えが一致してさえいれば、企画は自己満足な形で進行してしまうことも多くありました。しかし、本授業で「おもてなし」という言葉を通して、様々な年齢層や様々な立場の人たちが共通して楽しむことのできる企画について協働的に考えることで、自分たちが企画の受け手としての視点を持ったり、多様な意見に目を向けたりすることができました。このことで、単に楽しい企画を考えるということにとどまらず、生徒祭の中でお客様に楽しんでもらえる企画を立ち上げることの意味や、その企画をより良い形で外部に発信していくことについて学習し、考えを深めることができていたように感じます。

クラスからの意見が心強い味方となる

　また、係グループによっては、自分たちが立案した企画自体に不安を持っている生徒もいました。そんな生徒たちにとっては、学習班になってのKJ法によってまとめられた企画に対する他の班からの意見が心強い味方となり、考えていた企画に自信を持って進めることができたり、悩んでいた内容に関しては意見をもとに企画を改めて検討したりする姿も見られました。生徒祭の企画を考えることを通して、生徒同士が客観的な視点を持って相手を想いながら企画構成に取り組むことのできる活動となりました。

ブラッシュアップした内容を、企画進行に生かす

（桐山瞭子）

15

取材を成功させるための交渉術

上手なアポイントメントのとり方

[CD基礎]　B 対話・協働「ウ　外部との交渉」：(ア) 交渉が円滑に進むために、相手に合わせた適切な伝え方や交渉のしかたを考えること。(イ) 内容を整理し、場や状況をふまえて交渉の手順を計画し、戦略的な交渉方法を工夫すること。

1. 学習のねらい

【学習の課題】	【学習の目標】
アポイントを取る方法を知り、言葉遣いやマナーを身につけて、上手なアポイントが取れるようになる。	○アポイントを取る方法、手順、言葉遣いやマナーを知る。 ○アポイントを試みて自分の交渉のしかたを振り返り、改善する。

【学習材・ツール】	【関連して活用される知識・理解・技能】
・電話でのアポイントの取り方ワークシート ・メールや手紙でのアポイントの取り方ワークシート	・CD科 　C 伝達・発信　イ．戦略的な表現 ・国語科 　1年「インタビューしよう」

　知りたい情報や知識を専門家や実践者から得ようとしたいとき、また、校外学習のグループ活動で工場や工房などを見学したいとき、その相手と会って話を聞いたり、体験させてもらったりするための円滑な交渉のしかたを知る学習です。

2. 学習の展開（2時間）

第1時　取材申し込みのためのアポイントをとるワザ（手順、言葉遣い、マナー）を知ろう。

　○電話でアポイントを取る際に必要な項目や留意すべき点を知る。

　○取材の申し込みの手紙を読んで、問題点を出し合う。交渉には何が必要か、何に気を

つけるべきかを話し合う。

　○上記の結果を踏まえ、交渉する側とされる側に分かれて、電話によるアポイントの取り方を練習する。

第2時　アポイントをとる計画を立てて取材の準備をしよう。

　○「社会で活躍する人の情熱を伝えよう」のテーマで取り組む活動で取材対象となる人や団体へのアポイント計画を立て、電話・手紙、メールの依頼文（電話の場合は原稿）を書く。

　○計画をグループ相互で点検、助言し合う。

3.　学習の実際

（1）取材申し込みのためのアポイントをとるワザを知ろう。

　取材を申し込むときに必要なポイントはなにかを考えます。まず、自分が相手に何を聞き、教えてもらいたいのか、その目的と内容を相手に伝えるための整理が大切です。その次に、実際に会ってインタビューをしたいときには、どのような手順でそれを実現させていけるのかについての段取りや、取材後のお礼と報告までを視野に入れて考えていきましょう。

	内容と活動	留意点
課題把握	アポイントの方法にはどのようなワザがあるだろう。 ○アポイントを取る方法を考えよう。 ・電話、手紙、ハガキ、メールを使う。 ・直接電話をして申し込む方法が適切な場合と不適切な場合を分類する。 ・基本的には手紙やメールが適切だが、工場や工房のような場合、直接電話で交渉する方法も取れることを確認する。	○工場や工房の見学を公に受け付けていない場合や、初めて会う相手に対しては、直接電話するよりもメールか手紙・ハガキで依頼文を書く方がよいことを判断できるように促す。
課題追究	○電話でアポイントを取る時の話し方を考える。 ・工場や工房を見学したいときの申し込み方。 「私たちは○○中学校○年生の○○です。今日は、工場の見学をさせていただけないかということについてお電話しています。私たちは〜の研究をしています。……」 ○サンプルのメール文を読んで改善点を話し合う。	○見学したい理由と内容を相手にわかるように伝え、訪問する人数、訪問可能な日時を複数提示するように助言する。 ○受け取った側の気持ちになって読んでみるように促す。

	内容と活動	留意点
課題追究	○アポイントが取れる依頼文に必要なポイントを確認する。 ・なぜ直接会って話を聞きたいのか。会って聞かなければわからない内容なのか。 ・面会する場所と日時の打診。 ・インタビューの内容と手順（録音、写真撮影の可否）。	○取材相手が協力する気持ちになれる依頼文が書けるように助言する。 〈依頼文例〉 ○○様 初めまして。 私は、○○中学校の生徒で、1年生の○○です。 私たち1年生は、今年の文化祭の取り組みで「社会で活躍する人たちの情熱を伝えよう」というテーマに取り組んでいます。 　その中で、私たちのグループは、○様の活動に……
振り返り	○サンプルのメール文を正しい依頼文に書き直してみる。 ○アポイントを取るための依頼文に必要な事柄をまとめる。	

（2）アポイントをとる計画を立てて取材の準備をしよう。

　まず、取材のアポイントをとるときには、相手に何を伝えたらいいのかを整理してみます。自己紹介、自分たちは現在、何に取り組んでいて、何をどこまで解明したいのか、そのために取材に行く必要があるといった取材の目的と内容、方法が相手に読み取ってもらえるような依頼ができるように助言しましょう。

　また、取材相手によっては、事前にその方の著作物や関連した新聞記事などで下調べをし、そのうえで直接お会いしてお話を伺いたい状態をつくっておく必要があります。

　相手に、自分たちがどこまで事前に調べ、どこまで解明されているかということ、そのうえで直接話を伺わないと解明できない点がこれである、という明確な取材意図をもつことが大切です。

　ここでは、以上のことを踏まえて、依頼文を書く練習をしてみます。

	内容と活動	留意点
	アポイントを取る計画を立てて取材の準備をしよう。	
課題把握	○アポイントを取る手順の確認をする。 ・アポイントを取る対象が工房や工場等なのか、個人なのかによって手段を電話、手紙、メールのいずれにするかを考える。 ○各グループの取材先に対する依頼文を書いてみる。書式と必要事項を確認する。	○各グループの取材先を確認し、話し合い、検討し合いながら依頼文を完成させるように促す。 ○書式や必要事項を確認しながら、言葉遣いに気をつけ、意図が伝わる表現を工夫するように助言する。

課題追究	・タイトル「〜の取材のための面会依頼について」 ・時候の挨拶 ・自己紹介 ・取材の意図 ・取材の方法についての打診 ・取材可否、取材日時の確認の方法	 この書き方で伝わるかなぁ
振り返り	○グループ相互に読み合い、改善点について意見を出し合う。 ○アポイントがとれる依頼文のポイントを確認する。	○依頼する内容が伝わる書き方、相手の気持ちを想像しながら依頼文を書くようにしていくことを確認する。

4. 生徒たちの変容（学習の成果・発展）

　本学習は、取材する相手にアポイントを取る方法を身につけることを目的としています。アポイントを取る方法は、直接電話をする方法の他に、取材対象によっては第一段階としてメールや手紙を使うこと、その次に相手の都合にしたがって電話も可能であることを知ります。アポイントを取る時には、あくまでも相手の都合を優先しつつ、自分の予定をすりあわせて決定していくことがマナーであること、依頼文では、丁寧語、謙譲語を正しく使って失礼の無いように取材される側の気持ちになって書くこと、を確認します。

　本学習を経て、実際に取材に取り組む計画をグループごとに立てていきます。生徒の手でアポイントを取るだけではなく、学校から正式に訪問依頼状を出す必要もあります。場合によっては、事前に学校から生徒が取材の依頼を希望している旨を相手側に知らせておくことも、その後の流れをスムーズに展開させていくために重要です。

　さらに、取材後には生徒とは別に学校からお礼状を出すことをマナーとして忘れてはいけません。

　アポイントを取ったら、取材の手順を考え、グループで役割分担をして、取材が有効なものになるように計画を立てていきましょう。

（中山由美）

16

3年	**外部の人と交渉する**
対話・協働	# 被災地の特産物の売り上げを支援しよう

［CD活用］　B対話・協働「ウ 外部との交渉」：（イ）内容を整理し、場や状況をふまえて交渉の手順を計画し、戦略的な交渉方法を工夫すること。

1. 学習のねらい

【学習の課題】
①交渉のポイントを考えよう。
　交渉の中で相手に納得・採用してもらうコツはなにか？
②外部の方と交渉してみよう。
　外部の方と交渉して、自分たちのアイデアを採用してもらおう。

【学習の目標】
○交渉が円滑に進むために、相手に合わせた適切な伝え方や交渉の仕方を考えること。
○実際に交渉することを通して、外部の方と交渉するために大切なことを見つける。

【学習材・ツール】
・交渉相手の資料（ホームページ、パンフレット等）
・iPad（Pic Collage）
・ワークシート

【関連して活用される知識・理解・技能】
・CD科　「対話・協働」のインタビューやロールプレイの経験
・国語　「ディベート」「パネル討論」
・社会　経済や流通に関する知識、資料の読み方

　交渉というのは、単に提案や要求を伝えて相手と話し合うだけではありません。また、一方的に説得したり、相手を論破して持論を通すこととも違います。交渉ごとには、何かを提案してその実現のために相手の賛同や協力を求めるようなタイプもあれば、双方がそれぞれの考えを主張し合って、双方が納得できる合意点を探り合うようなタイプもあります。どのような交渉でも、目指していくのはWin & Winの関係、つまり、両者にとって一定のメリットや納得が得られる形を探していくことです。

2. 学習の展開（14時間 ※3年生のプロジェクトの実現を目指す部分のみ）

（1）事例の学習全体の展開

　本事例は、CD活用の学習で実施した「復興支援を考える」という大きな単元の一部分で

す。実は、この学習に取り組んだ生徒たちは、1年生のときから「震災復興」を題材として、学習を進めてきました。3年間（計46時間）にわたる学習の全体は、触れることができませんので、ここでは概略を説明します。

1年次「復興支援の現状と課題」（17時間）

1年次は関心の掘り起こしなど、東日本大震災の復興支援について学ぶことが主たるねらいでした。主な内容は次の通りです。

・CD基礎の学習（論理的思考の基礎等）も関連付けつつ、学習を展開。
・外部講師を招き、被災者の現状と復興支援の実際や考え方について学ぶ。
・知りたいことや疑問に思うことをまとめ、学習課題を考える。
・訪問学習を通して設定した課題について、より詳しく学び、発表し合う。

2年次「支援プロジェクトを企画する」（15時間）

2年生では、「中学生である自分たちにできることは何か」を考え、支援プロジェクトの企画を立案しました。主な展開は次の通りです。

① プロジェクト企画のために
・被災地の中学生の活動を知る・学ぶ。
・お茶の水女子大学附属高等学校の高校生たちによる視察報告を聞く。
・支援団体の実際の活動状況や課題を聞く。（支援団体によるシンポジウム）

② 支援プロジェクトを考える（グループを編成して企画案を考える）
・企画のアイデアを出し合い、情報を集める。
・実行プランとして立案し、企画書を作成し、発表会を開く。

3年次「支援プロジェクトを実施する」（14時間）

こうした展開をふまえて、3年生では2年次に考えたプロジェクト企画の実現を目指して活動を展開しました。主な活動は次の通りです。

○企画の実現のための活動計画を立てる。
○企画書と活動計画に沿って、プロジェクト活動を展開する。
　・情報収集、資料集め → 企画書から実行プランへ → 実施のための準備
○企画の実現のため、必要な外部機関・団体等と交渉する。
◎準備を経て企画案を実施する。

支援プロジェクトの例

「中学生の自分たちにできる支援」を考えていく中で生徒たちは、

・関心が高まり、知るということ自体が支援につながる。
・単発の支援も大切。被災者自身の持続的な活動を可能にする支援はさらに大切。
・支援内容には時期が関係する（例：直後は衣食や医療など物品の支援が必要、生活が

ある程度落ち着いたら被災者自身が活動できるための支援が大切。金銭は時期を問わず必要 等）。

などを始め、さまざまな考え方も学びました。これらをふまえて、生徒たちは最終的に 20 グループに分かれて、20 通りの支援プロジェクトに取り組みました。

〈支援プロジェクトの例〉
- ●関心の喚起・周知に関するプロジェクトの例
　ア．被災地の学校との Skype 交流会を開く。
　イ．旅行会社に被災地ツアーを提案する。
- ●寄付・寄贈による支援プロジェクトの例
　ウ．古本を回収して「Book 募金」に送る。
　エ．募金してコラボスクールに送金し学用品購入を支援する。
- ●被災者の活動の支援プロジェクトの例
　オ．被災地の特産品の売り上げ増加を支援する。
　カ．大槌町の復興米の販路拡大を目指して学校給食や生協に働きかける。

（2）「交渉」に関する学習の展開

　生徒たちはさまざまなタイプの支援プロジェクトに取り組みましたが、どの支援プロジェクトの活動にも、必ず関係機関や団体への問い合わせや交渉など、外部の大人と話し合う場面が生まれるように促しました。CD 科の「対話・協働」領域の学習の中で、「外部との交渉」は高度ですが、協働的問題解決のための力として本物の「交渉」を経験することが大切だと考えたからです。以下、本事例では「交渉」の部分について、上の「支援プロジェクトの例」の中から、「オ．被災地の特産品の売り上げ増加を支援する」プロジェクトを例に示します。

　　1 時　交渉の仕方を考え準備をする
　　　○企画案に関する「問い合わせ」「交渉」の相手と内容を考える。
　　　○友達や先生を相手に練習してみる。
　　2 時　問い合わせや交渉を行う
　　　○電話やメールなどさまざまな手段で問い合わせや交渉を行う。
　　　○交渉結果をふまえて企画案の実施やプランの修正に役立てる。

3．学習の実際

【「被災地の特産品の売り上げ増加を支援する」プロジェクト】の事例
（1）交渉の準備

　① 相手に提案したい内容をまとめてみる

これまでの学習で、生徒たちは自分たちのプロジェクトの実現のために、企画案をまとめました。復興支援におけるどのような課題を取り上げるのか、どのような解決策によって、どのような人を対象とする企画なのか、企画の目的、コンセプト、意義や具体的な企画内容、実現する上で予想される課題等を盛り込んだ企画書を作成させました。そして、企画案のプレゼン発表会をおこない、企画案を第三者にわかりやすく伝えることを意識するとともに、お互いの企画の問題点を指摘し合い、練り直す機会を設定しました。このプロジェクト企画案を持って、交渉に向けて準備を進めます。

　この事例のグループの最初の企画の概要は、下の通りでした。

ねらい　　：東北の物産品の売り上げを上げる
企画内容：広報力のあるスーパーや商店街で東北 　　　　　物産フェアを開催する
交渉相手：某大手スーパー（大手スーパーのため 　　　　　広報力があると考えたから）
手段　　　：電話で交渉する

② 交渉の準備

　まず、交渉相手に電話で伝えるための原稿を作成し、教員が必要に応じて助言しました。

　助言のポイントは、以下の通りです。

　　　○言葉遣い等の電話のかけ方。

　　　○電話なので、口頭説明のみで相手に伝わるか。

　　　○忙しい相手に短時間で理解してもらえるか。

　　　○企画に魅力を感じてもらえるか。　　等

　次に、教員を相手に交渉の練習をしました。このグループは、プロジェクトの企画案を説明したところ、次のような点を指摘されました。

　・どんな学習の一環か、電話をした背景や学習の流れを伝えること（文脈の説明）。

　・自分たちの考える、交渉相手にしてほしいことを、具体的に相手が想像できるように伝えること。

（2）交渉の実際（様子）

① 大手スーパーに電話

　このグループでは、まず広報窓口に電話をかけて交渉を試みましたが、広報窓口では企画を検討してもらったり、決定権のある部署にすぐに取り次いでもらったりすることなどはできず、交渉の入り口で失敗してしまいました。生徒たちは、大企業はさまざまな部署が関わ

って動いているため、動きがとりにくいのだと考えました。

② プランの修正

そこで、特産品を製造販売していて小回りのききそうな会社を選んで交渉することにプランを変更しました。また、自分たちの手で商品を販売したら、東京で被災地のお菓子を知ってもらうことになり、販売促進につながるのではないかと考え直しました。そこで、商品を送ってもらって学校の生徒祭（文化祭）で販売することにしました。再検討の結果、福島銘菓「いもくり佐太郎」を製造する株式会社ダイオーと仙台銘菓「萩の月」を扱う宮城ふるさとプラザを交渉相手にすることにしました。

③ 福島銘菓製造会社ダイオーと交渉

ダイオーとの電話交渉では、社長と直接話すことができました。企画の意図を告げると代理販売を許可してもらえました。

4. 生徒たちの変容（学習の成果・発展）

学習を終えて彼らが交渉術をまとめた作品から、彼らの気付きを取り出してみます。

交渉する際には、交渉の目的を考え、その目的に合った対象（人物や場所、会社等）を交渉相手に選ぶ必要があります。目的を達成させるための方法を十分検討する必要があることも言うまでもありません。

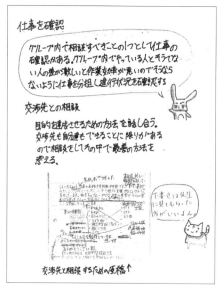

「交渉のワザ」事例1

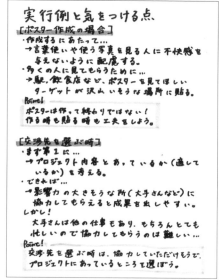

「交渉のワザ」事例2

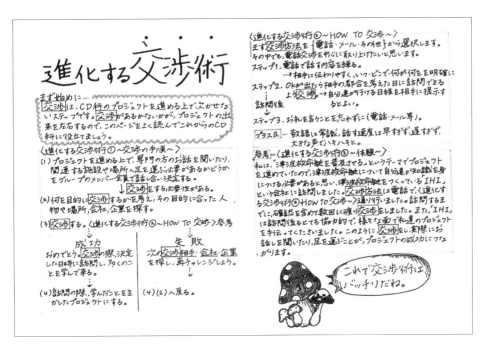

「交渉のワザ」事例3

　生徒たちが事後にまとめた「交渉のワザ」からは、生徒たちが、交渉相手にとっても、自分たちにとっても、「できること」に限りがあるということに気がつき、交渉しながら「実現可能な最善の方法を考えていかなければならないこと」に気がついた様子がうかがえます。

　また、交渉の手段としては、電話やメール、その他の方法が考えられますが、相手に明確に目的や内容、文脈等が伝わるように準備することが大切です。そして、プロジェクトの企画案を実施するまでには、確認も含めて何度かやり取りをして、交渉を詰めていくことになります。

　交渉するときの注意点として、次のような点についても気がつくことができました。

・大企業など、交渉相手が大き過ぎる組織だと、自分たちの活動が伝わりにかったり、直接交渉できる相手にたどり着きにくかったりする。なるべく小回りのきく企業等が交渉しやすい。

・交渉相手に質問されたときに即座に答えられるように、事前に十分に準備しておく必要がある。

・自分たちの企画案について、ダメ出しされることも多いので、そのときはメモなどをとって、企画の修正をするなど今後の活動に生かす。

　このように、実際に交渉することを通して、外部の方と交渉するために大切なことを見つけることができていました。

（加藤理嘉）

1年 伝達・発信	**様々な表現で伝える** **言葉の壁を越えてつながろう** ――様々な表現方法の特徴を捉えよう

［CD 基礎］ C 伝達・発信「イ 戦略的な表現」：(エ)図表・画像・言葉・音・身体表現などの表現手段の特徴をいかした、目的に合わせた表現の組み合わせについて理解し、それらを選択して表現すること。

1. 学習のねらい

【学習の課題】 ①「話して伝える」表現方法の特徴を捉えよう。 ②多様な表現方法の特徴を捉えよう。 ③内容の性質に応じた表現方法を工夫しよう。	**【学習の目標】** ○各表現方法を駆使したプレゼンテーションを行い、見合う中でそれぞれの表現方法の特徴について協働的に考え、理解する。

【学習材・ツール】 ・ワークシート ・グループ活動（生活班） ・ミニプレゼンテーション ・掲示カード ・各表現方法の道具 　（カード・イラスト・写真・実物など）	**【関連して活用される知識・技能】** ○ CD 科［基礎］ 　・相手に伝わる話し方 　・効果的な掲示物をつくろう 　・発表方法を工夫しよう ○各教科・領域 　・美術科　ビジュアル表現 　・国語科　キャッチコピー

　CD 科の柱の一つである「伝達・発信」の領域は、効果的に伝達・発信するための考え方や表現方法を学ぶ領域です。相手に伝えるための方法には、「話す」「書く」「絵・文字」「音」「体」「写真」「動画」など様々な方法があります。CD 科では、それらの様々な「伝達・発信」の方法の中から、自分の伝えたい内容に応じて適切な表現方法を選択・工夫したり、組み合わせたりする力を磨くことがねらいとなります。

　本実践では、「音声言語」による伝達をベースとし、それに加えて「①文字」「②絵・図表・写真」「③実演・実物」の三つの表現方法を取り上げ、それぞれの表現方法のメリットやデメリットを捉えさせるとともに、伝える内容に対して、どの表現方法が適切なのかについて考えを深めました。体験を通して表現方法の特徴を捉える事で、学校内外の様々な伝達

の場面に生かすことを目指しています。

2. 学習の展開（2時間）

1時 「音声言語」による伝達の特徴を捉え、三つの表現方法の工夫点を考える。
　○「音声言語」による伝達のメリット・デメリットをつかむ。
　○「文字」「絵・図表・写真」「実演・実物」の3点から伝達の工夫を考えてみる。
2時 発表を通して、三つの表現方法の特徴について協働的に考え、理解する。
　○「文字」「絵・図表・写真」「実演・実物」の各グループの発表から、各表現方法の特徴について共有し、学習のまとめを行う。

3. 学習の実際

(1) 授業のデザイン

　第1学年前半の時期は、教科や特別活動の中で「話す」「書く」といった、最も基本的な伝達の方法を活用する活動とともに、絵や文字を使い、言語をビジュアル化して相手に伝達する活動を多く設定し、文字言語を中心とした伝達・発信のスキルを学んでいけるようにするとよいでしょう。CD科においては文字等の視覚効果、イラストを中心としたモチーフ表現、キャッチコピー、写真の撮り方等の学習内容を各教科の授業内容と関連づけながら配置し、実施することが望ましいと考えます。

　本実践は、2時間扱いで構成しました。1時間目では、「音声言語」による伝達のメリット・デメリットをおさえつつ、「①文字」「②絵・図表・写真」「③実演・実物」の表現方法をグループに割り振り、共有テーマの内容をよりよく伝達するための工夫を考える内容としました。2時間目では、共通テーマに関する各グループのミニプレゼンテーションを発表し合う中で、三つの表現方法の特徴について考えさせました。

(2) 授業の展開

①「話して伝える（音声言語）」方法にはどんなメリット・デメリットがあるだろう？

　まず初めに共通テーマの内容について、音声言語のみで伝えるワークショップに挑戦しました。高さや長さ、動作、イメージの湧きづらい用語が含まれた内容を音声言語のみで伝えようとするとどんな長所・短所が見えてくるでしょう？ ワークショップで感じたことをグループで共有して整理します。

感想をグループで共有

生徒の声：ハードルは体育の授業で学習したけれど、10ヤードっていわれてもどのくらいかわからないし、話すだけだと最初の方の内容を忘れてしまうよね。　（授業中の生徒の発言より）

〈授業で出てきた生徒の意見〉

〈メリット〉
・話に集中できる
・アイコンタクトがとれる
・聴き手が想像できる
・時短・いつでもどこでもできる
・準備が少ない
・聴衆に応じて変化させることができる
・強弱等で印象づけられる

〈デメリット〉
・理解が追いつかない
・詳しく説明されても途中で前半を忘れてしまう
・言葉だけではイメージしにくい（距離・高さ・跳び方・数値など）
・内容が整理しにくい
・話の内容の区切りがわかりづらい
・比較したときの差がわかりにくい
・話の重要な要素を聴き手に残しにくい

〈実際に活用した共通テーマ〉

テーマ「外国の中学生に、ハードル走について紹介する」
〈ハードルの歴史〉
　ハードル走の起源は、中世ヨーロッパにさかのぼります。当時のヨーロッパでは、貴族たちは馬に乗り、小川や柵などの障害物をとび越える「乗馬」を楽しんでいました。その一方、馬に乗れない人たちは自らの足で野山を駆け、自然にある障害物を飛び越えたり、人工的な塀や堀を飛び越えたりして楽しんでいたのだそうです。イギリスで盛んに行われていた、この野外での長距離の障害走（スティープル・チェイス）が現在の3000m障害走の起源となっているのです。110m障害走は1837年にイギリスの学校で、校庭に10台のハードル（当時は移動可能な塀）を並べて競走したことが始まりといわれています。ハードルとハードルの間隔（インターバル）は10ヤード（9.14m）ですが、この間隔やハードルの高さは当時から現在に至るまで変わっていないのだそうです。
〈競技について〉
　現在行われている中学生以上の正式な試合のハードル走は、女子は100m、男子は110mでそれぞれ10台のハードルを越えていきます。男子のハードル間隔は中学生の大会もオリンピックも同じ10ヤードですが高さが全く違います。中学生のハードルの高さは男子が91.4cm、女子が76.2cmですが、オリンピックでは、なんと106.7cmの高さで競技が行われます。
　お茶の水女子大学附属中学校の授業では50mに4台のハードルを設置して競技を行います。スタートから第1ハードルまでは11m、インターバルは5・6・7・7.5から選択して競技を行っています。
〈競技のコツ〉
　ハードル間を3歩のリズムで走ることはタイムを上げる上で最も重要です。「三歩のリズム」とは、ハードルを跳んで着地した足を「ゼロ」とし、着地した足と反対の足から「1・2・3」と踏み切る跳び方のことです。リズムよく跳ぶとリード足と抜き足が変わらず、気持ちよく走り抜けることができます。
みなさんもぜひハードル走にチャレンジしてみてくださいね。

② **音声言語に一つだけ表現方法を加えたプレゼンテーションを考えよう！**

　音声言語による伝達の長所・短所をつかんだら、次は音声言語に一つだけ表現方法を加えたプレゼンテーションに挑戦します。原稿の内容は変えずに、より相手に伝わるプレゼンにするにはどんな工夫ができるかグループで相談しながら決めていきます。共通テーマの内容の中で、グループに割り当てられた表現方法を効果的に活用できるものはどれか意見を出し合ってプレゼンを創りあげていきます。

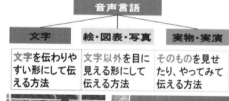

実演場面を検討中

プレゼンのリハーサル

生徒の声：ハードルの歴史や競技の説明は、単語カードと矢印を使って内容を整理するとわかりやすくなると思いました。また、単語カードに色をつけて強調すると印象に残ると思います。（文字グループの生徒感想より）

③ **各表現方法を活用してプレゼンテーションを行ってみよう！**

各表現方法のグループごとにプレゼンの工夫を考えたら、実際に他のグループに向けてプレゼンテーションをしてみます。最初の音声言語のみのプレゼント比べるとどんな違いがあるのか、各グループでどんな内容をどんな工夫で伝えているかに着目させながらプレゼンを聞かせます。全く同じ原稿内容でも、伝え方が異なると聴き手に印象づけられる部分が異なることや、内容の性質によって伝えやすくなる部分が異なることについて、体験を通して気づかせていきます。原稿の内容を吟味し、それぞれの表現方法に適した部分を探しながらプレゼンを創り発表する活動は、生徒にとって大きな気づきとなったようです。

実物を用いて発表

④ プレゼンテーションを振り返り、各表現方法の特徴を整理しよう！

班で特徴の書き出し

黒板で整理・共有

┌─────────────────────────────────┐
│ 文字グループ （生徒が出した意見の一部）│
│ 〈メリット〉   │
│ ・単語が黒板に残る ⇒ 印象に残る   │
│ ・大事な事だけをまとめられる   │
│ ・聞き逃しても後から確認できる   │
│ ・重要なことを強調できる   │
│ 〈デメリット〉   │
│ ・高さや距離がわかりにくい（想像しにくい）・単語カードに集中してしまう │
│ ・貼るのに時間がかかる ⇒ 話においついていない　など │
└─────────────────────────────────┘

　すべてのグループのプレゼンを見た後には、それぞれの表現方法の特徴について書き出し整理をします。青のカードにはメリット、赤のカードにはデメリットについて班の中で意見共有をしながら書いていきます。

　すべてのグループについてカードを書いた後は、それらを表現方法別に黒板に貼りだして共有します。各班の気づきの中で、どの班にも共通して書かれている内容や、特徴的な内容を取り上げて整理をしていきます。

4. 学習の成果・発展

　学校生活の中で何かを伝達する場面は数多くありますが、生徒自身は何気なく発表方法を選んでいたり、発表方法があらかじめ指定されていたりする場合が多いのではないでしょうか。この2時間の授業の中で、表現方法の特徴について改めて考えたことで、相手に伝えるにあたり内容や対象に応じて伝達手段を吟味することの重要性に気づくことができていたように感じます。そしてこの学びは多様な発表活動につながっていくことでしょう。

┌─────────────────────────────────┐
│ 生徒の感想：具体的な数値などは実物・実演で、時間がないときは言葉で、物などがなく様子をわかりやすく伝えるには絵・図・写真などその状況に応じて使い分けることが大切だと思った。・歴史に関する内容などでイメージしにくい部分は絵・図表・写真を使って視覚化するとわかりやすい。三歩のリズムなどの動きのあるものは、実際に実演したり、実物を見せたりして印象づけると良い。長い文章の中で特に強調したいもの（今回は長さ、距離など）は文字（単語カード）で整理すると伝わりやすいと感じた。│
└─────────────────────────────────┘

（佐藤吉高）

18

助け合う社会を支えるひとりになる

3年
伝達・発信

血液事業から考えるわたしたちの社会

［CD 基礎］　C 伝達・発信「イ　戦略的な表現」：(ア)目的に合わせた効果的な表現について理解し、目的に応じて表現を調整・改善・評価すること。

1. 学習のねらい

【学習の課題】	【学習の目標】
①血液事業を学ぼう。 　知っているようで知らないことが多い血液事業。 　現状を理解して考えよう。 ②人々にどんなメッセージを発信するがよいのだろうか。	○血液事業の現場や現状を理解する。 ○メッセージを受け取る相手は、どのような人になるか。 ○献血バスに載せるメッセージを考え、そのメッセージに込めた思いを皆に発表する。
【学習材・ツール】	【関連して活用される知識・技能】
・プレゼン資料（日本赤十字社制作） 　「日本赤十字社とは」「血液事業について」 　「献血の現状」 ・発表用ホワイトボード ・ワークシート	・CD 科「受け手をふまえた発信」 ・資料の活用

　献血バスに載せるメッセージは、見た人の心に強い印象を残すだけでなく、心を動かし行動を促すことを目指して作成します。献血という性質上、メッセージを見て、心を動かし行動するまでがわずかな時間の中で繰り広げられるようなものでありたいと考えます。この学習を通して、現状（日本赤十字社制作資料）を根拠として受け手のターゲットを明確化し、行動を促すメッセージを考える学びにしたいと思います。

2. 学習の展開（1 時間）

　○日本赤十字社の活動と血液事業の現状を知る。
　○現状を踏まえて、血液事業の今後の課題について考える。

○献血バスに載せるメッセージを考え、発表する。

3．学習の実際

（1）日本赤十字社の活動と血液事業について学ぼう

　講師からの一方的な授業でなく、講師と生徒との問答を中心に進めました。

　赤十字のマークを提示して、「日本赤十字社と聞いて、何をやっている会社だと思いますか」と問いかけると、

　　S：「災害が起きたときの救援」

　　S：「海外の困っている国への支援」

　　S：「病院」

など、生徒たちはほぼ全ての事業を答えていました。赤十字が約160年前にアンリー・デュナンという一人の青年の「苦しんでいる人を救いたい」という想いから誕生したことについての説明のあと、血液事業の話にうつりました。

　　T：「血液が必要になるのは、どのようなときだと思いますか」

　　S：「けがなどで出血したとき」

　　S：「手術などで」

　　S：「病気の治療などで」

　　T：「輸血が必要になるとき、けがの治療と病気の治療に分けることができますが、
どちらのケースが多いと思いますか」

　この問いに対して、クラスにより差がありますが、ほぼ半数ずつの挙手がありました。実際に輸血を受けた人は、その8割ががんや白血病などの病気の治療のために輸血を必要とした人たちです。

（2）血液事業の今後について考えよう

　高校生のときに白血病を発病して、輸血治療によって現在は元気に過ごしている方のインタビューをきいて、献血の必要性と輸血治療の大切さをより深く考えます。

　献血に協力してくれる人たちによって、輸血を必要とする人たちを救うことができる。大切なのは、「献血に協力してくれる人」の存在です。
　輸血用の血液は、100％献血でまかなわれています。

　血液には二つの大きな特性があります。一つは、人工的に造ることができないこと。もう一つは、長期間保存できないこと。赤血球は21日間、血小板はわずか4日間しか保存できません。輸血に必要な血液は、「常に」健康な人たちからの「献血」によって確保する必要があります。

「献血は、何歳からできるか」という問いかけに対して、「18歳」、「20歳」という答が多くありました。やはり生徒は成人を基準に考えているようでした。「献血は16歳からできるんですよ」との答えに生徒は驚いた様子でした。生徒は、中学3年15歳だったので、「もうすぐ献血ができるんじゃん」と声を上げたものもいました。献血協力者数を見ると30代以下の人が年々減少していることがわかります。

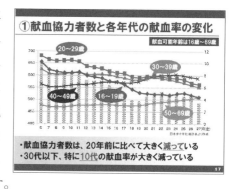

　これらの現状を踏まえて、「血液事業は20年後にどんな課題に直面する可能性があるでしょう」をグループワークで話し合い、意見をまとめて発表しました。

生徒の声：

　S：「輸血を必要とする人が増え、献血に協力する人が

　　　減り、確実に血液が不足する。」

　S：「血液の奪い合いになってしまう」

（3）献血に協力してもらえる人を増やすためにいろいろなメッセージを考えよう。

　献血は、一人ひとりの自由な意志によるものであり、人々の善意によって支えられています。

　献血をしたきっかけや献血をしない理由を踏まえて、「献血協力者を増やすために発信するメッセージを考えましょう」をグループワークで話し合い、意見をまとめてメッセージを発表しました。

献血が16歳からできることと、間接的であるが命を救えるということを伝えたかった。

4.

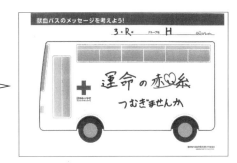

血液が適合することが運命
血液と赤い糸が同じ感じ

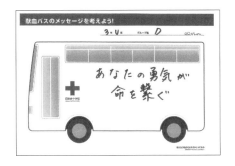

人は助け合いによって支えられている。
献血は不安もあるが一歩踏み出すこと
で病気の人々へ貢献できるという想い

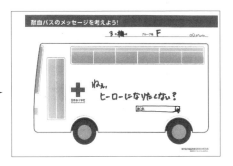

ある芸能人のフレーズ風に
最近の若者にも身近になるように
サーチバーをつけた

　この授業を通して、「人は誰しも救う側にも救われる側にもなります」をしっかりと考え、さらに実際に実行していくことの大切さを理解することができました。考えるときも救う側からの一方向から考えていくのではなく、救う側と救われる側の双方向から考えていくことの大切さがわかった様子です。また、メッセージにおいても「どういう人に見てもらいたいか」、「心に届くようなことばは何か」、「心に残るだけでなく、さらに行動させるようにするためにはどのような表現にすればよいか」の三つの大切なポイントを考えることができました。ここで学んだ「送り手と受け手の双方向で考える」ことは、他の授業での話し合いやメッセージ、ポスター作成にも活用できると思われます。　　　　　　　　　（松本純一）

参考文献
　日本赤十字社関東甲信越ブロック血液センターの出張授業ホームページ
　https://www.bs.jrc.or.jp/ktks/bbc/special/m6_05_seminar_goannnai.html

19

1年

伝達・発信

人の多様性について考える

分かりやすいカルタで自分の想いを表現しよう

［CD 基礎］ C 伝達・発信「イ　戦略的な表現」：（イ）社会にある表現を批判的に吟味し、その意図を読み取ること。

1. 学習のねらい

【学習の課題】
①カルタで表現されていることを読み取ろう。
　分かりやすいカルタとは？
②人の多様性についてまわりの人に伝えたいことをカルタで発信しよう。

【学習の目標】
○『すけだちくんかるた』を読み解くことで、分かりやすいカルタ作りにつながる読み札や絵札の工夫に気付く。
○まわりの人に伝えるための言葉を精選し、七五調を基本としたリズム感のある文章で読み札を表現する。
○読み札の文章を具体的にイメージでき、一目で伝えたいことが分かるような絵札を考える。
○カルタ作りを通して、人の多様性について自分自身の考えを持ち、自分にできることを具体的に考える。

【学習材・ツール】
・『文京区 すけだちくんかるた』
　（文京区障害者差別解消啓発グッズ）
・ワークシート

【学習材・ツール】
・CD 科　「写真で伝える・表す」写真の読み解き（1 年 伝達・発信）
・国語

　分かりやすいカルタを作るためには、自分の想いや伝えたいメッセージが明確でなければなりません。また、伝えたいメッセージをカルタを手にとる人に届けるための相手意識も必要です。分かりやすいカルタを作るという学習は、自分や相手の想いを軸に、たくさんの情報の中から必要な情報を集めて表現するための工夫の学習なのです。

2. 学習の展開

　1時　カルタづくりのコツを見つけ出そう

○『文京区 すけだちくんかるた』の絵札や読み札からカルタを通して「人の多様性」について、伝えたいことについて考えることで、カルタの表現の工夫をつかむ。

春休みの課題 "振り返りカルタ" 作り

○ゲストをお招きするなどして学んだ「人の多様性」の学習（性別違和・LGBT、肢体不自由・視覚障害、聴覚障害、聴導犬について学ぶ）を振り返り、まわりの人に伝えたいことを考える。（図2の「まとめシート」を活用）

○まわりの人に伝えたいことを "振り返りカルタ" として表現する。

3. 学習の実際

（1）カルタ作りのコツを見つけ出そう！

「人の多様性」の学習を通してカルタ作りのコツを見つけ出すために『文京区 すけだちくんかるた』を教材にしました。このカルタは、文京区が障害を理由とする差別の解消に向けた取り組みとして、大人から子どもまで広く普及啓発を図るためのグッズとして作成されたものです。この学習では、カルタ作りのコツとして伝えたいメッセージを絵札や読み札で表現するためにつかませたいのは次の点です。

○まわりの人に伝えるための言葉を精選し、七五調を基本としたリズム感のある文章で読み札を表現する。

○読み札の文章を具体的にイメージでき、一目で伝えたいことが分かるような絵札を考える。

① TASK1 次の絵札について、読み札を完成させよう。

『文京区 すけだちくんかるた』の例

絵札の中から、生徒たちが経験として見聞きしたことがある可能性が高い「盲導犬」、「手話」、「ピクトグラム（案内用マーク）」に関する絵札や、「筋萎縮性側索硬化症（ALS)」を題材とした道徳の学習で扱った「入力を助ける装置」に関する絵札を示して、その読み札の一部にあてはまる語句を考えました。

生徒の様子：あてはまる語句を考えることは意外と難しかったようです。友だちと相談しながら考える様子が見られました。答え合わせを進めていくと、知っていること、経験したことがあるものであったことに気付く様子が見られました。カルタの読み札には少しひねりがあるような気がする…と言う声がありました。

② TASK2 カルタを通して伝えたいことを考えよう。

　グループに分かれて、カルタのあ行からわ行の中で一つの行を選んで、「人の多様性」についてそれぞれの札が伝えたいことはどのようなことなのかを考えました。

生徒の様子：同じ絵札や読み札を見ても、それぞれの感じ方はさまざまでした。今までの経験を話題にする様子も見られました。人によって感じ方が違ったり、興味・関心を持つものが違ったりしていることに気付く様子も見られました。

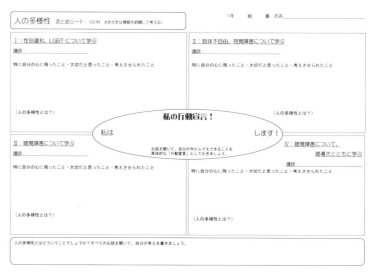

〈左の絵札が伝えたいことは何か、生徒が考えたこと〉

　　生徒Ａ：不自由な人のための町の施設についてしっかり知ろう！

　　生徒Ｂ：：町の施設を紹介しよう。

　　生徒Ｃ：スロープの場所を教えてあげる。

　　生徒Ｄ：スロープの場所を確認する。

③ TASK3 印象に残った読み札とその理由を考えよう。

　『文京区　すけだちくんかるた』の中から印象に残った読み札を一つあげ、その理由を考えました。

生徒の様子：印象に残った読み札を選ぶことで、これからの「多様性・人とのつながり」をテーマとした学習に向けて、自分自身がどのようなことに興味・関心を持っているのかに気付くきっかけになったようです。

(2)“振り返りカルタ”を作ろう

①「私の行動宣言」を考えよう

　カルタづくりの前に行った「人の多様性」の一連の学習では、それぞれの学習後に特に自分の心に残ったこと・大切だと思ったこと・考えさせられたこと、人の多様性とは？について「まとめシート」に毎回記入していました。“振り返りかるた”作りに取り組む前に、毎回の記入をもとに一連の学習を終えて自分が今からでもできることを具体的な行動宣言として「私の行動

「人の多様性」まとめシート

114

宣言！　私は○○○します！」という形で考えさせ、カルタ作りに向けて気付きや学びを整理しました。

②"振り返りカルタ"を作ろう

最後に振り返りの学習では、人の多様性の一連の学習の振り返りの学習として、「私の行動宣言」をもとにして、まわりの人に伝えたいことをカルタとして表現しました。

4. 学習の成果・発展

生徒が作成した"振り返りカルタ"には、車いす体験や介助体験、聴導犬に関する内容、知ること・伝えることの大切さに関する内容が多く見られました。

人によって困っていることや手助けして欲しいことは異なるから、相手が求めていることを聞いたり、考えたりしてから自分にできることを考え、実行することを大切にしていきたいということを表現しているものが多く見られました。

生徒が作成したカルタ

"振り返りカルタ"作りには、「まとめシート」に記入した「私の行動宣言！　私は○○○します！」の内容が生かされており、「まとめシート」がカルタ作りに向けて気付きや学びの整理として有効だったようです。

人の多様性について考え、自分なりの考えを持っていくためには、生徒が実際に体験したり、直接話を聞いたりすることが重要であると考えて授業を展開しています。「まとめシート」の中で「私の行動宣言」としてあげたことをまわりの人に伝えたいこととしてカルタとして表現する取り組みを通して、具体化に向けたイメージを摑むきっかけになればと思います。

カルタづくりの学習を、話すこと（表現、共有）や書くこと（考えの形成，記述）の学習（国語科）や家庭や地域社会との連携の学習（家庭科）につなげていくことによって、学習の広がりや深まりにつながることが期待されます。　　　　　　　　　　　　　　（有友愛子）

参考文献
『文京区 すけだちくんかるた』（文京区障害者差別解消啓発グッズ）平成 29 年 3 月
　制作／文京区福祉部障害福祉課

20

1・2年
伝達・発信

身の回りの広告

グラフの誇張やデータの偏りに気をつけよう！

［CD基礎］　C伝達・発信「イ　戦略的な表現」：（イ）社会にある表現を批判的に吟味し、その意図を読み取ること。

1. 学習のねらい

【学習の課題】
①身の回りの広告からどんなことが読み取れるか？
②「無糖の紅茶はおにぎりに合う」ことを広告に出したい。あなたなら広告をどうつくるか？

【学習の目標】
○身のまわりに潜んでいる部分的に誇張されたグラフや偏りのあるデータの収集方法について、その目的と表現の工夫を理解する。

【学習材・ツール】
・電車等の広告
・新聞広告

【関連して活用される知識・技能】
・CD科：効果的な話し合いの仕方、身のまわりのデータが表すこと
・小学校算数科：棒グラフ、折れ線グラフ、割合、円グラフ、帯グラフ

　多様なデータに囲まれた現代社会で他者と目的に沿ったコミュニケーションを行うために、身の回りのグラフやデータを批判的に見ることについて学びます。

2. 学習の展開（1時間）

　1時　身の回りのデータやグラフ

　　　○身の回りのグラフやデータに目を向け、注意深く見てみる。

　　　○実際の場面から、グラフ等を使って広告案をつくる。

　　　○小テストと感想記入に取り組む。

※クリティカル・シンキング（論理・発想：「イ　論理思考の基礎」（ア）客観的な表現と主観の混じった表現の違いを考え、情報を吟味すること）の授業と近い時期に実践すると効果的です。

3．学習の実際

① 身の回りのグラフやデータを注意深く見てみよう。

　小学校算数科では様々な統計グラフを学習してきています。しかし社会には、目盛が等間隔でない折れ線グラフ、縦軸の目盛が省略されている棒グラフ、幅や高さが異なる立体的な棒グラフなど、数学的な意味と視覚的な印象が異なるように意図的につくられたものが多くあり、誤った情報を受け取りやすいものです。算数・数学科で得た統計グラフの知識・技能を活用し、広告のキャッチコピーや構図など教科横断的な視点から考察することで、そのグラフの作成者の意図や目的を含めて解釈する力を育てたいと考えます。

　また、グラフは何らかの方法で収集されたデータに基づいています。そのデータは、偏りが生まれるように恣意的に収集されることもあるので、批判的に解釈することが必要です。中学校では数学科第3学年「標本調査」で標本の抽出方法を学習しますが、総合的な学習の時間や委員会活動、係活動等ではアンケートを実施して他の生徒からデータを集める機会が実は多くあります。第1、2学年のうちに、グラフの表現方法に加え、広告におけるデータの収集方法にも少しでも触れていくことが大切です。

　授業準備として、一部が誇張されたグラフや偏りの出るデータの収集方法を、電車の広告やネット広告から教師が事前に見つけ、画像にして PowerPoint のスライドに整理しておきました。本時ではまずこれらを生徒に提示していきました。生徒は、はじめはよくわからず薄い反応でしたが、グラフの部分的な誇張やデータ収集方法の偏りなどから誤った情報を受け取っていることに気付いていき、反応が活発になっていきました。

　次に、「○○高校への合格者数アップ！」と訴える進学塾の広告を取り上げ、一点透視図法を用いて立体的に誇張された棒グラフに焦点を当てました（図1の左半分）。「立体的にしているから合格者数が極端に増えて見える」という感想をもった生徒の発言を受け、「このグラフを正しくかいたらどう違うんだろうね？」と問いかけ、小学校で学習したように、棒の幅を等しくして縦の目盛りに正確にしたがった平面的な方法でかき換える活動に取り組ま

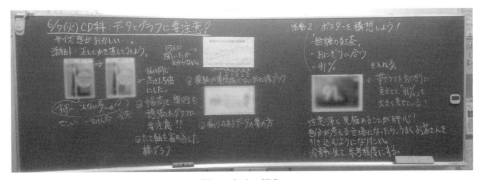

図1　本時の板書

せていきました。実際に自分でグラフをかき換え、元のグラフと比較して、感じたことを記述したり話し合ったりすることで、グラフの誇張による情報の受け取り方の違いを実感していました。「なぜこのようなグラフにしているのでしょうか？」と問いかけ、「合格者数がたくさん増えたことをアピールしたいから」「アピールして新たに入塾者を増やしたいから」など、その意図や目的に気付いていきました。グラフを一部誇張して示すことは、一概に悪いこととは言い切れません。グラフの作成者はその意図や目的からそのような表現を使っています。

② グラフ等を使って広告案をつくってみよう。

次に、広告の発信者の立場になって、具体的な場面でグラフを含む広告について構想する活動を設けました「実際に数年前に KIRI ○の広告にあった「無○の紅茶はおにぎりに合う91％」をあなたならどう広告に載せますか？」と発問し、ワークシートにポスターの素案やその意図をかいていきました。その際、CD 科らしく、広告のキャッチコピーや広告の構図なども構想の視点に挙げ、教科横断的に取り組ませました。

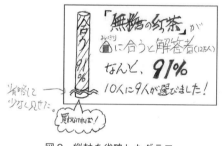

図2　縦軸を省略したグラフ

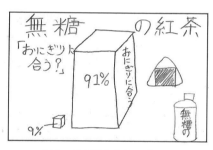

図3　幅の違う立体のグラフ

例えば、図2〜5は生徒が実際にかいた広告の案です。これらをもとに、グループで意見交換を行うとともに、特徴的なものを実物投影機で写して紹介していきました。

図2は、縦軸を省略した棒グラフを円柱で表しています。「10人に9人が選びました」とかくことで、受け取る側が実感をもちやすく工夫したとみられます。その一方で、グラフからは91％を誇張しているようには受け取りづらいようにも思えます。

図3は、前述の塾の広告のように幅と奥行きの異なる立体的な棒グラフで表すことで91％を誇張しようと工夫しています。割合を表すグラフとして棒グラフは適切といえず、「円

図4　円グラフをおにぎりに見立てたグラフ

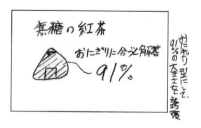

図5　棒グラフをおにぎりに見立てたグラフ

グラフや帯グラフの方がよい」と指摘する生徒もいました。

　図4は、円グラフをおにぎりに見立てて表現しています。また、標本の大きさが大きいこと（10万人）を左上に、標本をどのように抽出したかを左下に小さくかいています。おにぎりが円ではなく三角形に近いことから、91％を大きく誇張していることがうまく表現できており、生徒たちからは感心の声が上がっていました。

　図5は、おにぎりを帯グラフに見立てて表現しています。なお、おにぎりに巻いてある海苔の部分を91％と表現し、おにぎりという素材をデザインとして活かしている点もユニークです。図5と同じアイデアが実際に使われているKIRI○の広告の画像を紹介したところ、図5を作成した生徒に対して大きな拍手が上がりました。

　③ **本時を振り返り、小テストと感想記入に取り組もう。**

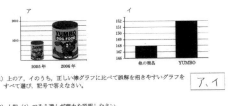

　本時の活動を振り返り、小テスト（図6）と感想記入（図7）に個人で取り組ませました。小テストでは、2つのグラフのうち誤解を招きやすいグラフとその理由を指摘できるかどうかをみる問題として出題しました。

図6　小テストとその記述（正答）

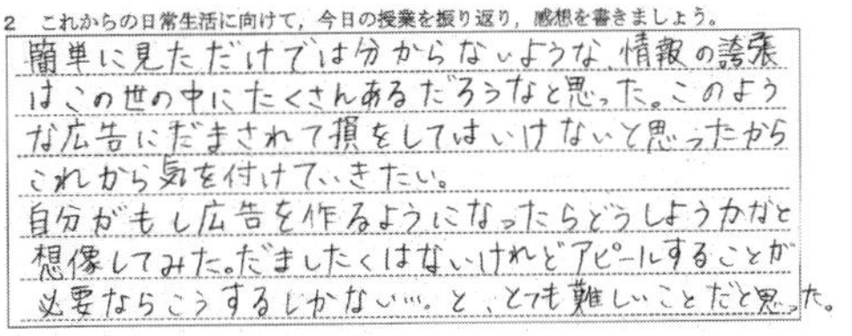

図7　感想の記述

4.　生徒たちの変容（学習の成果・発展）

　図7の解答では、アの棒グラフの幅やイの棒グラフの縦軸の適切さについて批判的に解釈できています。他にはアのグラフが立体的に表されていることにも言及している記述もありました。図7の感想をみると、「損をしないように」という個人的な思いと、「アピールすることが必要ならこうするしかない」という社会的な思いの両方を理解できているとみられます。各自の小テストや感想への記述から、多くの生徒が学習の目標を概ね達成することができました。誇張されたグラフをもとのグラフにかき直すなど、手を動かすことで驚きが得られるように思います。

　本時は、話すこと（表現、共有）や書くこと（考えの形成、記述）の学習（国語科）、およびヒストグラムや箱ひげ図などを用いてデータの傾向を批判的に考察する学習（数学科）などにつなげられると、学びを一層深めたり広げたりすることができるでしょう。　（藤原大樹）

21

2年

伝達・発信

動画で伝える

班のPR CMを作ろう

［CD 基礎］　C 伝達・発信「イ　戦略的な表現」：(エ)図表・画像・言葉・音・身体表現などの特徴をいかした、目的に合わせた表現の組み合わせについて理解し、それらを選択して表現すること。

1. 学習のねらい

【学習の課題】
他の班、クラスに向けて、班員の個性や班の雰囲気、班の目指すものなどを、PRCM として表現する。

【学習の目標】
○ PR の考え方を理解する。
○動画編集の基本的なスキルを身につける。

【学習材・ツール】
・「毎日新聞」「スクール IE」「住友生命」の企業 CM
・ワークシート
・デジタルカメラ
・PC

【関連して活用される知識・理解・技能】
・CD 科　ポスター制作のスキル
・各教科・領域
　キャッチコピー（国語）

　PR は「広報」とも訳されますが、そもそもは Public Relation の略語です。自分たちと関わりのある人々に対して好感を持ってもらったり、有益なつながりを作ったりすることを意味します。CM の中には、商品を売るためではなく、企業の理念や社風を伝えるために企業 CM という PR の手法が用いられることがあります。PR という考え方は、多くの人と価値あるつながりを積極的に構築していく、コミュニケーション・デザインの根幹にあたる考え方であるといえます。

　本単元では、このような PR の考え方をもととして、班員の個性や班の雰囲気、班の目指すものなどを、班の PRCM として表現していく活動に取り組んでいきます。CM というメディア表現は、15 秒から 1 分というごく短い時間の中に、映像、言葉（キャッチコピー・テロップ）、音楽など、さまざまなメディア表現が編集されている統合メディア表現です。

短時間にもかかわらず、様々な学習要素が凝縮されているCMづくりの学習は、CD科として取り上げる最適の題材です。

2. 学習の展開（7時間）

1時　企業のPRCMを分析し、CMの基本的な作り方を知る。CMの企画を練る。
　　　○PRCMを見て、CMの表現の基本をつかむ。
　　　○班のメンバーの特徴をつかみ、班のPRCMを構想する。

2〜5時　CMを撮影・編集する。
　　　○構想に沿ってシナリオを作り、班で協力して撮影する。
　　　○撮影した映像を編集して1分のCMにする。

6・7時　CMをお互いに見合い、PR映像として大切なことは何かを考える。
　　　○クラス内で作品を見合い、評価の観点を決めて相互評価する。
　　　○プロの映像作家に見てもらい、プロの視点で大切なことを考える。

3. 学習の実際

(1) PRCMを見てポイントをつかもう！

　まず、CMのなかでも、商品を売るのではなく、会社のイメージを伝える「PR」を目的とするものがあることを学びます。

PR（Public Relation）とは？
　組織・団体が、社会に対して意図的（戦略的）に関係を作っていくこと。
つまり、自分たちの組織を、他の人たちに好感を持って受け止めてもらえるように積極的に発信をしていき、他の人たちとつながりを作っていくこと。

　次に、三つの企業のPRCMを、CMを構成する要素を観点として頭に入れながら、分析していきました。

　　　○CMを構成する要素

①構成	②言葉	③音楽
物　語……昔話（AU）、 アニメ……（トライ）、 擬人化……しゃべる犬 （ソフトバンク） ダンス……PPAP ドラマ仕立て　など	会話・テロップ キャッチコピー 企業・商品名	サウンドロゴ＝商品名を メロディーに乗せる（♪ 明治ブルガリヤヨーグル ト） テーマソング・BGM

○取り上げた CM

毎日新聞「その会社には」・住友生命「ONE　UP　テスト編」

スクール IE「君だけのやる気スイッチ」

(2) 班の PRCM をつくってみよう

制作する CM の構成

・自分たちの生活班の魅力を、学年の他の生徒に PR することが趣旨。

・時間は 60 秒以内。

・構成、言葉、音などの要素を複数組み合わせる。

それぞれのグループで、メンバーの個性やグループの特徴を分析し、それらが楽しく伝わるように、表現に工夫を凝らして CM を制作しました。

CM を作成するに当たり、まず全体の雰囲気やコンセプトを決定し、それに沿ってシナリオ（絵コンテ）を作りました。そしてその全体の構想に沿って撮影し、動画編集ソフトを使って、音楽やキャッチコピーなどを組み合わせて CM の完成です。

(3) プロと一緒に、PR 映像として大切なことは何かを考えよう

撮影し終わった CM は、お互いに見合って相互評価します。そのときに、自分なりに「PR 動画として大切なことは？」という評価の観点を設定し、その観点に基づいてお互いの作品を見合いました。

① 生徒自身で映像を評価する観点を設定する

生徒 A が考えた評価観点 / 生徒 B が考えた評価観点

生徒 A が考えた評価観点	生徒 B が考えた評価観点
（観点 1）伝えたいことがきちんと伝わっているか？	（観点 1）　BGM の使い方
（観点 2）字幕や音が効果的に用いられているか？	（観点 2）文字・言葉の活用
（観点 3）時間配分	（観点 3）　CM の構成・展開

生徒にとって初めての CM 批評なので、当然、さまざまな観点を意識して見ることになります。生徒がどのような観点で CM 制作に取り組んできたかを確認する意味で、とくに教師は指示をせずに、自分たちで設定した評価観点でお互いの作品を見合うようにしました。

そして、生徒が自分たちで評価観点を設定し、見合った後で、プロの映像作家である今村先生（株式会社 RAY にご勤務）をお呼びし、プロの視点ですべての CM 作品について見ていただきました。

プロならではの視点で、自分たちが制作した作品についてコメントをしていただくことで、気付かなかった魅力を発見し、無意識に撮っていたカットに映像制作のさまざまなテクニックが含まれていることを知ることができました。

○プロの映像作家によるCM評の一部

前半の間のもたせ方やテンポが良い。

テロップだけで表現するよりも声で表現を、もしくは背景に実写を。

ドラマ仕立てでストーリー性がある点がよい。

カット割りやカメラワークで主役の顔も紹介してあげるとさらによくなる。

望遠を使った第三者視点が班を客観的に見ている印象を作り上げている。

---

4. 生徒たちの変容（学習の成果・発展）

【生徒たちの作品例】　この授業で生徒たちが作ったCMの例を示します。

作例1

　このグループは、班の特徴として「個性豊か」とし、それを全面にPRするCMを作りました。

　ピアノが上手など、それぞれのメンバーの特徴を生かすシーンを次々とたたみかけることで、メンバーの持つ個性を表現しています。

作例2

　このグループでは、CMのコンセプトを「青春」とし、「青春」が感じられるカットをつなぐという構成を工夫しました。「空気は読むものじゃない、吸い込むものだから」といったキャッチコピーも「青春」を表現するために効果的です。

　このように、初めての動画制作のチャレンジでしたが、今回学んだことを生かして、その後、林間学校に行った際に、下級生に志賀高原の自然や学んだことを伝えるPR動画制作の学習へとつなげていきました。

（渡邉光輝）

22

2年	
伝達・発信	

言葉と写真で伝える

ポスターは「What to say と How to say」で

［CD基礎］ C伝達・発信「イ 戦略的な表現」：（ア）目的に合わせた効果的な表現について理解し、目的に応じて表現を調整・改善・評価すること。

1. 学習のねらい

【学習の課題】
①ポスターの作り方を学ぼう。
　効果的なポスターにするにはどんなワザが？
② ALS について周知するポスターを作ってみよう。

【学習の目標】
○ポスターによるプロモーションの発想や考え方を理解する。
○写真と言葉の組み合わせにより"意味"が生まれることを体験する。
○ CD活用の「難病と闘う人を支援するプロジェクト」単元でポスターを作る活動のイメージがもてる。

【学習材・ツール】
・プロのポスター作品例
・さまざまな写真素材
　（藤田正裕氏の写真、END ALS サイト関連の写真、その他風景等の素材写真）
・iPad（Pic Collage）
・ワークシート

【関連して活用される知識・理解・技能】
・CD科 「写真で伝える・表す」
　写真の読み解き（2年 伝達・発信）
・国語 「君は最後の晩餐を知っているか」
　「神奈川沖浪裏」等……絵画の読み解き
・美術 「ポスター制作」「レタリング」

　ポスターのメッセージは、見た人の心に強い印象を残します。それは送り手からの一方的な発信ではなく、むしろ受け手の「見る」を引き出し、心を動かして行動に誘うコミュニケーションです。ポスターの表現を学ぶということは、受け手との双方向のコミュニケーションのデザインを学ぶことなのです。

2. 学習の展開（2時間）

　1時　ポスターによるプロモーションの基本的な考え方を学ぶ

　　　○プロの作例を見て制作の考え方の基本をつかむ。

　　　○「言うべきこと」「どう表すか」に留意してポスターを構想する。（ＷＢ）

2時　ポスターを作って批評し合う
　　　○構想に沿ってポスターを作ってみる（ICT機器活用による簡易版の作成）
　　　○作品を発表し合い、気づきや感想を交流し、学習のまとめを行う。

3. 学習の実際

（1）ポスター作りのワザをプロに学ぼう！

　ポスターという媒体で、不特定多数の人々に発信していく場合、どんな考え方が大切になり、どんなワザがあるでしょう。この学習でつかませたいのは次の各点です。

---

①ポスターによる発信は、見る人とのコミュニケーションであり、次の二つの側面から検討することが大切であること。
　　What to say（何をこそ伝えるか、何を言うべきか）
　　How to say（どのように伝えるか、どう言うべきか）
②ポスターによる発信では、どこで（掲示場所等）、誰に向けて（ターゲット）発信するかを検討することが大切であること。

　まず、広告会社で活躍する外部講師（クリエイティブ・ディレクター2名。1名は本校卒業生）を招聘し、作例を解説する形で上の①と②を学びました。

生徒の声：駅に貼るポスターは文字でどれだけ説明しても通り過ぎる人は誰も読んでくれない。いかに印象に残る形で伝えたいことを伝えるかが鍵というのが、なるほど〜！と思った。（授業感想より）

（2）ポスターを作ってみよう！

　考え方にふれたら、実際に制作して「発信側の立場」を経験することでその学びを深めさせたいものです。ちょうど学年で「難病と闘う人々を応援するプロジェクト（略称：難プロ）に取り組んでいたので、次のテーマでポスター制作を体験しました。

　ポスターのテーマ：ALSという難病についてより多くの人に知ってもらう。

---

①「What to say（何をこそ伝えるか、何を言うべきか）」を確かめて！

　本来ならポスターの企画会議は「何をこそ伝えるか」について話し合っていくことから始まります。しかし2時間という制限の中で効果的に制作を進めるために、「伝えたい中身」は、CD活用の学習（難プロ）で学んできた「ALSという病気のポイント」を予め列挙して示し、これらを伝えるためのポスターを作る形にしました（時間がある場合は、この部分も企画会議の中で検討させるとよいでしょう）。これを元に各グループで話し合い、自分たちの「伝えるべきこと」をさらに焦点化させました。

学習の様子：
　○とにかく ALS という病名を印象づけるのが一番じゃないか。
　○ ALS は誰にでも突然起こることを知らせよう。
　○体が動かなくなるって特徴を伝えたらどうか。

② 「How to say（どのように伝えるか、どう言うべきか）」を工夫しよう！

「どのように」を考えさせるために、検討事項を左のように絞って示しました。掲示場所は、生徒たちの多くが通学に使っていて、場所のイメージを浮かべやすい茗荷谷駅（営団地下鉄丸ノ内線）。「だれに＝主たるターゲット」については、「中高生か大人（社会人）か」という二者択一で選択させ、主体性を引き出します。その人たちは、駅でどんなふうにポスターを見て行くか想像したり、どんな行動を期待するか考えました。

学習の様子：
　○中高生にして SNS で広めてもらおう。
　○日常の大切さが感じられる写真を使ってはどうか。
　○自分の家族がなったらとか、家族のことを思ってほしい。

WB に書き出して話し合う

③ キャチコピーを考えてみよう！

続けてキャッチコピーを考えます。伝えたいことをどんな言葉でズバリ表せば、印象に残り、かつ ALS という病気に関心を持ってもらえるか、ターゲットに合わせた言葉遣い等を話し合い、コピーの案を出し合いました。既習のブレーンストーミングを用い、浮かんだ案をWB に書き出して話し合いました。

④ 「メインビジュアルの写真を選ぶ」

用意された素材の中から、伝えたいことを視覚イメージで、また最も効果的に表せる写真（メインビジュアル）を選びます。グループによっては、写真を選んでからキャッチコピーを考えたグループもありました。

iPad に入った素材写真を選択

※今回はALS患者の藤田正裕氏（本校卒業生、END ALS代表）の写真を使わせていただきましたが、題材や内容によっては自分たちで写真を撮って使用するのもよいでしょう。（関連→写真の撮り方）

4. 生徒たちの変容（学習の成果・発展）

この授業で生徒たちが作ったポスターの例を示します。

作例左：見えているし聞こえているけど話したり身振りで伝えたりできないもどかしさを藤田さんの後ろ姿で語らせてみました。

作例中：駅だと誰も足を止めて読んではくれないと教わったので印象に残る短い言葉で「ALSについて知ってほしい」という「What to say」を表しました。

作例右：「笑う」「話す」「食べる」というのは普通は当たり前にできることですが、それが「夢」だということで、ALSという病気の怖さをあらわしてみました。

2時間の授業時間の中で、iPadのアプリ（Pic Collage）でメインビジュアルの写真にキャッチコピーの文字を重ねて簡易版のポスター作品を作りましたが、講師の先生に学んだポスター作りの要点をしっかりつかめたように感じました。特に、「駅に貼るポスターという設定では、立ち止まって読んでくれる人はほとんどいないので、ビジュアル（写真）と一言のキャッチコピーで印象

生徒たちの作品例

づける」という講師のお話は、生徒たちにとって「相手や場に応じて伝える」ことの本質に迫る気づきがあったようです。

生徒たちはここでの学びを活用して、CD活用の「難病と闘う人々を支援するプロジェクト」の中で、実際にポスターを作り、学校の近隣の駅（茗荷谷駅、護国寺駅、池袋駅等）に掲出しました。その作品はもちろん、この学習の後、学校内の委員会ポスターなどに、彼らの学びの確かな深まりが感じられました。 （宗我部義則）

※ポスター用写真は、藤田正裕氏（本校卒業生＝作品例）およびEND ALSチームから提供いただきました。

第3章

コミュニケーション・デザイン科
をつくる

本章では、「協働的な課題解決の力を高める」というコミュニケーション・デザイン (CD) 科のねらいのもとで、具体的にどのように教科の内容や授業、そして評価を考えていったかについて述べていきたいと思います。

内容をつくる

（1）コミュニケーション・デザイン科の学習指導要領ができるまで

① CD 基礎と CD 活用

CD 科の具体的な教科内容を編成するために、まず、各教科が日常的に指導している内容から「協働的な課題解決」という視点で、教科を越えて汎用的に発揮することができる力を取り出す作業を行いました。次に、これに加えて、各教科で活用してはいるものの系統的には指導していない内容や、各教科で取り上げていない内容の中で、必要なものを抽出することにしました。

1年目の研究では、教科内容検討のために「思考・判断・表現」「対話・協働」「伝達・発信」の三つのワーキンググループに全教員が分かれて、どのような要素を新教科に取り入れていけばよいかの検討を行いました。

2年目の研究では、検討した内容をさらに整理していきました。協働的な課題解決のための基礎的な力と、その基礎的な力を活用する内容の柱となるものを探っていきました。

まず、協働的な課題解決のための基礎的な力として、思考・判断・表現、対話・協働、伝達・発信という観点から、それぞれ四つの指導内容にまとめ、これらを「CD 基礎」の指導事項としました。

ⅰ）思考・判断・表現の力

    ア．思考スキルに関する指導内容　　イ．論理的・批判的思考に関する指導内容

    ウ．創造的思考に関する指導内容　　エ．俯瞰的視座・メタ認知に関する指導内容

ⅱ）対話・協働の力

    ア．対話に関する指導内容　　　　　イ．討論に関する指導内容

    ウ．対立の解決に関する指導内容　　エ．話し合いの土台作り

ⅲ）伝達・発信の力

    ア．テーマを決めて調べる　　　　　イ．伝えるための作戦を立てる

    ウ．シナリオを組み立てる　　　　　エ．ビジュアルを使って伝える

次に、「CD 基礎」の力を活用する学習活動として、「CD 活用」を教科内容に位置づけることにしました。

CD 活用の指導内容については「人間（生活・文化）」「社会（社会・多文化）」「自然（生命・環境）」の三つの視点を取り上げ、生徒の関心や時々のトピックに合わせて、現代社会が直面する課題を ESD（持続可能な開発のための教育）の観点からいくつか取り上げることを考えることにしました。

CD 活用では、課題解決へと向かう過程を協働的に体験し、その過程を自らデザインできるようになる戦略（strategy）を身につけさせるとともに、俯瞰的な視点や社会的な文脈でとらえられるようになること、よりよい社会の実現のために考えたり協働したりすることをあきらめない態度を養うこと、学校内で閉じずに学校外からの価値づけ、意味づけをしていくことが必要であると考え、以下の点を留意すべき点として話し合いました。

○「人間」「社会」「自然」という三つの内容の視点と、「思考・判断・表現」「対話・協働」「伝達・発信」という三つの力という視点から考えるとともに、CD 基礎と CD 活用の関係性を明らかにする。

○ ESD の観点から何を題材とするか、3 年間の積み重ねや時事問題の入れ方などについて検討する。

○「課題発見」から「協働的な課題解決」に至るプロセスを体験的に学ぶプログラムとし、できるだけ生徒が課題を発見したり追究できる活動場面を設定したりして、CD 科の学習成果を活用する。

○配当時数は 1 学年から学年が進むにつれて、CD 活用の時数を増やす。1 学年は教員主導の部分を多くし、課題解決を短い単位で何度か体験的に学ぶ。学年の進行に従って、次第に生徒主体となり、3 学年最後は生徒自ら課題を発見しプロジェクトを提案する学習とする。

② 課題解決のプロセスに沿った指導事項の整理

3 年目の研究では、「思考・判断・表現」という領域のくくりを「論理・発想」と改めました。そして「論理・発想」「対話・協働」「伝達・発信」の三つのくくりで出されていたものを、CD 科という一つの教科内容として整理、精選、系統化していくことを目標に、研究を進めました。

「協働的な課題解決の力を身につけるための指導内容」として整理するため、「課題解決のプロセス」に沿って、それぞれの過程で想定される課題解決行動を検討し、それぞれの場面で必要あるいは効果的と考えられる考え方や方法、活用するツール等を配置して、次ページ

の図のように整理することにしました。

　指導内容は、2年次に作成した指導内容案から取り出し、「課題解決のプロセス」の各場面に対応する形で配置をしてみました。また、「課題解決のプロセス」を意識する中で足りないと思われる部分を付け加える作業も行いました（指導内容には、三つの領域の様々な問題解決場面に関係してくるものもありますが、最も関連が深い場面で意識的に学べるように配置をしてあります）。この作業はワーキンググループで原案を作成したうえで、全教員によるワークショップ型検討会によって補完しました。

「協働的課題解決のプロセス」に沿って整理したCD科の指導内容

課題解決のプロセス		論理・発想	対話・協働	伝達・発信	ツール・手法
コミュニケーションの基礎		対話とは　言葉と意味 → 国語に　伝え方と伝わり方　感情のコントロール			アサーション　アンガーマネジメント
課題の発見絞り込み		根拠と理由付けと主張を分けて考える			トゥールミンモデル
		多面的に考える（視点をずらす）			マインドマップ
		比べて考える（視点を決めて比べる）			ベン図
		関係づけて考える（整理し直す）			コンセプトマップ
			考えをもっと聞き出すこと		オープンクエスチョン
			拡散的に話し合うこと		ブレーンストーミング
		批判的に考える		可視化して伝える　・図表で表してみる　・色分けしてみる	
		問題を分割して課題化する			
協働的な解決　様々な解決方法	見通しと企画立案　チーム作り		仲間を募ってチームをつくる　効果的なグループサイズ		アイスブレイク
		達成目標を考える（理想と最低線）			ルーブリック
		解決への見通しと手順を考える			ロードマップ（行程表）

協働的な解決　様々な解決方法	実践と行動	仲間と考える　情報を活かす	言葉の定義と範囲 言葉の抽象度を考えること		
				効果的な情報収集 ・さまざまな手段で （書籍、報道、人）	ネット検索、インタビュー
			条件を制御して考える ⟶		フローチャート
				目標と論点 （考えをもっと聞き出すこと） 建設的な話し合いのための注意点	（オープンクエスチョン） 論点のすり替え、決めつけ、こじつけ シミュレーション
				討議・会議の仕方 ・司会進行とルール（役割、司会、民主主義・結果の尊重　等） ・大きな会議（動議・採決の仕方） ・話し合いのマナー	多数決と少数意見、一事不再理 進行動議、採決動議、休憩動議 質問と意見
			価値や立場の多様性 ⟶	WinWinの出口を探る（合意形成）	ロールプレイ ネゴシエーション
			俯瞰的な視野と問題解決	中立的な第三者としての問題解決	メディエーション
				感情のコントロールと対処 ⟶	アンガーマネジメント
			偏見に気づく・無くす ⟶		ステレオタイプ・言葉の暴力への対抗
		外部の人と交渉　発信・行動		伝えるための作戦（目的・相手・場） シナリオをつくる 効果的な表現の方法 ・映像・音・言葉・身体表現 ・編集の仕方と工夫	 写真・動画・効果音（音楽）等
	フィードフォワード		進捗状況や成果をたしかめる ⟶		PDCAのサイクル
			他者の評価をもとめる ⟶		アンケート

③ 指導時数を想定しながら「指導事項」として再整理する

　こうして、課題解決のプロセスに沿って指導内容を絞った上で、さらに「論理・発想」「対話・協働」「伝達・発信」の領域ごとに指導内容を整理しました。

　これまでの実践事例も参考にしたり、学年の指導の展開を想定したりしながら、配当時間に収まる形で指導内容を吟味しました。「指導事項（案）」として文言について整え、領域ごとの一覧を作成しました。これが「コミュニケーション・デザイン科　学習指導要領」のベースとなったものです。

CD 科指導事項(案)「A 論理・発想」領域

論理・発想の指導内容(案)　　18 時間

思考の基礎操作と可視化

		指導事項（指導内容）	ツールや指導のイメージ
①比較・分類（1 軸） 　例：ベン図	1	観点をそろえて比較・分類し、文章や図表を用いて比較・分類した結果を表現すること。	○○という観点で比較すると A は～だが B は…である。（比較の文型）ベン図、X チャート等
②関係判断・構造化（2 軸） 　例：表、座標	1	二つ以上の観点から複合的に判断したり意味づけたりし、文章や図表を用いて関係を表現すること。	マトリックス、座標軸
③拡散と収束 　例：KJ 法、マインドマップ	2	視点を変えて多面的に思考・発想したり、考えたことを整理・統合し、文章や図表を用いて考えをまとめること。	KJ 法（付箋の活用）、ホワイトボードの活用、マインドマップ
④条件制御	1	変える条件と変えない条件を考えて計画し、条件に応じて分岐した計画表を作成すること。	フローチャート

論理思考の基礎

⑤言葉の定義と抽象度	1	言葉には意味の範囲や抽象度の違いがあることを知り、定義を確かめたり抽象度を揃えたりして話し合うこと。	言語論理教育（意味の範囲、抽象の段階）
⑥報告・推論・断定	2	客観的な表現と主観の交じった表現について知り、吟味して理解・表現すること。	一般意味論（報告・推論・断定）
⑦議論の要素 　（トゥールミンモデル）	2	議論を構成する要素について知り、論理的に表現したり批判的に理解したりすること。	トゥールミンモデル、根拠と理由付けの区別
⑧批判的思考	2	さまざまな価値観や多種なものの見方があることを知り、自分の中の思い込みや偏見に気付いて多面的・複眼的なものの見方をすること。	価値の多様性、立場の違いに気づく問題事例

問題解決の思考

⑨問題の発見・分割と達成目標	2	問題の所在に気づき、具体的に分割して考え、目的と目標を明らかにすること。	分割の練習のための複合的な問題事例
⑩ PDCA	1	問題状況と自分たちの行動を俯瞰的に見つめ、修正を加えながら解決していこうとすること。	
⑪解決の見通し（ロードマップ）	2	目標達成までの手順とおよそのスケジュールを図表化して計画し、共有すること。	ロードマップ（工程表）を作成するための問題事例
⑫『評価軸×評価』リスト	1	複合的な問題に評価の軸を設定して判断し、意思決定をすること。	

CD 科指導事項(案)「B 対話・協働」領域

対話・協働の指導内容(案)　17 時間

対話の土台づくり

		指導事項（指導内容）	ツールや指導のイメージ
①対話の場で大切なこと 　（雰囲気づくりのために）	2	互いの立場や考えを尊重し、建設的で穏やかな対話の場を作るうえで大切なことを考えること。	対話の場（体の向き、距離、等）の作り方、発言やコミュニケーションに責任をもつこと、他者の意見を遮らないこと、意見の要約と明確化
②伝え方と伝わり方 　（アサーション）	2	伝え方の違いで相手への伝わり方や受け止め方が変わっていくことに気付き、目的や相手、場に応じた伝え方を工夫すること。	アサーション、ロールプレイ　等

話し合いの方向

③目標と論点と司会進行	2	目的や目標を確かめつつ話し合いに参加し、論点をとらえて効果的に話し合いを運ぶこと。	ファシリテーターの役割、議事進行（動議・採決）、結果の尊重
④質問の種類 　（OQ、CQ、質問の機能）	3	質問の種類や機能について知り、話し合いの場面に応じて効果的な質問の仕方を工夫すること。	
⑤目的に応じた話し合いの方法		目的に応じてさまざまな方法を工夫・選択して話し合うこと。	ブレーンストーミング（拡散する話し合い）、KJ法（意味づけする話し合い）ホワイトボードミーティング（ファシリテーターの役割）等

対立の解決・解消

⑥仲間を募ってチームをつくる	2	目的や目標を鮮明にして、仲間を募るための方法を工夫し、実践すること。	
⑦合意の形成	4	対立の背景や対立の解決の過程や方法について知り、対話的な解決のために意見を調整しあうこと。	資源（時間、金銭、財産）、欲求（所属、権利、自由、娯楽　等）、価値観（信念、優先事項、主義　等）等の視点から紛争の起源について考える。
			対立への対応として「弱腰の対応、強硬な対応、節度ある対応」の仕方を考え、結果を検討する。「両者不満足の結論、一方が満足する結論、両者が満足する結論」を考える。
			「問題と当事者の切り分け、態度ではなく利益に重点をあてる、相互利益が得られる選択肢、公正な基準」の4段階の解決過程
			当事者：双方の要求を出し合い、双方の利益に着目した解決を目指す。調停者：調停への合意、観点の収集、利害に焦点化、相互利益、選択肢の評価、合意の形成
⑧感情のコントロール	2	自らの感情に自覚的になり、身の回りの問題への対応の仕方や解決の仕方を考えること。	

伝達・発信の指導内容（案）　29 時間

情報収集と情報共有

		指導事例（指導内容）	ツールや指導のイメージ
①図書館での情報収集	3	図書館を利用した情報収集の方法を理解し、必要な情報を得られるようになること。	図書館を使ううえでのルール、情報検索の仕方
②インターネットによる情報収集	4	インターネットを利用した情報収集の方法を理解し、必要な情報を正しく得られるようになること。	インターネットを使ううえでのルール、情報検索の仕方、情報モラル
③可視化による情報共有	2	他者と情報を共有するために可視化することが有効であることを理解し、様々な可視化の方法を学び、工夫すること。	図表で表すこと、色分けをすること

外部との交渉

④相手の分析	2	相手を分析する視点について知り、相手に合わせた適切な伝え方や交渉の仕方を選択すること。	目的：情報収集、自分の提案を通すこと 方法：手紙、メール、電話、対面（インタビュー、プレゼン、交渉）
⑤交渉の準備と実践	6	内容を整理し、場や状況をふまえて交渉の手順を計画し、戦略的な交渉方法を工夫すること。	相手：友人（同じグループではない）、先輩や後輩、教員、保護者、外部の人（近所の人、他校の人、企業の人、大学の先生）

戦略的な表現

⑥効果的な表現を工夫する	2	目的に合わせた効果的な表現について学び、目的に応じて表現を調整・改善・評価すること。	表現方法： 図（写真、絵、図表・グラフ、動画）、ことば（キャッチコピー、文章（新聞記事など））
⑦意図的な表現を読み解く	2	社会にある意図的な表現について学び、その表現方法をいかして表現を工夫すること。	音（音楽、効果音）、身体表現（ダンス、演劇）
⑧相手と場所を意識した表現	4	相手と場所、状況を意識した表現について学び、図表、画像と言葉を組み合わせて表現すること。	表現形態： レポート、ポスター、新聞、パンフレット、映像作品（CM など）
⑨効果的な組み合わせと表現	2	プレゼンテーションソフトを用いて、言葉と図表、画像、色や動きの効果的な組み合わせと表現について学び、その表現方法をいかして発表資料を作成すること。	表現の場： 教室内、学校内、公共の場所（室内・屋外）、舞台上
⑩目的に合わせた表現の組み合わせ	2	図表、画像・言葉・音・身体表現のそれぞれの特徴を理解し、目的に合わせた表現の組み合わせについて知り、目的に合った表現の組み合わせを選択して表現すること。	

（2）コミュニケーション・デザイン科の指導事項

　CD 科では「論理・発想」、「対話・協働」「伝達・発信」の三つの領域によって編成することにしました。以下、領域ごとに目標と内容について説明します。

＊具体的な指導内容は、第1章3の「CD科学習指導要領」に示す。以下、「ツール・手法」を総じて「ツール等」と略すことがある。

① 「A　論理・発想」領域

> A　論理・発想
>
> 　領域の目標：社会の課題の協働的解決において、論理的に思考したり、豊かに発想したり、課題解決のプロセスを俯瞰的に捉えることの価値を理解するとともに、その能力と態度を伸ばす。
> - 課題の発見・解決・探究のためのものの見方や考え方
> - 思考・発想・表現を効果的に支える可視化・操作化のツール・手法の例

　教科目標の中では広くものの見方や考え方について身につけるという意味で「思考・発想」という語を用いましたが、領域名としては「論理・発想」としています。協働的な課題解決のための「論理的・批判的なものの見方や考え方」や「創造的・拡散的なものの見方や考え方」を重点とした指導内容を扱う領域だからです。

　「論理的に思考し」には根拠に基づいて考える論理的なものの見方や考え方だけでなく、その適否を検討したりより適切なものを見極めようとする批判的なものの見方や考え方を含んでいます。「課題解決のプロセスを俯瞰的に捉えること」とあるのはメタ的なものの見方や考え方のことです。一定の過程をとおして物事を解決していく上でも、また複雑な問題全体のある部分から解決に取り組んでいく上でも、こうした俯瞰的な視座は必須といえます。

　本領域では、課題解決の過程で必要と考えられる思考や発想のスキルやツールを取り上げる観点から、トゥールミンの論理モデルや批判的なものの見方や考え方に関する内容を取り上げるとともに、いくつかの思考スキルに関わる、いわゆる思考ツールや、発想を広げたり絞ったりするためのツール等を例示して指導内容を設定しました。

② 「B　対話・協働」領域

> B　対話・協働
>
> 　領域の目標：社会の課題の協働的解決において、自他を生かし、温かみのある対話をし、円滑に討議を進めることの価値を理解するとともに、その能力と態度を伸ばす。
> - 他者と協働して課題の発見・解決・探究していくための対話の知識や技能
> - 効果的に話し合うための方法やそれを支える可視化・操作化のツール・手法の例

　「自他を生かし」とは、課題解決の過程で互いの考えを生かし合うことはもちろん、互いに利点のある決着を目指す考え方を指しています。話し合いは、互いの尊重と相互の関係づ

くりの上に成り立つものであり、「温かみのある対話をし」とはそのことを示しています。「円滑に討議を進める」とは、時には司会など進行の中心になる役割から、また時には参加者の立場から、課題の解決や目標の達成に向けた話し合いを進めていくことを表しています。

　本領域では、そうした目標に沿って、主として対話や話し合いに関する基礎的な内容と、対立の解決や解消に関する内容、および対話や話し合いを効果的に進めるためのツール等に関する内容とを設定するようにしました。

　対話や話し合いの指導は、主として国語科が教科指導の中で重点的に扱ってきましたが、CD科では国語科の指導との連携を一層進め、ファシリテーションに関する指導を取り込んだり、アサーションやメディエーションに関する指導を一斉に扱うようにするなどして内容を構成しました。

③「C　伝達・発信」領域

C　伝達・発信
　領域の目標：社会の課題の協働的解決において、伝達・発信する内容の構成を工夫し、方法を吟味し、視覚化などの表現手段を活用する価値を理解するとともに、その能力と態度を伸ばす。
　•課題の解決・探究のために他者に向けた伝達・発信を効果的に行う知識や技能
　•伝達・発信のためのツール・手法および機器の例、その効果的な使い方

　「B対話・協働」が主として、ともに課題解決にあたる当事者同士の話し合いの場面を想定した内容になっているのに対して、「C伝達・発信」では一定のまとまった考えや主張を、問題解決の当事者間だけでなく広く社会の不特定多数の人々に向けた伝達・発信を効果的に行う場面を想定しています。

　「伝達・発信する内容の構成を工夫し」とは説明・発表したり提案したりする内容が伝わりやすいように、必要な情報・伝えるべき内容を検討したり、その組み立てを工夫したりすることを指しています。

　「方法を吟味し、視覚化などの表現手段を活用する」とは伝達・発信の効果を考えて、表現の仕方などの伝え方や、機器等の活用を工夫したりすることを示しています。

　こうした伝達・発信を行う上では、様々な情報を効果的に収集・活用することはもちろん、伝える・発信するということ自体を「情報の共有」という視点に立って考えることが大切になります。そして、実際に発信していく上では、目的や相手に合わせて「戦略的な表現」を工夫していくことが効果的であることから、そうした観点からの指導内容を設定して

います。

また「C　伝達・発信」領域では、ポスターやプレゼンテーションといった具体的な手段や手法、カメラ、PCやインターネットといったICTの活用を取り上げています。生徒が学校生活の中で身近に使ってきた機器等について重点的に取り上げることで、その指導を教員間で共有できるようにしました。

(3) 指導事項から指導計画へ

① CD基礎とCD活用を関連させる

CD科の学習では、協働的な課題解決を支える思考・判断・表現の力の基礎指導を行う「コミュニケーション・デザイン基礎（以下〔CD基礎〕）」と、それらを活用して、生活や社会の中の課題を考える「コミュニケーション・デザイン活用（以下〔CD活用〕）」の二つの授業形態を区別することにしました。

〔CD基礎〕は、協働的な課題解決に必要不可欠な基礎となる力をつける授業です。「思考・判断・表現の力」をつけるものとしては、思考スキル、論理的・批判的思考、発想法（創造的思考）、俯瞰的視座・メタ認知、「対話・協働の力」をつけるものとしては、対話スキル、協働的な対話・討論法、共有化（可視化）ツールの活用、「伝達・発信の力」をつけるものとしては、文脈の読み解き、伝達・発信の活動・スキル、ICTとネットワークの活用、などを学びます。

授業形態としては、主として教師主導で講義形式やワークショップ形式を取り混ぜて、通常1トピック1〜2時間で学習する形が多いです。〔CD基礎〕で身につけさせたい力は、私たちの日常生活や社会生活の様々な場面で無意識に使っているものも多いですが、あえてそれを〔CD基礎〕の授業として取り上げることで、生徒が意識化でき、その後の活用や応用をスムーズにすることができると考えます。

〔CD活用〕は、〔CD基礎〕で身につけた力を、大きな単位のプロジェクトで生徒自らが取捨選択したり活用したりしながら、実際に協働的・創造的に課題解決を行う方法を体験的に学ぶ時間です。数時間〜10時間構成程度の長い期間にわたって取り組むものを想定しています。

解決する課題は、現代社会が直面する課題であり、「人間（生活・文化）」「社会（社会・多文化）」「自然（生命・環境）」の分野において、教師が設定したり生徒が発見したりしたものをとりあげます。課題設定の条件として「よりよい社会の実現に寄与するもの」であることとします。これは、ESD（持続可能な開発のための教育）の考え方を前提にしています。課題の設定で心がけたいこととしては、扱う課題が、実社会とのつながりを意識したものであること、生徒が意欲を持って取り組めるものであること、などがあります。

〔CD 活用〕の課題解決場面では、生徒は〔CD 基礎〕で身につけた力の、どれを選び、どう組み合わせ、どのように使うかといったことを体験的に学んでいきます。この〔CD 基礎〕の力は、生徒自身は無意識的に使うことが多いと考えられるので、教師の側は授業に当たっては、必要な知識や技能を、汎用性や重要性に応じていくつかをリストアップしたり、整理したり、系統立てていったりすることが必要となります。

② CD 基礎と CD 活用の授業時数

〔CD 基礎〕〔CD 活用〕の授業時間については、まず1年時のオリエンテーション期間（CD 科の立ち上げ期）において集中的に取り上げ、他教科での活用を促していきます。1年時はこのように〔CD 基礎〕を中心に取り上げ、徐々に教師主導の学習活動から生徒主導のプロジェクト学習である〔CD 活用〕へと移行させていきます。

2年時以降は〔CD 基礎〕での積み上げを活かしつつ、なるべく〔CD 活用〕の時間を増やしていき、3年時には〔CD 活用〕を中心に取り上げ、グループ単位でプロジェクトをくめるようにしていき、補充的に〔CD 基礎〕を取り上げる程度にとどめます。このように、〔CD 基礎〕から〔CD 活用〕へと徐々に移行していくように、授業を計画していくようにしていきます。

（松本純一・渡邉光輝）

コミュニケーション・デザイン科の授業をつくる

CD科で指導する内容項目を受け、その授業や単元は、どのように構成していけばよいのでしょうか。ここでは、前章で紹介した「CD科　学習指導要領」の作成と並行して行われた、CD科の授業づくりの方法について紹介することを通して、教科等横断的に資質・能力を育てる教育課程を組もうとするときのポイントについて示します。

（1）CD科の全体計画・年間計画の作成

お茶の水女子大学附属中学校がCD科を開発する際には、文部科学省の研究開発学校の制度を利用することで教育課程の特例を認めてもらい、次のような教育課程を設定しました。1年生70時間、2・3年生75時間をCD科の時間として、さまざまな授業を展開しました。

教育課程表（平成29年度）

	各教科の授業時数									新設教科	自主研究	道徳	総合的な学習の時間	特別活動	総授業時数
	国語	社会	数学	理科	音楽	美術	体育	技家	英語						
第1学年 増減	134 -6	102 -3	136 -4	102 -3	48 +3	48 +3	102 -3	67 -3	136 -4	70 +70	35 +35	35 0	0 -50	35 0	1050 +35
第2学年 増減	136 -4	102 -3	102 -3	137 -3	35 0	35 0	102 -3	69 -1	137 -3	75 +75	50 +50	35 0	0 -70	35 0	1050 +35
第3学年 増減	104 -1	139 -1	139 -1	139 -1	35 0	35 0	105 0	35 0	139 -1	75 +75	35 +35	35 0	0 -70	35 0	1050 +35
計 増減	374 -11	343 -7	377 -8	378 -7	118 +3	118 +3	309 -6	171 +4	412 +8	220 +220	120 +120	105 0	0 -190	105 0	1050 +35

この、新教科として設定した70／75／75時間の中で、どのような学習内容に何時間を割り当てればよいかについて、まずは考えました。3年間を通して［CD基礎］から［CD活用］という学びの深まり

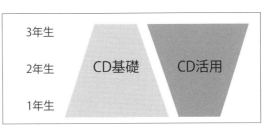

を実現するために、前頁図のように、1年生では［CD基礎］が多く［CD活用］は少なめに、逆に3年生は［CD活用］の時間を多く設定するという基本的な教科構造とし、［CD基礎］と［CD活用］の時間配分を考えました。時間配分のイメージは、1年生は基礎：活用＝7：3、2年生で、5：5、3年生で2：8程度です。

(2)［CD基礎］の授業づくりと運営

　次に、CD科の授業の目標である、よりよい社会の実現に向けた課題発見・解決・探究のため、他者と対話・協働しながら効果的なコミュニケーションを創出する能力と態度を育てることをねらいとして、主に学年単位で、様々な授業の開発を行いました。

　［CD基礎］の授業は、基本的に1時間ないし2時間程度のまとまりの中で、その目標を達成するために必要な基礎的・基本的な「ワザ」を学ぶことがその中心となります。CD科の「ワザ」とは、効果的なコミュニケーションを創出するために必要なスキルやコツなどを総称した生徒向けの言葉です。CD科の開発当初には様々な授業を試み、その中からその後の年度でも継続的に実践される、第2章でご紹介したような多くの授業が開発されていきました。

　それらの授業実践を整理しながら、協働的な課題解決に必要な資質・能力を分類・整理するために「論理・発想」「対話・協働」「伝達・発信」の3領域が設定されていきました。このように、教員全員による様々な実践と同時に理論がボトムアップの形で創り上げられたことも、本校の研究の特色といえるでしょう。

　次の段階ではその理論をもとに、生徒の発達段階や系統性、学校行事や教科学習との関連も踏まえながら、各実践を何年生のどの時期に、どのような順序で実施するのがより効果的かを話し合いました。この過程では、「ユニット」という内容の捉え方も登場しました。「ユニット」とは、類似のワザを身に付けさせる際に、指導内容に段階・系統をつけ、2〜3年間を通してその質の向上を目指す内容単位のことを指しています。例えば以下のように、最初に学習したことを基に、新たなワザを習得したり、以前に学習したワザを場面や用途に応じて応用したりしながら、次第に発展・深化させていくことをねらっています。"学年を越えた単元"といったイメージです。各学年で取り扱う授業内容やその系統性には、このユニットの考えも反映されています。

○「伝達・発信」の「戦略的な表現」のユニット例

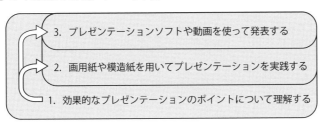

　このような過程を経て最終的に完成したものを、各教科等の学習との関連も意識しながら表の形にまとめていったものが、巻末にある CD 科のモデルカリキュラムです（本書 p.194）。このモデルカリキュラムを基本として、各学年で半期ごとの年間計画を作成し、運用していました。

　［CD 基礎］の運用にあたっては、教室の中での教員による授業はもちろん、外部講師を招いて指導を受けたり、異年齢の縦割りで活動する学校行事等と関連付けたり、校外学習など学校外の実社会に出たりする際に体験的に学んだりと、実社会になるべく近い状況の中で学習できるように配慮しているところも特徴としてあげられます。第 1 学年では、毎年 9 月に行われる文化祭（本校では「生徒祭」）で、クラスごとに展示・発表を計画することになっているのですが、例えば次のように、行事と関連させながら［CD 基礎］の授業を展開することで、限られた時間で効果的に学習成果を生み出しています。

例）学校行事（9 月：生徒祭）と関連させた［CD 基礎］の実践例

0.　ポスター等掲示物の効果的な見せ方について学習・制作。（4 月：新入生オリエンテーション）　→［伝達・発信］戦略的な表現（ポスター表現）

1.　発想法入門〜生徒祭テーマを解釈し、クラステーマを生み出す（5 月）

　　→［論理・発想］思考の基礎操作（マインドマップ、KJ 法）

　　※このような活動を通して、生徒祭テーマ「情熱」から、「情熱をもって活動している人に会って、その情熱を紹介しよう」がクラスのテーマとなった。

2.　企画提案・予算獲得のための話し合い〜クラス企画を具体化し、審議を通過するために〜（6 月）

　　→［対話・協働］対話・話し合いの基礎（目的・論点を捉えた効果的な話し合い）

3.　質問法入門（7 月）

　　→［対話・協働］質問の種類や効果（オープン／クローズドクエスチョン）

4.　交渉の方法①〜アポイントの取り方編（7 月）

　　交渉の方法②〜実践編（7 月）

→外部との交渉の基礎を学ぶ（シミュレーションを通して練習→実践）

・［CD活用］訪問学習とインタビュー（7月～8月）

・［CD活用］インタビュー内容をポスターで伝える（8月～9月）

5. いろいろなお客様へ効果的に伝えるためには？（9月）

→相手・場に応じた伝え方（ロールプレイ）

・［CD活用］生徒祭当日での展示・実演・発表（9月）

6. 生徒祭を振り返って　→省察及び問題解決の思考（フローチャート）

（3）［CD活用］の授業づくり

　［CD活用］は、数時間単位のまとまりをもったプロジェクト型の学習形態を取っており、その流れは主に、「課題との出会い（発見）→協働を通した課題解決策の思考と選択・実践→成果の発信」となっています。先ほども述べましたが、［CD活用］も学校行事等と関連付けて実施するなど、学校外の社会とつなげることで生徒の学ぶ意欲を高めています。

　［CD活用］には、二つの側面があります。一つは［CD基礎］の時間に学んだワザを選択的に活用させ、経験を通してワザを体得させていくという側面です。語学などと同じで、せっかく学んだワザも使えなければせっかくの価値が無くなってしまいますし、現実の社会でも、自ら課題に対して対処する方法を選択し、自分の持ち合わせているリソースを駆使して課題解決にあたっている場合が多いと思います。

　もう一つは、テーマとして「人間」「社会」「自然」、あるいは、「人間と社会」「人間と自然」「社会と環境」などを設定して、現実の問題を題材や課題として取り上げ、その解決に向けたプロジェクトを設定し、生徒が協働しながら「思考」「対話」「伝達」のスキルを活用したり、各教科等で学習した知識や技能、見方や考え方を活用したりすることで、より良い社会をデザインしていくための意欲や経験を養っていく側面があります。現代社会の諸課題は一人では解決が難しく、様々な立場の人と手を取り合って、協働しながら課題解決方法を探っていく必要があるものがほとんどです。そのため、実際の社会の諸課題に目を向け、協働の体験を通して、社会に出たときに実践的に活用できるような資質・能力を高めていきたいと考えました。

　［CD活用］におけるテーマの例としては、先ほど紹介した生徒祭のように、生徒にとって身近な課題を解決しその成果を発信するものから、現実社会の課題を取り扱ったものまで、学年による発達段階に合わせて広がりを持たせています。本校で新教科の開発期間に取り扱われた具体的なテーマとしては、次のようなものがあります。

```
┌─────────────────────────────────────────────────────────────────┐
│                例）CD 科［活用］におけるテーマの例                   │
│ ○第 1 学年                                                         │
│ ・生徒祭で情熱をもって活躍している人に出会い、その情熱を伝えよう。    │
│ ○第 2 学年                                                         │
│ ・林間学校で学んだことや自然の豊かさを下級生に写真や動画で発信しよう。│
│ ・多様性に開かれた社会に向けて――多様な生き方を伝える               │
│ ○第 3 学年                                                         │
│ ・震災復興を進めるために、私たちにできることは――東北支援プロジェクト│
│ ・住み続けられるまちづくり――私たちの提案 for 岩手県               │
└─────────────────────────────────────────────────────────────────┘
```

　いずれのプロジェクトにも共通することは、教師からの一方的なテーマ設定をするのではなく、行事やその時々の社会の課題など、生徒にとって解決しなければならない、解決したいという必要感に迫られるテーマ設定をするようにしたということです。このようなテーマ設定をするためには、各教科等の学習を通して社会への目を向けさせる種まきが必要であるのと同時に、教師がいかに社会と関わり、社会の課題と接しているかも重要だと言えます。また、学校行事をどのように意義づけて、学習効果を高めていくかという視点や、外部の施設、人材、地域との連携も重要になってきます。このような社会とつながる視点から授業や教育課程を編成することは、新しい学習指導要領にもその重要性がうたわれており、CD 科の目指す方向と軌を一にしていると言えます。

```
┌─────────────────────────────────────────────────────────────────┐
│ 〈社会に開かれた教育課程〉                                          │
│ ① 社会や世界の状況を幅広く視野に入れ、よりよい学校教育を通じてよりよい社会を│
│    創るという目標を持ち、教育課程を介してその目標を社会と共有していくこと。│
│ ② これからの社会を創り出していく子供たちが、社会や世界に向き合い関わり合い、│
│    自分の人生を切り拓いていくために求められる資質・能力とは何かを、教育課程に│
│    おいて明確化し育んでいくこと。                                   │
│ ③ 教育課程の実施に当たって、地域の人的・物的資源を活用したり、放課後や土曜日│
│    等を活用した社会教育との連携を図ったりし、学校教育を学校内に閉じずに、その│
│    目指すところを社会と共有・連携しながら実現させること。           │
│          文部科学省「社会に開かれた教育課程（これからの教育課程の理念)」より引用│
└─────────────────────────────────────────────────────────────────┘
```

　ではここで、［CD 活用］の授業ができるまでの流れを、平成 30 年度第 3 学年での実践「住み続けられるまちづくり～私たちの提案　for 岩手県～」を事例に紹介します。

〈テーマ設定にいたるまで〉

　3年生では、6月中旬に東北地方に修学旅行に行くことになっています。これまで1年生から「共生」を学年のCD科テーマとして、歴史や自然、多様性のある生き方、子どもを取り巻く困難な状況など、さまざまなものと共に生きていく社会を将来にわたって考え、自分なりに関わることのできる生徒を育てたいという思いをもって学年経営にあたってきました。

　第3学年担任団では、修学旅行で訪れる岩手県は、豊かな山海の恵みをもち、平泉文化や宮澤賢治などに代表される豊かな歴史や文化を持つ地域であるものの、2011年3月11日に発生した東日本大震災によって受けた大きな被害からの復興途上であり、近年は人口流出により、宿泊予定地の遠野市は過疎地域に指定されているなど、課題も併せ持っている地域ととらえました。修学旅行を単なる見学の旅としてではなく、CD科の学習と関連づけることで、これまで学んできたワザを活用するとともに、地域の現状をとらえ、それを東京に暮らす者の視点からではあるが、継続的に関わっていこうとする意欲や態度を育てられるのではないかと考えました。

　このような視点を持ちつつも、生徒に教員側から課題を与えるのではなく、学習展開の中で生徒からわき上がる気付きを生かしながら最終目的である「社会をより良くするための提案」につなげていきたいと考えました。

　具体的な単元の授業実践は、以下のように進めていきました。

〈単元の展開〉　全13時間構成

5月	①講演会「東日本大震災──あの日を知り、これまでを想い、これからを考える」 　　講師：花巻市教育委員会指導主事（元釜石東中学校教諭）　齋藤真先生
6月	②齋藤先生の思いを踏まえ、岩手での修学旅行につなげよう 　　──民泊先や釜石で現地調査（インタビュー）する内容案の作成
	○修学旅行──現地での出会い、インタビュー、講話や見学を通した学び
7月	③修学旅行民泊班ごとにポスター制作をしよう 　　──修学旅行でのリサーチ（講話・情報収集・インタビューなど）をいかして
9月	④遠野（岩手）の「魅力と課題」を共有しよう 　　──ポスター発表、シェアした情報をPMIシートで分類する
10月	⑤SDGsについて知ろう（動画、SDGsアイディアブックの活用） 　　──「住み続けられるまちづくり」のための提言を考えるために
	⑥国内外「住み続けられるまちづくり」の先行事例をリサーチし、まとめ、クラス内で発表しよう（6枚のプレゼンシート）
	⑦⑧「私たちの提案」を考えよう〜課題決定、調査、企画書作り 　（キーワード：持続可能な・実現可能な・説得力のある）

10 月	⑨6枚のプレゼンシートを作成し、ポスター形式にまとめ、クラス内発表をしよう
	⑩学年発表会「ポスターセッション」（公開研究会での公開授業）
11 月	⑪⑫発表会の振り返りをふまえ、提案書を作成しよう
3 月	⑬提案書への各自治体からのコメントを読み、お礼を書くとともに、提案書を振り返ろう

〈実践を終えて〉

この学年では、生徒が知ったつもりにならないために、あえて事前学習を少なく設定しました。しかし、震災については、発生当時生徒は小学校低学年だったことから、実感をもって震災をとらえている生徒は少ないように感じられました。そのため、「震災のころまさに中学生だった子たちはどんな様子だったのだろうね？」と、生徒にとって震災を身近に感じられるような投げかけから単元をスタートしました。講話を受け、生徒は現地に行って「復興は、実際はどう進んでいるのだろう？」「中学生は当時どのように関わっていたのだろう？」という視点を持つことができたように感じています。

他方、過疎については、第2学年社会科地理的分野の授業の中で、三大都市圏への人口集中について学んだほか、中国四国地方の過疎の実情と対策事例を調べさせる授業を行いました。これをもとに、日本の抱える課題の一つで、全国で見られる課題だから、修学旅行で現地に行き、体感してほしいという種まきを事前に行っていました。

これらを足がかりとして、現地で聞いてみたいこと等を班で話し合わせ（第2時）、目的意識を持って修学旅行に臨ませました。事前学習をあえて少なくしたことで、生徒は自分が現地で見聞きした生の経験をもとに復興の大変さを感じながら、岩手県のよさや課題を客観的に整理しまとめていました（第3・4時）。

ここから、より良い社会をめざしてという視点から、持続可能な開発の考え方やSDGsを紹介し、「東京に暮らす私たちには、岩手に何かできることはないだろうか？」と投げかけをし、班ごとにできそうなこと、既に各地で実践されていること、岩手県でできそうなことを調べ、情報共有し、構想する活動を行いました。そして、構想したことを提案書にまとめ、学年の中で発表しました（第5～12時）。発表会には岩手県東京事務所の方をお招きし、提案をご覧いただきました。その中で、ぜひこの提案を各自治体に届けたいという提案をいただき、提案書を岩手県の各自治体に送っていただきました。2月末には、提案に対するコメントをとりまとめたものを頂戴し、生徒に見せたところ、とても嬉しく思う半面、中学生としての提案の未熟さを感じたり、これからも様々なことを学び考え続ける必要を感じたりしていました。

このように、社会と関わり、より良い社会を作るために協働したり、コミュニケーションをとっていったりするためには、自らやってみたい、やったら面白いという経験を積み重ね

ていく工夫が求められると思います。また、［CD活用］の時間に至るまでにどのようなワ
ザを習得しておく必要があるかを逆向きに考えて［CD基礎］の指導を計画する必要がある
と考えます。このような2つの考え方を大切にしながら、この学年では各教科の学習との関
連も視野に入れながら、授業を計画していきました。

　本校では、文部科学省の「研究開発学校」制度を利用し、教育課程の特例を認めてもら
う形でCD科を開発してきました。しかし、そのような特例が無くとも、各校の工夫によっ
て、教科等横断的に資質・能力を育てる教育課程を創造することは十分可能です。具体的に
は、総合的な学習の時間や道徳科の授業等の一部を活用し、全ての教科にまたがる資質・能
力の育成の中心の時間に位置付け、CD科で取り組んだような授業内容を展開するといった
カリキュラム・マネジメントの工夫が考えられます。また、各教科の学習内容に、［CD基
礎］で学習するワザを関連させて取り扱う事も考えられるでしょう。校長等の管理職や研究
推進を担う教員が中心となり、各教科で進めている学習で学ぶ知識や技能、表現の方法につ
いて、教員同士が意識できるような研修会を開くことも一つの方法かもしれません。

　本校ではCD科を開発している期間、「協働的な課題解決」のための教科等横断的な資質・
能力を育てるという大きな目標があったため、他教科ではどのような場面でどのようなコミ
ュニケーションに関するワザを生徒に学ばせているか、ということに、各教員の関心がとて
も高まりました。生徒は全ての教科の授業を学んでいる訳ですから、生徒に取ってみれば当
たり前に感じることかもしれませんが、教員どうしが協働し、授業でどのような学びが繰り
広げられているかについて知ることは大きな意義があります。このことについては、第4章
でさらに詳しく触れることとします。

(4) ［CD基礎］と［CD活用］に共通する「省察」

　最後にもう一つ、CD科で大切にしたい視点があります。それが「省察」です。省察は、
自らの活動を振り返りながら、学習したことを自覚化したり、自らのコミュニケーションの
在り方を意識的にとらえ、より良いコミュニケーションを創り出すためにはどのようなこと
が必要かを考えたり、どのようなワザを意識的に選択して活用できたかを考える活動を指し
ます。省察は、生徒が自ら振り返る時間を確保するだけでなく、活動中の教師によるアセス
メントと声かけを通しても深まります。特に、生徒が［CD基礎］で学んだワザを教師が理
解し、［CD活用］の中で自覚的に使うようになる促しが、深い学びにつながっていくとい
えます。教師の側にも、コミュニケーション・デザイン（よりよく関わり、協働の中でより
よく変えていく）の姿勢が必要なのは、いうまでもありません。

（渡邊智紀）

3

CD 科の学習評価方法について

CD 科の学習評価は、生徒の学習状況をみとり、その後の生活や学習に生かせるような形成的評価を中心に行うこととしています。そのために、教科目標をふまえつつ、以下の各点について評価しています。

（1）領域ごとの学年目標の設定

各学年ごとの質の違いをつけ、領域ごとの学年目標を設定しました。この目標は、「領域ごとの内容を示す言葉」を「学年段階を示す言葉」ではさんで構成しています。（表3-1）

表 3-3-1　領域ごとの学年目標

領域	第 1 学年	第 2 学年	第 3 学年
A 論理・発想	日常生活の課題の協動的解決において、論理的に思考したり、豊かに発想したり、課題解決のプロセスを俯瞰的に捉えることの必要性を理解するとともに、その能力の基礎と態度を養う。	日常生活や社会の課題の協動的解決において、論理的に思考したり、豊かに発想したり、課題解決のプロセスを俯瞰的に捉えることの仕方を理解するとともに、その能力と態度を養う。	社会の課題の協動的解決において、論理的に思考したり、豊かに発想したり、課題解決のプロセスを俯瞰的に捉えることの価値を理解するとともに、その能力と態度を伸ばす。
B 対話・協働	日常生活の課題の協動的解決において自他を生かし、共感的に対話を工夫し、円滑に討議を進めることの必要性を理解するとともに、その能力の基礎と態度を養う。	日常生活や社会の課題の協動的解決において、自他を生かし、共感的に対話を工夫し、円滑に討議を進めることの仕方を理解するとともに、その能力と態度を養う。	社会の課題の協動的解決において、自他を生かし、共感的に対話を工夫し、円滑に討議を進めることの価値を理解するとともに、その能力と態度を伸ばす。
C 伝達・発信	日常生活の課題の協動的解決において伝達・発信する内容の構成を工夫し、方法を吟味し、視覚化などの表現手段を活用する必要性を理解するとともに、その能力の基礎と態度を養う。	日常生活や社会の課題の協動的解決において伝達・発信する内容の構成を工夫し、方法を吟味し、視覚化などの表現手段を活用する仕方を理解するとともに、その能力と態度を養う。	社会の課題の協動的解決において、伝達・発信する内容の構成を工夫し、方法を吟味し、視覚化などの表現手段を活用する価値を理解するとともに、その能力と態度を伸ばす。

(2) 評価の観点とその趣旨

　上記の教科目標の実現状況を分析的に評価するために、資質・能力の三つの柱に対応させ、それぞれの観点の趣旨を設定しました。（表3-3-2）

表3-3-2　評価の観点とその趣旨（観点名は本書発刊に合わせて更新）

知識・技能	思考・判断・表現	主体的に学習に取り組む態度
課題発見・解決・探究に向けて、論理的に思考・発想したり、対話・協働したり、伝達・発信したりするための知識や技能を身に付けている。	課題発見・解決・探究に向けて、論理的に思考・発想したり、対話・協働したり、伝達・発信したりする工夫を実践している。	課題発見・解決・探究に関心をもち、論理的に思考・発想したり、対話・協働したり、伝達・発信したりする工夫を実践しようとしている。

(3) 学習評価の手順と主な評価資料

　学習指導及び学習評価は以下の手順で進めていくこととし、実践を重ねていきました。

　ア．教科の目標、領域・学年の目標から勘案し、指導内容を設定する。

　イ．指導事項に沿った年間の指導計画を作成する。

　ウ．年間指導計画から、単元の授業で育成する指導事項を焦点化し、学習指導案を作る。

　エ．授業の中での生徒の姿を想定し、評価に用いる課題、評価規準を設定する。

　オ．上記エに沿って評価資料を選定し、評価を実施する。

　また、評価資料については、評価の内容や観点にもよりますが、主に学習の過程と結果における生徒の学習状況に教師が目を向けることを意識し、できるだけ複数の資料を組み合わせて評価を行うこととしています。

表3-3-3　学習評価のための評価資料の例

	主に学習の過程をみとる資料	学習の結果をみとる資料
CD基礎	ワークシート（過程が見えるもの）、観察、対話等	「ワザカード」、作品、小テスト等
CD活用	ワークシート（変容が見えるもの）、観察、対話等	自己評価用紙、表現活動の成果等

(4) 領域ごとの評価の観点とその趣旨の整理

　CD科の学習は、多くの場合三つの領域のいずれにも関係します。例えば俯瞰的な捉え方から課題を見つけ出す点は「A 論理・発想」、他者と対話しながら課題解決を目指す点は「B

対話・協働」、相互評価などの場面で対象により表現を工夫する点は「C 伝達・発信」というように、三つの領域が相互に関連します。学習の過程や結果を評価する際は、各領域にそれぞれ「知識・技能」、「思考・判断・表現」、「態度」の三つの評価の観点があるため、実際は三つの領域につき三つの観点で評価を行う必要があり、それぞれの趣旨を整理しておく必要があります。（表3-3-4）

表3-3-4　領域ごとの各観点の趣旨（観点名は略記）

観点＼領域	A 論理・発想		B 対話・協働	C 伝達・発信
	創造的思考	論理的思考		
知識・技能	課題に対し新しい着想を提示するための知識や技能を身に付けている。	情報から与えられた方法を用いて論理的に考え、根拠に基づいて結論を得るための知識や技能を身に付けている。	話し合いの目的を意識し、自分と異なる意見も尊重して対話に参加するための知識と技能を身に付けている。	伝えたいことを意識して、視覚化などの表現手段を用いて、発信するための知識や技能を身に付けている。
思考・判断・表現	課題に対し、新しい着想を提示する工夫を実践している。	情報から与えられた方法を用いて論理的に考え、根拠に基づいて結論を得る工夫を実践している。	話し合いの目的を意識し、自分と異なる意見も尊重して対話に参加する工夫を実践している。	伝えたいことを意識して、視覚化などの表現手段を用いて、発信する工夫を実践している。
態度	課題に対し、新しい着想を提示する工夫を実践しようとしている。	情報から与えられた方法を用いて論理的に考え、根拠に基づいて結論を得る工夫を実践しようとしている。	話し合いの目的を意識し、自分と異なる意見も尊重して対話に参加する工夫を実践しようとしている。	伝えたいことを意識して、視覚化などの表現手段を用いて、発信する工夫を実践しようとしている。

なお、運用しやすいように「A 論理・発想」領域を創造的思考と論理的思考で分けて整理しています。

(5) 評価のための汎用ルーブリックの作成

　CD 活用の授業では、生徒の表現活動の成果から評価を行うことも多くあります。その際、多くの授業で転用できる汎用ルーブリック（表3-3-5）を作成しました。具体的な運用に当たっては、指導の重点とする領域にしぼって焦点化したり、本ルーブリックの基準を授業の文脈に落とし込んで具体化したりして改めて設定し、生徒の活動や完成した作品、「ワザカード」などの資料を組み合わせて資質・能力の表れを評価していきます。

表3-3-5 観点「思考・判断・表現」の学習状況を評価するための汎用ルーブリック

	論理・発想		対話・協働	伝達・発信
C 努力を 要する	B に達していない状態		B に達していない 状態	B に達していない 状態
B 　合格	【創造的思考】 課題に対し新しい着想を提示することができる。	【論理的思考】 情報から、与えられた方法を用いて論理的に考え、根拠に基づいて結論を得ることができる。	話合いの目的を意識し、自分と異なる意見も尊重して対話に参加している。	伝えたいことを意識して、視覚化などの表現手段を用いて、発信している。
A 　達人	さらに…… 自分の着想によって課題解決につなげている。	さらに…… 様々な方法から検討している。	さらに…… 他の意見と関連させた自分の意見を述べ、対話をよりよいものとしている。	さらに…… 視覚化などの表現手段を工夫している。
S ここまで 目指そう！	さらに…… 従来の着想では難しい課題に対しても、自分の着想を生かして課題を解決している。	さらに…… その根拠が説得力のある妥当なものとなっている。	さらに…… 自他の意見を積極的に組み合わせたり補い合ったりして、対話によって集団の考えを発展させている。	さらに…… 相手に伝えたいことを的確に伝えている。
各領域 の目標	社会の課題の協働的解決において、論理的に思考したり、豊かに発想したり、課題解決のプロセスを俯瞰的に捉えることの価値を理解するとともに、その能力と態度を伸ばす。		社会の課題の協働的解決において、自他を生かし、共感的に対話を工夫し、円滑に討議を進めることの価値を理解するとともに、その能力と態度を伸ばす。	社会の課題の協働的解決において、伝達・発信する内容の構成を工夫し、方法を吟味し視覚化などの表現手段を活用する価値を理解するとともに、その能力と態度を伸ばす。

（6）主に CD 基礎で用いる評価材「ワザカード」の開発と使用

　CD 科や他教科等の授業で学習した協働的な課題解決に必要なスキルやツール等を、本校生徒は「ワザ」として呼び、扱っています。その「ワザ」を「こんな時に」「こんなワザを使うと」「こんな効果がある」「こんなことにも活用できそう」と、生徒たちが授業内で培ったスキルやツール等を視覚的・説明的にまとめ、記録する評価カード「ワザカード」を開発しました。

　ワザカードを生徒が記入するねらいは二つあります。一つは、生徒が授業後に活動を振り返って記入することにより、学んだスキルやツール等の自覚化を促すことが期待できること

です。自分だけではなく、他者の学びを閲覧したり比較したりすることもできます。二つめは、別の学習を進める際に過去に記入したカードをめくりながら振り返ることで、既習のスキルやツール等を選択的に使用することを促すことが期待できることです。既習事項がその効果や具体的な使用場面、図表等とともに可視化されて記録されているため思い出しやすく、また単一のスキル等のみならず複数のスキル等を組み合わせて使用する際には大きな期待が見込まれます。また、教師側のねらいとしては、カードの記述をもとに生徒の学習状況を教師が読み取り、評価対象のひとつとして結び付けることをねらいとしました。二つ穴あきのB6判のカード形式で、1枚ずつのファイリングが可能なものとし、生徒各自で保管できるようにします。授業ごとの配付が基本ですが、必要に応じて記入できるように、各教室に保管しておきます。レイアウトは、授業での課題発見から解決までの過程に沿って俯瞰しやすいよう、左から右へ横一列に並んでいるものとしました。「ワザ」を記入するスペース以外は、吹き出しとして統一し、考えを言語化、可視化することを楽しみながら行えるように配慮しています。ワザカードの記入事項は、学習指導と評価におけるカナダのICEモデル（Young and Wilson、2013）の「考え・基礎知識（Ideas）」は図3-3-1の D、「つながり（Connections）」は A と E、「応用・ひろがり（Extensions）」は F への記入から読み取れます。授業で身に付けた知識・技能等の習得状況の高まりをみとる際、視点を定めたうえで、どの項目のどのような言葉・図等を拾うかを決めてみていくことで評価しやすくなります。

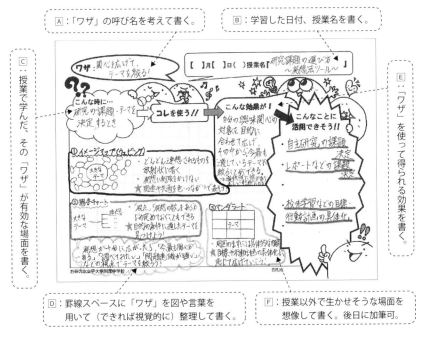

図3-3-1　ワザカードとその記入例（1年生）

（7）主に CD 基礎で用いる小テストの作成と使用

　CD 基礎の授業では、授業で学習した「ワザ」が身に付いているかどうかを、具体的な問題解決的な場面で用いることができるかどうかを小テストで評価することも有効です。ここでは、CD 基礎の授業「身のまわりのデータとグラフに要注意」の授業を例に挙げます。

表 3-3-6　小テストのルーブリック（観点「知識・技能」）

尺度と評価規準	具体的な生徒の姿
A：身のまわりに潜む誇張されたグラフなどから情報が誤って発信されていることを理解し、グラフの表現方法についての知識を、説明のために生きて働く状態で身に付けている。	小テストの1のアとイの両方について、誤解を招きやすい理由を正しく記述している。
B：身のまわりに潜む誇張されたグラフなどから情報が誤って発信されていることを理解し、グラフの表現方法についての知識を身に付けている。	小テストの1のアとイのどちらかについて、誤解を招きやすい理由を正しく記述している。
C：身のまわりに潜む誇張されたグラフなどから情報が誤って発信されていることを理解しておらず、グラフの表現方法についての知識を身に付けていない。	小テストの1のアとイの両方について、誤解を招きやすい理由を正しく記述していない。

① 授業の目標と小テストのルーブリック等

　目標は、小学校算数科の学習に培い、「身のまわりに潜む誇張されたグラフなどについて正しく評価することができる」と設定しました。

　ルーブリックは上の表 3-3-6 の通りです。評価資料については、観点「知識・技能」の評価に、授業の末尾に実施した小テストにおける選択式問題及び記述式問題への解答状況を用いました。効果的・効率的な学習評価を意図して、ルーブリックの尺度は、観点ごとに「十分満足できる」状況（A）、「おおむね満足できる」状況（B）、「努力を要する」状況（C）の3段階としました。

② 評価の実際とその生かし方

　図 3-3-2 の解答をした生徒は、小テストの1のアについては「幅を合わせるというルールを守っていない」、イについては「はじまりが 164 である」と、その両方について誇張されたグラフが誤解を招きやすい理由を正しく記述しています。このことから、「十分満足できる」状況（A）と判定できる。教師が赤ペンで丸付けをしたり助言を加筆したりして、生徒の日常生活、社会生活に生かせるようにしました。

　実践をしてみて、観点「知識・技能」の評価を、小テストという効率的な方法で効果的に

できたことが成果として挙げられます。

（8）年間単位の自己評価用紙の作成と使用

　表3-3-5の汎用ルーブリックに基づいて、図3-3-3の用紙をA4判に印刷し、1年間の学習を振り返ってS、A、Bで自己評価し、その理由を記述させました。作成に当たっては、目標について記載しておき、ルーブリックとの整合が見えやすいようにしています。各領域で関

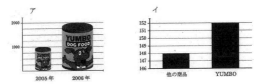

今日の授業で大切な見方は身に付いたかどうか、確かめましょう。

1　次のアのグラフは、ドッグフード「YUMBO」が2005年と2006年でどれだけ売れたかを表しています。また、イのグラフは、「YUMBO」とその他の商品のうち、どちらがより好まれたかを表しています。

（1）上のア、イのうち、正しい棒グラフに比べて誤解を招きやすいグラフをすべて選び、記号で答えなさい。　｜ ア、イ ｜

（2）上記（1）でそう選んだ理由を説明しなさい。
> アは、棒グラフのルールである幅を合わせるということを守っていない。だから正しくないのに大きく表現されている。イは、一見他の商品より2倍くらい多く売れた（効力がある等）ように見える。しかし、はじまりが146であるため正しい棒グラフとは言えない。

図3-3-2　観点「知識・理解」の評価資料

連する主な授業とその授業者を用紙に記載しておくとともに、記述する際にはCD科の学習記録ファイルを開いて振り返るように伝え、それまでの学びを思い出しやすいようにしました。実際に生徒に記入させてみると、生徒各自が自身の活動を振り返ることでその成果と課題を意識することができていました。また、保護者にも示すことで、CD科の趣旨を改めて理解を深めてもらう機会となるとともに、生徒の学んだことや状況について知る機会となりました。その一方で、高すぎる評価を付ける生徒や低すぎる評価を付ける生徒もおり、各基準を満たしたイメージを生徒間で共有しておくことや、生徒による自己評価のみならず教師による評価も加えていき、その精度を高めていく必要があります。

（9）単元単位の自己評価用紙の作成と使用

　図3-3-3の自己評価用紙は年間単位の結果に対するものであり、生徒の評価の妥当性には課題が生じてしまいがちです。そこで、生徒の学習活動の過程を含めて生徒一人一人が自己評価を行い、次の学習や生活に活かしていくことをねらいとして、単元などの内容のまとまりごとで区切った自己評価用紙を作成しました。ここでは、学校行事の生徒祭（9月実施）でのグループ企画に向けた準備活動において、CD科の単元「生徒祭をより良くしよう」の授業（第3学年）を例に挙げます。

　自己評価は、自分の学習の過程や思考の流れを意識的に明確にし、次の目標や課題につなげていく役割が大きくなります。単元単位の評価の場合、領域や観点を限定することで教師の指導と評価の要点がより明確になります。その結果、生徒はどのような点に重点を置いて学習を進めていけばよいかを捉えやすくなります。本単元は、「A 論理・発想」領域に焦点

を当てています。本単元の流れは次のア～オです。

> ア．グループごとに目標達成までの手順とおよそのスケジュールを計画する。
>
> イ．生徒自身が自らの行動を俯瞰的にとらえるとともに、問題や課題の所在に気付く。
>
> ウ．複数グループで企画内容やそれまでの活動計画を発表し合い、相互に評価し合う。
>
> エ．ア～ウを基に自分たちのグループが抱える問題の所在に気付き、グループ内で共有を図る。
>
> オ．見いだした問題の解決に向け、見通しをもち、必要に応じて計画を修正しながら活動する。

コミュニケーション・デザイン科　3年生の1年間の学びをふり返って

CD科の目標と内容

	3 年 組 番 氏名
CD科の目標	よりよい社会の実現に向けた課題発見・解決・探究のために、様々なツールを活用して思考・発想し、他者と対話・協働しながら、思いや考えなどを伝達・発信するための統合メディア表現を工夫して、効果的なコミュニケーションを創出する能力と態度を育てる。

各領域の目標	【論理・発想】 社会の課題の協働的解決において、論理的に思考したり、豊かに発想したり、課題解決のプロセスを俯瞰的に捉えることの価値を理解するとともに、その能力と態度を伸ばす。	【対話・協働】 社会の課題の協働的解決において、自他を生かし、共感的に対話を工夫し、円滑に討議を進めることの価値を理解するとともに、その能力と態度を伸ばす。	【伝達・発信】 社会の課題の協働的解決において、伝達・発信する内容の構成を工夫し、方法を吟味して、視覚化などの表現手段を活用する価値を理解するとともに、その能力と態度を伸ばす。
主な授業	□あなたの行動を決めるのは何？（寺本） □評価軸×評価＝意思決定（前川） □結果に応じた判断・修正（震災復興） □KJ法→課題の取り出し・焦点化（コツブック）　他	□企画立案（震災復興） □対外交渉（震災復興） □進行確認表（コツブック） □プロジェクトGでの話し合い　他	□ポスター（震災復興） □成果発表プレゼン（震災復興） □企画発表プレゼン（コツブック） □コツブック編集（コツブック）　他

各領域の自己評価　（Bを基準に、各領域の【SAB】のどれか当てはまるところに〇をつける。Bに満たない場合は △）

	論理・発想		対話・協働	伝達・発信
S ここまで目指そう	【創造的思考】 さらに…… 従来の着想では難しい課題に対しても、自分の着想を生かして課題を解決している。【S】	【論理的思考】 さらに…… その根拠が説得力のある妥当なものとなっている。【S】	さらに…… 自他の意見を積極的に組み合わせたり補い合ったりして、対話によって集団の考えを発展させている。【S】	さらに…… 相手に伝えたいことを的確に伝えている。【S】
A 優秀	さらに…… 自分の着想によって課題解決につなげている。【A】	さらに…… 様々な方法から検討している。【A】	さらに…… 他の意見と関連させた自分の意見を述べ、対話をよりよいものとしている。【A】	さらに…… 視覚化などの表現手段を工夫している。【A】
B 合格	課題に対し新しい着想を提示することができる。【B】	情報から、与えられた方法を用いて論理的に考え、根拠に基づいて論証を得ることができる。【B】	話合いの目的を意識し、自分と異なる意見も尊重して対話に参加している。【B】	伝えたいことを意識して、視覚化などの表現手段を用いて、発信している。【B】
自己評価の理由 （がんばったこと・もっとがんばりたいことなど）	課題に対して、しっかり自分の意見を持ち、よく考え、課題解決につながるよう努力したから。	たくさんの資料、または持ち寄ったホームページを見て、たくさんある情報より説得力のあるものを選べたと思うから。他人を説得させるにはもう少し努力する必要があった。	自分の意見を、より説得力のあるものにした上で、友達としっかり話し合い、情報を共有し、自分の意見をより良いものに。また、集団の考えをしっかり、まとめることができた。	自分達で表現手段を工夫したつもりだったが、相手に伝わったかがよく分からない。

図3-3-3　年間単位の自己評価用紙

　単元のねらいをもとに、表3-3-4の「A 論理・発想」の枠の記述を参考にして、自己評価用紙を作成しました。（図3-3-4）書式は生徒たちも活用したことのある年間単位の自己評価用紙（図3-3-3）と揃えるようにしています。生徒が読んで判定するための文章は、生徒たちが自分たちの活動と関連付けて自己評価を行うことができるよう、できるだけ具体的で理解しやすい表現にするようにしています。

コミュニケーション・デザイン科　単元「生徒祭をより良くしよう」【論理・発想】の学びのふり返り

3年　　組　　番 氏名＿＿＿＿＿＿＿＿

CD科「生徒祭をより良くしよう」の目標と内容

目標 【論理・発想】	生徒祭のグループの企画の実施に向けて、企画の練り直し、目標の設定、目標達成までの手順とおよそのスケジュールや役割分担などを共有し、調整、改善を行うことで、各自が役割を認識し、見通しを持って生徒祭に向けた活動に取り組む態度を育てる。
主な授業	1.　企画内容をメンバー全員で把握し、目標を確認する。より良い装飾について計画しよう。（6月28日） 2.　作業計画と役割分担、行程表を作成する（ガントチャート）。（7月4日） 3.　自分たちの計画（装飾計画、作業計画、役割分担、工程）を発表し合い、相互評価することで、計画の問題点や課題に気づき、改善に結び付けよう。（7月4日研究授業） 4.　中間評価（9月6日） 5.　準備を進めよう（9月13日） 6.　生徒祭での活動を振り返ろう（9月20日）

各観点の自己評価　（Bを基準に、各観点で【A，B】のどちらか当てはまるところに〇をつける。Bに満たない場合は　△）

	CD についての知識・技能	CD についての思考・判断・表現	CD への態度
A ここまで 目指そう ↑ B 優秀	さらに…… 従来の着想では難しい課題に対しても、自分の着想を生かして課題を解決している。　【A】	さらに…… 自他の意見を積極的に組み合わせたり補い合ったりして、対話によって集団の考えを発展させている。　【A】	さらに…… 相手に伝えたいことを的確に伝えている。　【A】
	①　自分たちのグループの企画や目標達成に向けた作業計画、役割分担について、ツール等を用いて見通しを立てるための知識や技能を身に付けている。 ②　企画全体を客観的に捉えることで、課題の所在に気づき、目標達成に向けて新しい着想を提示しながら課題解決に取り組み、活動を行うための知識や技能を身に付けている。【B】	①　自分たちのグループの企画や目標達成に向けた作業計画、役割分担について、ツール等を用いて見通しを立てる工夫を実践している。 ②　企画全体を客観的に捉えることで、課題の所在に気づき、目標達成に向けて新しい着想を提示しながら課題解決に取り組み、活動を行う工夫を実践している。【B】	自分たちのグループの企画や目標達成に向けた作業計画、役割分担について、ツール等を用いて見通しを立てる工夫を実践しようとしている。 企画全体を客観的に捉えることで、課題の所在に気づき、目標達成に向けて新しい着想を提示しながら課題解決に取り組み、活動を行う工夫を実践しようとしている。【B】
自己評価の理由 （がんばったこと・もっとがんばりたいことなど）	計画的に自主Gの制作や準備を進めるために、グループ内の計画をはじめに立てた。	おばけやしをするにあたって謎の内容やトンネルの設置案などのアイデア出しを色々な話を聞きながら決めていくことができた。	多くのお客様が楽しめるようにし、また、当日シフトの時間に他の人が決まってないとき、積極的に自分から足りてないところに入ることができた。

図3-3-4　単元「生徒祭をより良くしよう」の自己評価用紙の例

コミュニケーションデザイン科　単元「PR 動画作り」の学習を振り返って

2年　　組　　番 氏名＿＿＿＿＿＿＿＿

単元の目標と主な学習内容

目標：目的に合わせた効果的な動画表現を習得し、目的に応じて表現を調整・改善・評価することができる。	内容：CM 視聴・評価、生活班 PR 動画の構想と制作、専門家（今村様）による講評・作品鑑賞、林間学校 PR 動画の構想と制作、上映会・相互評価

自分の取組の概要

生活班 PR 動画	5 班「変人の集団」	班で担当したこと：出演・編集（少し）
林間学校 PR 動画	3 班「スタンツドキュメンタリー」	班で担当したこと：曲選・撮影・編集（少し）

自己評価（【B】を基準にして【A】【S】を加えながら読み、【S A B】のどれかあてはまるものに〇印を、【B】に満たない場合には【B】に△印をつけましょう。）

	コミュニケーション・デザインについての知識・技能	コミュニケーション・デザインについての思考・判断・表現	コミュニケーション・デザインへの態度
S ここまで目指そう A 優秀 B 合格	さらに、動画全体の重要性を理解している。【S】 さらに、動画で伝えたいことや視聴者の受け取り方の重要性を理解している。【A】 動画表現において、画像や映像、BGM、テンポ等の重要性を理解している。【B】	さらに、動画全体の流れを意識できた。【S】 さらに、動画で伝えたいことや視聴者の受け取り方を意識できた。【A】 PR 目的に沿った効果的な動画表現について考えながら撮影・編集に参加できた。【B】	さらに、動画全体の流れを意識しようとした。【S】 さらに、動画で伝えたいことや視聴者の受け取り方を意識しようとした。【A】 PR 目的に沿った効果的な動画表現について考えながら撮影・編集に参加しようとした。【B】
自己評価の理由 （頑張ったこと、もっと頑張りたいこと）	動画の流れの重要性を理解して、画像やBGMなどを工夫することが出来たから。	視聴者に伝えたいことがよく伝わるか（分かりやすいか）を意識して効果的な表現を考えることが出来たから。	他の班の作った動画を見て雰囲気が同じようになるようにしたり、曲を選んだり、意欲的に取り組めたが生活班

他者評価

活動班のメンバー：	さん

活動班のメンバー：動画全体の流れについては、最終的には PR 動画では全体の班を通しては流れを意識できたものの、言われるまで意識することが意識できなかったから。

活躍したメンバー（理由）	班の動画のストーリーを考えて写真を選んでくれたので助かった。動画作りへのこだわりが強く

組んでいて所（写真の字体やアニメーション）等々にまで気を遣って、班員にアドバイスしたり編集したりしてくれた。

感想

CD科の動画作りという活動を通して表現する方法やPCの使い方について学ぶことが出来ました。動画（PR）作りは「〇〇を伝えたい！」といった具体的な目標があるのでそれを伝えつつ、全体の流れを意識してストーリー性のある分かりやすく面白いものにする必要があり、大変でしたがみんなでそれを評価しあったり、改善することで、動画がより良いものになっていくのか楽しかったです。

先生からの所見と観点別評価

		知技	思判表	態度
林間ではストーリー性のある編集計画に沿って、BGMの選定や編集方法の改善に取り組み、感動的な動画完成に貢献しました。		S	A	S

図3-3-5　他者評価、教師評価を加えた単元「PR 動画作り」の評価用紙の例

自己評価の意義は、不十分な点に自ら気付き、次に目指すべき段階や起こすべき行動を学習者自身が把握し、次のステップにつなげるところにあります。通常は単元の最後などに実施しますが、学習効果を一層高めるために、単元の途中と最後に一回ずつ自己評価を行うこととします。これら二つの記述を比較してみると、学習での意識点などについての把握が促されていることがわかります。例えば、同じ班のメンバー内での情報共有や話し合い、見通しをもった計画立案、状況に応じた役割分担など、協働的な課題解決を行う上で欠かすことのできない事項がより明確に意識化されているように見られます。自己評価の過程で相互評価を加味して自己評価することや、より具体的な基準を作成すること等の工夫が必要です。これらを踏まえ、他学年では自己評価に他者評価や教師評価の記入欄を加えて試用しました（図 3-3-5）。

（桐山瞭子・藤原大樹）

引用・参考文献

Sue Fostaty Young、Robert J.Wilson 原著、土持ゲーリー法一 監訳、小野恵子 訳（2013）『「主体的学び」につなげる評価と学習方法──カナダで実践される ICE モデル』東信堂

教科等横断的な視点に立った資質・能力の育成と教科・授業づくりの視点から見たCD科

東北大学大学院情報科学研究科教授　堀田龍也

　お茶の水女子大学附属中学校は、これからの時代に必要となる資質・能力を見据え、「コミュニケーション・デザイン科（CD科）」の教科開発・授業づくりの実践研究を進めてきた。CD科で育成される資質・能力は、今後の不確かな社会を生き抜くために必要な探究的かつ協働的な課題解決の力を支えるものであるばかりでなく、学校教育を受けている最中においてはCD科で身につけた能力が各教科等の学習の基盤として機能することが想定されている。

　本項では、今後の高度情報社会にフォーカスし、CD科で学びとるこれらの資質・能力を「情報活用能力」の観点から整理し、CD科の今日的な意義や、他校が学ぶべき点について検討する。

（1）学習の基盤となる資質・能力である「情報活用能力」のとらえ方

　読者の周囲には、ICTを使いこなす「仕事ができる人」がいることだろう。その人は、状況に応じてスマートフォンやパソコンなどからインターネットにアクセスし、必要な情報入手の経路を判断してあらゆる情報をいち早く得ているだろう。得られたそれらの情報をしかるべき人にいち早く伝えたり、必要に応じて情報を整理したり、わかりやすく提示したり、あるいは再利用したりしているだろう。ネット上のどのサイトに書かれていることが適切か、誰から情報を得ると良いかなど、人脈も含めた多様なリソースへのアクセスの信頼性についての判断力も持ち合わせていることだろう。このような人が持っている、「必要に応じてICTを適切に活用し、情報を適切に処理する能力」が、まさに情報活用能力のイメージである。

　このような人を「仕事ができる人」と書いたが、この人の持つ情報活用能力は日常生活でも発揮されているだろう。また、この人が仮に別の仕事に就いたとしても、新しい仕事の場で情報活用能力を発揮して、またその道で「仕事のできる人」になっていくに違いない。このことはすなわち、この人の生活や仕事を支える「基盤」として情報活用能力が機能していると考えることができるということである。

情報活用能力という用語は、1986 年 4 月の臨時教育審議会第二次答申から用いられてきた行政用語である。この言葉が用いられるようになってから 30 年あまりが経過しており、この間の社会の情報化は急速であり、世の中は大きく変化した。1986 年当時は、今で言うパソコンがようやく個人の所有物になり始めた時期である。家庭にインターネットが普及し始めるのはそれからさらに 10 年以上経過してからとなる。2000 年以降には、検索エンジンの発達、そしてスマートフォンの普及により、私たちはいつでも必要な情報を入手可能となった。ややもすると、適切な情報が何かを見失ってしまうほど大量の情報に流されそうな日々を送っている。

　このような社会の変化により、情報活用能力はかつてよりさらに重要なキーワードとして教育政策に位置付くことになった。その結果、このたびの学習指導要領改訂においては、2020 年から全面実施される新学習指導要領の総則の第 1 章第 2 の 2 の (1) に、「学習の基盤となる資質・能力」としての情報活用能力について、以下のように記述されている（以下は小学校総則。中学校・高等学校の総則では「児童」が「生徒」と置き換えられている）。

> (1)　各学校においては、児童（生徒）の発達の段階を考慮し、言語能力、情報活用能力（情報モラルを含む。）、問題発見・解決能力等の学習の基盤となる資質・能力を育成していくことができるよう、各教科等の特質を生かし、教科等横断的な視点から教育課程の編成を図るものとする。

　各教科等で育成する資質・能力に対して、各教科等の枠を越えて基盤として支える資質・能力があるということが書かれている。各教科等に留まらない横断的な能力であると同時に、「基盤」という言葉が示すように各教科等の学習においてベースとなって機能する資質・能力の一つとして情報活用能力が位置づけられている。

　加えて、小学校学習指導要領の総則の第 1 章第 3 の 1 の (3) には、「児童がコンピュータで文字を入力するなどの学習の基盤として必要となる情報手段の基本的な操作を習得するための学習活動」を計画的に行うことが記載された。ICT を活用する学習活動は、今後の ICT 環境整備によって小学校段階から日常的に行われるようになることから、ICT の基本的な操作スキルの習得が小学校において強く求められることになった。同様の記述は中学校には存在しない一方、中学校の各教科等の記述には、たとえば数学では領域「データの活用」における生徒による ICT 活用の学習場面が例示されていたり、理科では「観察、実験の過程での情報の検索、実験、データの処理、実験の計測などにおいて、コンピュータや情報通信ネットワークなどを積極的かつ適切に活用するようにすること」といった記載がみられるなど、ICT 活用を前提とした記述が散見される。

これらのことから、小学校段階でICTの基本的な操作スキルの習得は一定程度の達成が期待されていることがわかる。学習指導要領解説の総則編によれば、「学習活動を円滑に進めるために必要な程度の速さでのキーボードなどによる文字の入力」がまず挙げられているように、単にキーボード入力などのICTの操作ができるということではなく、学習活動がそれによって滞らない程度のスキル習得が期待値となっていることが理解できる。

　情報活用能力の範囲の一つは、上記で示したICTの基本的な操作スキルであるが、情報活用能力は情報そのものの扱い方のスキルも含んだ概念である。情報そのものの扱い方のスキルとは、本項の冒頭に述べた「仕事ができる人」のたとえでいえば、必要な情報入手の経路を判断したり、得られた情報を必要に応じて整理したり、わかりやすく提示したり、あるいは再利用したりするスキルや、人脈も含めた多様なリソースへのアクセスの信頼性についての判断力などにあたる。

　情報そのものの扱い方のスキルは、たとえば調べ方やノートのとり方、発表資料の作り方や、そのためにどうやって情報を整理するか、どうやって情報を比較するかなどの学び方のスキルの一種である。ICTの基本的な操作スキルで得られたさまざまな情報を判断して活用するスキルと考えるとよいだろう。

　そして本校が取り組んだCD科で育成する資質・能力は、ここでいう情報そのものの扱い方のスキルを、さらに未来型にしたものと特長づけられる。

(2) 学習の基盤となる資質・能力の観点から見たCD科の特長

　CD科は、「協働的な課題解決を支える思考・判断・表現の力を高める教育課程の開発」という文部科学省研究開発学校としての取り組みの中で新教科として検討されたものである。CD科の教科としてのイメージは、「協働的課題解決の場面で、図解化などさまざまなツールを活用して自分の考えをまとめたり話し合ったり、統合メディア表現（言葉と図解、映像と言葉、言葉と映像と音楽、など）によって効果的に伝達・発信したりするための考え方や表現方法を学ばせる新教科」とされており、A論理・発想、B対話・協働、C伝達・発信 の3領域で内容を編成している。

　カリキュラムとしては、主としてワークショップ型学習による基礎習得の指導を行うCD基礎と、主としてプロジェクト型学習による活用および実践指導を行うCD活用に段階付けられている。第1学年では基礎的なスキルを学ぶCD基礎を多く実践し、学年が上がるごとにCD活用の割合を多くするようにしている。それぞれの教育内容は年次進行で見直され、指導方法とともに省察され、指導体制も含めたカリキュラムのマイナーチェンジを繰り返している。指導事項間の系統性を意識して整理した結果として研究開発学校の公開研究会で公表されたカリキュラムを「モデルカリキュラム」と称していることからもわかるように、こ

れらはあくまでモデルであり、実際は眼前の生徒の状況に丁寧に合わせながら指導していくのである。

　このような考え方で開発されたCD科は、学習指導要領がリニューアルする直前の時期の研究開発として極めて影響力のあるものである。CD科の特長を、本項でこれまで述べてきた学習の基盤となる情報活用能力と対応づけて考えると、以下のように整理できる。

1) グローバル社会を迎え、多様性への認識や対応が求められるようになっていくこれからの時代では、さまざまな発想を知るだけでなく、自分の発想を広げたり、友達の考え方を組み込んだり、それらを整理して考えたり、相手の立場を踏まえて論理的に説明するといったスキルが必要となることから、グローバル社会における情報そのものの扱い方のスキルとみなすことができること

2) それぞれの立場や考え、折り合いなどを考えて協働的に納得解を得ていくことが必要となるこれからの時代では、まずは各自の意見や考えを表現し、可視化することが必要となる。この場合の可視化の手法として、図解をはじめとする表現方法を知っていること、これらの方法を使ってお互いの考えを効率的に共有し、適切な判断に導くことができるような、立場の多様性が前提となる時代における情報そのものの扱い方のスキルとみなすことができること

3) CD科で学ぶこれらのスキル群について、個別独自なスキル（たとえばKJ法やマインドマップなど）にはどのようなものがあり、それらはどのような方法で意識させることができ、どのような順序で習得することが適切かという集中的なカリキュラムであるCD基礎と、CD基礎で身につけたさまざまなスキルを大きな問題発見・解決過程の中で用いながら協働的な学習として進めていくCD活用、さらには各個人の興味・関心に基づいて設定した課題を追究する「自主研究」へのスキルの発展的な活用というカリキュラム的な整理がされたこと

4) CD科における汎用的で広範なスキルやコミュニケーション能力を自覚的に学ぶことによって、学習者自身が各教科等における教科等固有の見方・考え方を明確に意識しやすくなること

5) 理想的な教育内容を掲げ、教育方法を工夫し共有しつつも、現実の授業時数や指導体制、指導した結果としての生徒の実態を冷静に捉え直してカリキュラムの不断の見直しを行うというカリキュラム・マネジメントの良い見本となっていること

（3）CD科からの学びを各校の教育課程編成につなげる

　文部科学省は、2013年に小学校第5学年児童（116校3,343人）と中学校第2学年生徒（104校3,338人）に、2015年に高等学校第2学年の生徒（135学科4,552人）に対して「情報活用能力調査」を実施した。この調査はCBT（コンピュータ使用型テスト：Computer Based Testing）として実施された。

　情報活用能力調査の結果は文部科学省のWebサイトに譲るが、この段階で我が国の児童生徒は、整理された情報を読み取ることには比較的長けているが、複数の情報を関連付けるなど「情報の組合せ」による判断が十分でないことが課題となったことや、情報の発信・伝達の際に他者の権利（肖像権や著作権）を踏まえて適切に対処することに課題があることが報道された。

　これらはまさに、CD科で育成しようとしている資質・能力である。CD科が求める資質・能力は、まさに我が国の児童生徒に必要とされているものである。

　新学習指導要領では、これまで以上に情報活用能力が重視され、情報活用能力が各教科等の学習の基盤として位置づけられている。したがって、情報活用能力の育成の未来型であるCD科の教育内容やカリキュラムは、各校で大いに役立て得るものである。その際、特にCD基礎で学ぶスキル群を、各校においてどのような指導時間で、どのような指導体制で指導するかについては、各学校のカリキュラムの中で検討する必要がある。実際、CD基礎のスキル群をすべて教える時数は確保できないことも想定され、その場合には各校で確保できる時数を前提に教育内容を選択することになる。また、生徒があるスキル群を身につけたら、そのスキルを発揮させるCD活用にあたる学習場面をどこで用意するかを検討することになる。

　そのうえで、指導した結果としての児童生徒の実態を踏まえたカリキュラム・マネジメントを数年かけて行うことが求められる。

教科等横断的な視点に立った資質・能力の育成と学習評価

東京大学大学院教育学研究科教授　藤江康彦

1．授業の観察を通して

　筆者は、大学院生とともに CD 科の授業を観察する機会をいただいた。私たちは、とりわけ ［CD 活用］ の活動における子どもたちの姿を徹底して観察した。それは 「CD 科の授業が、子どもにとってどのような経験になっているのかをとらえる」 ためである。とりわけ協働的課題解決である ［CD 活用］ は授業の構造が緩やかであり、班や子どもによって活動の目標や内容が異なることが予想されたことに加え、我々の目的が、カリキュラム評価としての学習評価のありかたを模索するためであった。観察の結果、様々な問いが生まれたがそれらを整理して、CD 科をとらえるための以下のような視点が生まれた。

・［CD 基礎］ と ［CD 活用］ との関係　　　・コミュニケーションへの意識

・協働学習のありかた　　　　　　　　　　・教師の関わりかた

・「振り返りシート」 の機能　　　　　　　・教師間の協働

・子どもによるカリキュラムや授業の目標の意識

図 3-5-1　観察から生まれた視点

　とりわけ、我々が着目したのは次の 2 点であった。第一に、協働的課題解決の難しさである。たとえば、「課題の真正性」 と 「全員参加」 との間のバランスをどのようにとればよいのだろうか。［CD 活用］ における課題は、生活や社会において子どもたちが実際に直面した出来事のなかから見いだされている。そのため、課題は固有の文脈で生じたものであったり、解決に必要となる知識や道具立てが特定の領域に限定されうる。そのためか、課題解決の活動においては、その内容に関心の高い子どもやその領域の課題解決に必要な知識や技能に精通している子どもが中心的な役割を担うこととなり、作業分担や発話頻度などに偏りが出ている様子もしばしばみられた。おそらくその傾向は課題内容が専門的になればなるほど

強くなり、次第に課題への関与の度合いの個人差として子どもたち相互に可視化されるようになる。また、課題によって解決に必要となる活動の量や質は異なる。量的には少ない活動で済む課題に対して多くの人数が集まって構成されたグループでは特定の少人数だけが活動をしてそれ以外の多くのメンバーが時間を持て余している姿も目撃した。

このような観察結果に基づいて我々が考えたことは、次の3点である。一つには、［CD基礎］と［CD活用］との関係が、子どもたちにどのようにとらえられているのかである。両者の関係は、第1章において詳細に説明されるが、それを子どもの側も理解していただろうか。カリキュラムの構造を子どもと教師が共有することが子どもに何らかの資質・能力を育むカリキュラム開発においては重要であろう。

二つには、子どもたちのCD科への意識はどのようであるのかである。たとえば、CD科の目標を子どもと教師とが共有できているだろうか。CD科の授業には複数の目標が存在する。CD科としての目標、プロジェクトの目標、協働学習の目標などである。子どもたちは直接的にはプロジェクトやそのための協働学習に従事している。課題が真正であればあるほどプロジェクトの目標を達成することへの子どもたちの切実感が強くなり、課題解決を遂行することがより自覚的になされる一方でCD科としての目標は背後に退いてしまうだろう。

三つには、「振り返りシート」が機能しているのかである。我々が観察した時間はいずれも振り返りにかけられる時間が極めて短かった。プロジェクト型の活動を教科と同じ時間の枠で行うことにはそもそも無理がある。活動の目標と時間割の時間内に活動を終えるという学校教育の目標との葛藤はこういった点にも表れる。しかし、先に述べたように子どもたち自身がCD科の目標を意識できるような振り返り項目を設定することでCD科としての省察をうながすことができるようになるであろう。

このように、我々は子どもたちの活動を観察することを通してCD科についての問いをもち、その問いを探究することを通して課題を見いだして改善点を提起したり、CD科のいわばカリキュラム評価を行った。カリキュラム評価に際して我々が重視したのは、CD科における子どもの経験を質的にとらえることであった。本研究はカリキュラム開発を目的としており、大まかな仮説はあるものの、仮説−検証パラダイムによって取り組みの評価をするものではないし、特定の変数を操作してその効果を測定するものでもない。取り組み自体が探索的、羅生門的に行われている以上、評価もそれに合わせたものになるべきである。私たちはそのように考え、子どものカリキュラム経験をとらえることを学習評価とし、さらにはカリキュラム評価につなげることを試みた。例えば、［CD基礎］で獲得したスキルが［CD活用］でどのように発揮されていたかをとらえることが［CD活用］における学習評価であると同時に［CD基礎］におけるカリキュラム評価である。［CD基礎］で身に付けたもののうちどのようなものは発揮されやすくどのようなものは発揮されにくいのかを明らかにしよう

としても、［CD活用］における活動の内容が［CD基礎］とは直接的には関連がないことからわかりづらい。［CD活用］における子どもの学習を観察し［CD基礎］で扱った内容がどのような状況においてどのように表れるかを丁寧にみとっていくことを通して明らかにしていくしかない。もちろん、子どもによる自己評価も有効であるが、具体的なスキルのレベルではなく資質・能力レベルのものは意識されづらいので教師や観察者が見出していくしかない。

　そのようなことを丁寧に繰り返していくことを通して子どもの学習を評価するためのルーブリックを作成することも可能であろう。観察記録の蓄積から「典型的な授業」や「とっておきの授業」あるいは「特定のグループや活動」あるいは「多様なグループや活動」を事例として抽出し、記録をもとにどのような子どもの姿を価値づけたいのかを議論する。教師が予期せぬ子どもの価値ある姿もあるので、先入観や仮説は一度棚上げにしておくとよい。その議論から観点を創りだしてそれを授業における子どもの学習をとらえる枠組みとしていけばよいのである。

2. 教科等横断的な資質・能力を育成する授業の学習評価で大切なこと

　CD科における学習評価の目的は二つである。一つには、文字通り子どもの学習の様相をとらえることである。本取り組みは協働的課題解決に資する力のうち、効果的なコミュニケーションを創出する能力と態度を子どもに育むことが企図されている。そのような能力や態度がどのような状況においてどのように育まれうるのかをとらえ、教師は新たな学習環境や学習課題をデザイン、再デザインするのである。二つには、本取り組み自体の成果をとらえることである。本取り組みはカリキュラム開発である。カリキュラム開発の評価は直接的な成果である子どもの学習評価に加えて、教師にどのような力がついたか、教師にとってどのような学習の契機であったか、さらには保護者や関係するあらゆる人々にとってこのカリキュラムがどのような意味があったのかについて明らかにする必要がある。さらに「資質・能力を育成する」というカリキュラムの目的もカリキュラム評価を検討するにあたっては必要な視点となる。

① 形成的評価としての学習評価

　形成的評価としての学習評価は、先に述べたように観察を通して行うことになるだろう。指導と評価の一体化を考えると、学習支援のための手がかりとしての子どものニーズを探る必要がある。不足しているという意識がなくニーズとして表れにくいものも多々ある。だからこそ、行為や発話として表出されていない子どもの意思や経験を文脈に即して理解するエ

スノグラフィックなアプローチが必要になる。［CD 基礎］においては、とりわけ教科の授業の中で、コミュニケーションに関する知識や技能を子どもが身に付けることが期待されているため、授業を観察する際に［CD 基礎］で身に付けさせたい知識や技能を踏まえた観点を設定して意識的にみとっていくことが必要であろう。その際に留意すべきことは、それらの知識や技能を「習得」することと「活用」されることのみならず、「習得」-「活用」の過程を通して「価値づける」ことがなされていたかどうかをとらえる必要があるということである。なぜなら、［CD 基礎］で身に付けた知識や技能が［CD 活用］で用いられるためにはその知識や技能が自らの課題解決をより質の高いものにするという認識が必要だからである。

　［CD 活用］においては、課題を解決する活動を通して、子どものコミュニケーションへの敏感さや自分たちのコミュニケーションを対象化してその意味を自覚する意識が涵養されなくてはならない。しかし、先に述べたように、課題解決型の学習であるため目標は多様に設定されうる。子どもたち自身が自らの活動を省察することを促すような自己評価や相互評価、後述するようなゴールフリー評価の手法等も取り入れながら子どもの行為や発話、制作物などを対象としてとらえていく必要があるだろう。

② カリキュラム評価としての学習評価

　本取り組みのように資質・能力を育むカリキュラムにおけるカリキュラム評価としては、「ゴールフリー評価」が適している。「ゴールフリー評価」とは、アメリカの評価研究者マイケル・スクライヴン（Michael Scriven）によって提唱された、評価において「目標にとらわれないことで、評価者のさまざまなバイアスを軽減し、対象をありのままに評価しようという考え方」（藤田, 2008: 137）である。カリキュラム開発において羅生門的アプローチをとる際の評価のありかたとしても理解されている。多くの場合、カリキュラム評価は当初の目標をどのくらい達成したかどうかをみる目標ベースの評価として行われる。しかし、目標ベースの評価は「評価者が避けて通れないはずの価値判断を目標達成確認手続きとすりかえ、目標そのものの妥当性を十分には吟味せず、しかも目標外の結果を見過ごす可能性がある」（藤田, 2008: 144）という問題を有する。それに対して、ゴールフリー評価は、「ニーズ」を基準とする評価である。ニーズとは「現実」と「満足できる状態」との差分である。満足とはカリキュラム開発でいえばカリキュラムを経験する子どもにとっての経験の質であるといってよい。目標とされた状態がどの程度達成されたかということよりも、このカリキュラムに参画した子どもがどのような経験をしたかということを問うことは、資質・能力を育成するという観点からも次のような点で妥当である。一つには、子どもに育みたい資質・能力は、決して短期間で育まれるわけではない。むしろ、その後の人生における様々な課題

解決において用いられるかどうかで明らかになることである。しかし、そのような状態は、子どもがCD科における学習経験を意味あるものとして価値づけることができるかにかかっている。二つには、CD科においては［CD基礎］において自覚的に学ばれた特定の知識や技能が［CD活用］においては課題解決の文脈に埋め込まれたかたちで複合的に活用される。CD科における短期的な成果は、具体的な課題解決の文脈において、コミュニケーションのスキルや知識がどのように共有されたり発揮されたりするのかにあらわれる。以上の理由から、CD科における子どものカリキュラム経験をとらえていくことには意味があるといえる。

　また、ゴールフリー評価においては、「多元的視点の設定」がなされる（根津，1998：18）。具体的には教師でも子どもでもない単位となる活動からは独立した立場から評価に従事する「独立評価者」を置くのである。研究者や他校の教師、学年を単位とした実践においては他学年の教師でもよい。いわゆる「外部評価者」とは異なる。外部評価者は、教師から委嘱されて「目標について丁寧な説明を受け、実践者の視点をなぞる」（根津，1998：18）といったように、実践者の視点をもつことになる点で独立した評価者とはいえない。先に書いたような「目標を知らない」という状態は現実的ではないが、「とらわれない」状態はつくることができる。また、当初の目標で想定された結果とは異なる結果をとらえることもできるし目標自体の吟味をすることもできるのである。その意味では独立評価者による形成的評価の蓄積として総括的評価が行われると考えてもよいだろう。

　さらに、ゴールフリー評価においては「事実認定」が重視される（根津，1998：19）。事実認定は下記の三つの特徴を持っている（根津，1998：19）。一つには、「人間による解釈や判断の重視」である。得られたデータをそのまま評価対象とするのではなくそこに独立評価者の解釈を加えて評価とするのである。二つには、「形式への着目」である。形式とは「人々がカリキュラムをどのようにみなし扱うか」（根津，1998：20）ということである。カリキュラム参加における振る舞いに着目することで明らかになるだろう。三つには、「結果志向」である。結果とは「実践がもたらす実際の影響」（根津，1998：20）である。実施過程はもちろんであるが実施後も含んだ時間の幅で考えられている。結果をありのままにとらえることは評価者が目標から独立しているからこそ可能になる。実践の結果としての子どもの学習を、実践の様式やカリキュラムの構造、ひと・もの・ことの配置とそれへの子どものアクセス可能性に基づいて解釈していくのである。

　そのように考えると、私たちが観察に基づいて子どもの学習の過程をとらえたという行為は、まさにゴールフリー評価であったといってよい。すなわち、我々は独立した評価者であり、目標については知っていたがそれにとらわれず子どもの発話や行為に着目をすることを通して子どもがそこで何をしているのかを解釈し、そのことには子どもにとってどういった意味があるのかについて検討したのである。

3．CD 科の評価の取り組みに期待すること

　子どもたちが、協働的課題解決におけるコミュニケーションのありようを自覚することを促すために子ども自身による、自己評価や相互評価も取り入れるとよいだろう。

① 相互評価による自己の活動の対象化を通した省察

　とりわけ［CD 活用］において、子どもにはコミュニケーションを創出しつつ協働的課題解決をすすめていくことが求められている。自身が自らの課題解決活動を省察する際にどういったツールやスキルを用いたのかを意識することを促すことが直接的には難しい場合に、他の班がどのように活動を進めているのかを分析的にとらえることで、自らの活動を対象化できる可能性がある。観察からは次のような子どもの姿が見られた。たとえば、教師が授業の冒頭でいくつかの班の活動を紹介することを通して、自らの班の進捗状況や活動の意味が対象化される。イベントの企画をしている班で、活動中に、ネットを用いた広報を取り入れている他班の状況が持ち込まれ、「一緒に宣伝させてもらう」という活動の拡張をもたらす。また、おそらく子どもたちは多様な知識や技能を持ち合わせているのにもかかわらず、役割分担がうまくいかなかったり特定の子どもに仕事が集中することで、その班で活用可能な多様な知識や技能がうまく活用されない場面もみられた。そこで、班単位でペアを作り、班としての活動と各メンバーとしての活動への評価を記入する評価シートを用いて相互に評価を行うとよい。もちろん、適切に評価を行うことができるようになるまでにはある程度の経験が必要である。段階的に、最初は対象班の活動をとらえること、次に個人に着目して活動をとらえること、そして班と個人という二つの次元でとらえること、というように何回か練習をする必要がある。評価の進め方に習熟してきたら、班の中で相互に評価を行うことを考えてもよいだろう。

② 自己評価による自己の活動の対象化を通した省察

　子どもたちの活動の観察からは、子どもたちの一つの発話や行為が班としての活動を拡げたり逆に停滞させたりする様子が明らかになった。そのような状況を子どもたち自身が客観的に見つめる視点は、グループ全体としての活動や個々のメンバーの活動への動機などへ影響を及ぼす要因になる。このような視点は急に育まれるものではなく、意図的にそのような評価の機会を設け、継続的に反復的に経験を重ねることで育まれる。協働の過程を真に振り返ることには教育的意義があり、そのためのスキルを［CD 基礎］の授業において獲得させることは必要である。

　評価の観点として、第一に、授業のはじめに設定される計画に沿って協働が行われたかと

いう「計画性」、第二に、授業時間の中で、予定されていた活動を協働して遂行できたか、時間を有効に使うことができたかという「時間配分」、第三に、協働のためにはその時間で自分に分配された役割を全うすることができたかという「役割分担」、である。このような三つの観点から、［CD活用］の授業における「自己による班の協働に対する評価」は、設定された計画に基づき、グループのメンバー全員が各々の役割を果たし、その時間で予定されていた活動を協働して遂行できたかについて行われる。グループの他のメンバーの重要な発言や貢献をみとり記録として示しておくことで、教師による評価にも役立つものになるだろう。

参考文献
根津朋美（1998）「『ゴールフリー評価』（goal-free evaluation）の方法論的検討―カリキュラム評価の質的な客観性を確保する視点を中心に―」日本カリキュラム学会『カリキュラム研究』第7号、Pp.15-26。
藤田伸子（2008）「ゴールフリー評価の可能性」湊直信・藤田伸子（編著）『開発援助の評価とその課題』、国際開発高等教育機構、Pp.137-154。

第4章

教師が学校が変わった

本章では生徒や教師へのアンケート調査をもとに、CD 科に対する生徒た
ちの受けとめや、教師たちの変容の様子を示します。

生徒がそして教師が変わった！

　CD科の開発は、生徒たちへの教育効果はもちろん、本校教員にもさまざまな良い変化をもたらしました。CD科で学習した卒業生を含む生徒、保護者、進学先の高校の教員、そして指導した教員の4者に質問紙調査を行った結果、そうした効果が、私たちの実感としてだけではなく、データとして裏付けられたのです。本章ではその一部を紹介し、CD科の開発と実施による効果についてみていきます。

1. 生徒たちへの効果と教師の変容

（1）生徒への効果

① 卒業生が変わった

　学習の効果は、中学校を卒業して高校生活がスタートし、生活・学習環境が変化した中でも実感・発揮されると考え、「CD科」の学習経験を高校生活（特に仲間と協働して何か課題解決をしていく場面）でどのように活用しているか、卒業生に質問紙調査をしてみました。

　対象生徒：平成27年度卒業生の117名、平成28年度卒業生の121名、合計238名で、平成27年度卒業生からは55名、平成28年度卒業生からは73名、計128名の回答が得られました。

　平成27年度卒業生は、CD科の試行1年目に3年生だった学年です。CD基礎の学習内容は試行的・単発的で、CD活用の学習は、選択したテーマのワークショップを生徒たち自身がプロジェクトを企画し、その実現を図る学習が中心でした。　平成28年度卒業生は、2年生でCD基礎の「A論理・発想」「C伝達・発信」の領域を中心に体験しました。CD活用は、2年前期に「難病と闘う人々を支援する」を学び、2年後期に「震災復興を考える」というテーマで現地のニーズの検討や支援活動の企画を立案し、3年生の前期にそれを実践化するプロジェクト学習を展開しました。また3年生後期にはそれまでのCD科の学習を「（CD科）How to本」としてまとめるプロジェクト学習を行った学年です。

　ここでは、二つの質問について取り上げます。

a. 身についた力への意識

一つ目は、「CD科を学んで、あなたはどんな力を得た（伸ばせた）と感じますか？」という質問のもと、10個の項目について、

　　5：とてもそう思う　4：どちらかというとそう思う　3：どちらともいえない

　　2：どちらかというとそう思わない　1：まったくそう思わない

と、5段階で評価してもらった結果（平均値）です。

　次の表を見て下さい。

表 4-1-1 「身についた力への意識（5段階）」

		高校 1 年全体	高校 2 年全体	全体
ア	物事を論理的に考えるようになった	3.75	3.62	3.70
イ	物事を批判的に検討するようになった	3.71	3.69	3.71
ウ	物事を様々な角度や立場から考えるようになった	4.12	4.16	4.14
エ	解決までの見通しを立てられるようになった	4.00	3.80	3.91
オ	話し合いをまとめられるようになった	3.77	3.98	3.86
カ	相手にうまく説明できるようになった	3.75	3.75	3.75
キ	相手と交渉できるようになった	3.92	3.71	3.83
ク	課題を見つけられるようになった	4.04	3.93	3.99
ケ	解決方法を発想できるようになった	3.92	3.96	3.94
コ	分担したり協力して解決する力がついた	4.04	4.16	4.10

　全体として高い効力感を得ていることがわかりますが、特に「物事を様々な角度や立場から考えるようになった」「解決までの見通しを立てられるようになった」「課題を見つけられるようになった」「分担したり協力して解決する力がついた」などへの効力感が高いことがわかりました。これらは高校でプロジェクト運営等をする場面や、学習や生活で自主性に任される場面で、自分たちの力の高まりを実感した等の理由が考えられます。

　一方、「物事を論理的に考えるようになった」「物事を批判的に検討するようになった」という点については、他と比べてやや低くなっています。これはCD科の開発研究の課題として残った部分です。指導内容をさらに検討していく必要がありそうです。

　二つ目は、「CD科で学んだことやCD科での経験が、高校生活で役立っていると感じることがありますか。『こんな場面でこんなこと（CD科で学んだこと・経験）が役立ってい

る』という形で簡潔に教えて下さい」という質問で自由記述で回答してもらった結果です。回収128人のうち、「役立っている」が97人（75.8%）、「役立っていない、何とも言えない」が9人（7.0%）、無回答が23人（18.0％）でした。「役立っている」という回答の例としては以下のようなものがありました。

・CD科で、プロジェクトを進める方法や、プレゼンテーションを学んだ経験が、台湾フォーラム Asia Pacific Forum science talented に参加したときにとても役立った。特に可視化ツールなどは、世界の人々との discussion でとても有効だった。プレゼンでは、効果的な伝え方を活かすことができた。他にも、高校でのグローバル地理のプレゼンなどで、興味深い、分かりやすいなどの評価を受けることが多いが、CD科が役立っていると思う。

・地理の授業で環境問題についてのプレゼンテーションを4人1組で1週間後にという課題が出たときに、地理的な視点だけにとらわれず、理科的な視点から見て「酸性雨」についての理科実験を行って結果とからめてプレゼンした。一つの物事を様々な角度から見る力はどんな問題にも役立つ。

・CD科という土台があったからこそ、food moving on！ として活動している。たくさんの場で自分たちの活動を話す場をもうけて下さったため、だんだん緊張もほぐれ落ちついて話せるようになりました。学校の授業でサス基礎というのがあり、SDGs などについて学ぶ授業なのですが、わりと積極的に話し合いに参加しています。お茶中ではグループでの話し合いというものが多かったので意見のまとめ方など発揮しています。

また、「役立っていない」という回答には以下のようなものがありました。CD［基礎］の学習をより自覚的に学ばせることを、検討する必要がありそうです。

・もともと自分ができていたのか、CD科のおかげなのかよくわからないから、CD科で学んだことが高校生活に役立っているかは正直何とも言えない。

---

b．キーワードによる集計

次に、生徒達がCD科の学習をどうふり返っているかを、キーワード抽出によって見てみました。

「役立っている」という回答をした97人分について、文章中で用いられるキーワードを選び出し、「A 論理・発想」「B 対話・協働」「C 伝達・発信」の各領域に分類したものが次ページの表です。

〈A 論理・発想〉		
可視化思考ツール図表	23	27%
計画性見通し	8	9%
論理的に考える筋道立てる	7	8%
課題発見	7	8%
課題解決	7	8%
アイデア発想	6	7%
多面的な見方	5	6%
情報をまとめる	5	6%
情報の取捨選択	3	3%
探究	3	3%
情報整理、データ整理	3	3%
批判的思考	2	2%
要約	1	1%
データ読み取り	1	1%
自分の考えをまとめる	1	1%
正確さ	1	1%
焦点を当てる	1	1%
優先順位の付け方	1	1%
テーマを決める	1	1%
計	86	

〈B 対話・協働〉		
協働・協力・相談・分担	15	28%
意見交換、話し合い	13	24%
意見を整理する・まとめる	9	17%
ディスカッション	5	9%
ワールドカフェ	3	6%
司会進行	3	6%
班活動	2	4%
ブレーンストーミング	2	4%
話の聞き方	1	2%
人に指示	1	2%
計	54	

〈その他（評価関係）〉	
自立	1
ポートフォリオ	1
計	2

〈伝達・発信〉		
プレゼン、発表、表現方法	26	48%
パワーポイント	14	26%
レポート	5	11%
外部との交渉	3	6%
調べる	1	2%
ワープロソフト word	1	2%
HP 作成	1	2%
調査方法	1	2%
インタビュー	1	2%
計	54	

■全体まとめ■

A 論理・発想	86	44%
B 対話・協働	54	28%
C 伝達・発信	54	28%
その他	2	1%

　「A 論理・発想」領域のワードが4割以上を占めています。問題解決のための見方・考え方について学んでいることの一つの表れと言えそうす。また、「可視化・思考ツール・図表」に関する語が3分の1を占め、一方で、例えば「批判的思考」に関する語句は極端に少ないことがわかりました。

　「B 対話・協働」領域では、「協働・協力・相談・分担」等の協働に関する語が半数を占める一方で、「話の聞き方・司会進行・指示の出し方」等の対話スキルを表すワードが少ないことがわかりました。B領域の内容は「学んだ・使っている」という自覚なく無意識に使っている可能性もありそうです。

　「C 伝達・発信」では「プレゼン」「発表」「表現方法」「パワーポイント」等の発信に関する語が7割以上を占める一方で、「インタビュー」「外部との交渉」等は意外に少なかったです。

　平成28年度卒業生はインタビューも外部との交渉も数多く行っており、彼らが作成した20冊の「CD 科 How to 本」にはその重要性が何度も出てきていたので、少し不思議に思えます。これらは中学での成功感・達成感が弱かったのか、あるいは卒業後にその学習経験を生かす機会が少ないからでしょうか。

② 在校生も変わった

　卒業生だけでなく平成29年度の在校生にも（在籍数353人　回収数348人）を対象に、

以下のような項目について、やはり「とてもそう思う」から「まったくそう思わない」までの5段階で評価してもらいました。

教科やCD科などの時間で行っている、話し合って課題を解決する学習活動について、どのように感じていますか。

①自分たちでテーマを設定し、課題解決を行う学習は興味深い。

②思考を可視化して（考えていることを図や言葉でみえやすくする）、考えを深めることができている。

③グループで話し合う活動を通して、思考を深めることができている。

④グループで話し合う活動で、効果的に話し合いをすることができている。

⑤自分たちが調べたことや考えたことを、様々な道具（画用紙・模造紙、パソコン等）を活用して、効果的にまとめることができている。

⑥自分や自分たちが調べたことや考えたことを、聴き手に伝わるように発表できている。

⑦よりよい生活や社会を目指す学習に興味を持って取り組んでいる。

⑧他者と関わり、テーマを設定し、交流する学習は今後の生活に役立つと思う。

グループ活動に参加するときに、次の項目について自分が努力する必要があると思いますか。

⑨課題を設定・発見すること

⑩他者を理解して意欲的に話し合うこと

⑪ICT機器を操作すること

⑫画用紙や模造紙にまとめること

⑬プレゼンテーションソフトを用いてまとめること

⑭話し合いの要点をまとめること

⑮見通しをもって取り組むこと

⑯考えを深めること

⑰相手を意識してわかりやすく伝えること

⑱取り組みを振り返ること

⑲情報を収集したり、適切な資料かどうか見極めたりすること

⑳「ワザカード」にまとめた内容を、ほかの授業などで活用できた。

㉑自主研究「ラウンドテーブル」で「凝縮ポートフォリオ」にまとめることで、振り返りと伝達を効果的にできた。

ア　全体の傾向

全校生徒の合計をみると、どの項目も「とてもそう思う」「少しそう思う」の計が8～9割に達しています。また、どの項目も各回答の割合は昨年度とほぼ同様です。昨年度より若干低い項目は、例年よりも早く、後期CD科の学習開始前に調査を実施した影響があると考えられます。

176

イ　3年間CD科を経験した平成26・27年度入学生の結果から

開発研究4年間に継続調査した質問項目①〜⑧について平成26・27年度入学生と比較してみました。

どちらの学年も、第3学年時に「そう思う」が5割以上に達しているのは、「③グループで話し合う活動を通して、思考を深めることができている」「⑤自分たちが調べたことや考えたことを、様々な道具を活用して、効果的にまとめることができている」「⑧他者と関わりテーマを設定し、交流する学習は今後の生活に役立つと思う」の三つです。⑤では、どちらの学年も第2学年時に「そう思う」の割合がいったん減少しているところがあります（図4-1-1・2）。第2学年前期に行う、林間学校に関連させたCD科学習の発表会はグループ単位で活動しました。そのためPC操作等を得意としない生徒の自己評価が厳しくなったと考えられます。第3学年では、それまでの蓄積を活かし成果を出せたと各自が感じられるようになったようです。

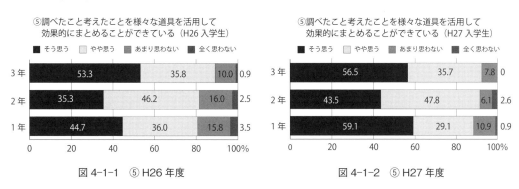

図4-1-1　⑤H26年度　　　　　　　　　図4-1-2　⑤H27年度

さらに、どちらの学年においても「②思考を可視化して、考えを深めることができる」「④グループで話し合う活動で、効果的に話し合うことができている」「⑥自分や自分たちが調べたことを、聴き手に伝わるように発表できている」は、「そう思う」の割合がやや低めの傾向がありました。自分で検証しにくい項目のためと考えられますが、3年間の変化をみると、徐々に「そう思う」「ややそう思う」が増加し、第3学年になると伸びていることがわかります。

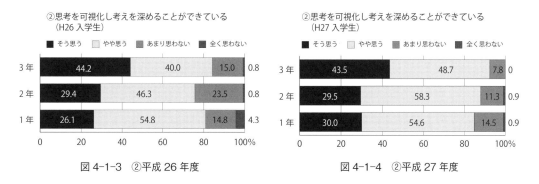

図4-1-3　②平成26年度　　　　　　　　図4-1-4　②平成27年度

③ 卒業生へのインタビューから

　アンケート結果にもこのように生徒たちへの教育効果がうかがえますが、生徒たちへの効果の最後に、母校訪問に来た卒業生に直接インタビューした事例を紹介します。ここに取り上げるインタビューの対象は、都内私立高校に進学した女子生徒（S1）と附属高校へ進学した女子生徒（S2）です。紙幅の関係でインタビューのごく一部分のみ示します。Qはインタビュアー役の本校教師です。

Q　CD科で学んだことで、高校でも役に立っていると思うのはどんなこと？

S_1　発想法のツールは今も使っています。勉強面とかいろいろなところでも、一つの輪からいろいろ広げられるので、いろんな観点から考えることができるので、それはすごい使ってます。

S_2　授業の中でも話し合いって多いじゃないですか。そういうときにも視覚化するとか、そういう技術も学んだし、（話し合いの）組み立てとかどう展開するのかとかも身についているのかなって感じます。

　（中略）

Q　それは問題解決の仕方などで見通しがもてるということ？

S_2　（他の学校から来た子と）全然違うよね（S_1　違う）。うちら一通り終えたじゃないですか。最初から最後まで。反省点もあったし、こうした方が良かったかなっていうのもけっこうあったんですけど（S_1　あるよね）、それを知ってるから、考えるうえでも一つの観点になってるかなって。計画してなんとかしないといけないよねとか、目標に対してどうしたら達成できるかなとか。

S_1　（進学した高校でも）SDGsの課題について何ができるのかとか、そういうのを学習してるんですけど、CD科と同じというか、考え方とか似てるので、どういうふうにとらえたら良いかなとか、発想面でも役に立っているというか。やったことない人もいるので、こういうふうに考えたらとか、アドバイスとかできちゃうんです（笑）。

　S_2が「一通り終えたじゃないですか」と言っているのは、この生徒たちが2年生から3年生にかけて、「震災復興を考える」というプロジェクトで、修学旅行に行く岩手県を中心とした被災地の人々に、東京の中学生としてどんな支援ができるかという課題に対して、「被災地で今、何が課題なのか」を学ぶことから、具体的な行動プランを立てて実行したり提案したりするところまで経験したことを指しています。彼女たちは、3年生の最後のCD科では「CD科ハウツー本」という形で、プロジェクト活動を展開していくコツや、途中で注意すべき点などを後輩たちに残す活動を行いました。それが高校の活動をしながら、こう

いう段階でこういう問題が起こりやすいといった見通しがもてる自分に気づいたということを話してくれたのです。

　S₁は本校では（中学生時代は）、どちらかというとリーダーの生徒たちについて行くタイプの生徒だったのですが、今は外の高校に進学してCD科の経験が生きて、SDGsを題材にした学習の問題解決の話し合いなどでも「いつのまにかリーダーみたいになっちゃうんですよ」と嬉しそうに語っていたのが印象的でした。

（2）教師への効果

　さて、CD科を指導してきた教員に対し、4年間の研究開発を振り返るアンケートも実施しました。ここでは、主に以下の三つの項目への回答（自由記述）をとりあげてみます。

①「協働的な課題解決を支える思考・判断・表現の力をCD科で行うことと、既存教科内で行うこととでは、どのような違いがあると考えますか」

　「"協働的な課題解決"と"思考・判断・表現の力"との関係についてはもう少し検討が必要という意見が一部あったものの、ほぼ全員が、新設教科として設定する意義があるという回答でした。こんな回答が寄せられています。

＊いちばんの違いは職員間で指導内容やスキルを共有できる点である。CD科として取り組むことで学年でどのようなスキルが身についているのかを知ることができ、それを自分の教科でも活用することができる。

＊教員が協働的な課題解決や探究の進めさせ方などを一定の水準で共有できることが大きい。

＊1つの課題やテーマを、複数の教員の視点で捉えたりアイデアを出せたりするところがCD科でやることのメリットである。

＊新設教科にすることで、協働的な課題解決を支える学びのツールとしての意識付けがなされ、各教科においてさまざまなツール活用して協働的な課題解決を取り入れた学習が展開でき、教科の学びの深まりにもつながる。

＊新設教科であれば、ある程度系統的に計画的に学習を進められる。

＊教員が意識化し、生徒にも意識付けをしながら学習することは汎用性を高めることにつながる。

＊教師がCD科基礎のツールスキルを教科で活用できる。教科を新しい発想で見直すことができる。

＊教科ではなかなか取り組むことの難しいテーマを設けて、考えることやその過程を大切にすることができる。

② 「CD科をやることで、自分の教育観や授業等において意識の変化がありましたか」
この質問の回答は大きく次のア〜カの6つに分類できます。

ア　他教科への関心が高まり、自他の教科やCD科をつないで発想するようになった。

＊他の教科が何を大切にし、どのような指導内容があるかをより理解しようとした。また自分の教科の守備範囲のようなものを意識した。
＊CD科モデルカリキュラムに各教科一覧が掲載され、何時の時期にどの教科が何を学習し、CD科とどの部分が関連しているかが具体的に見えて、他教科への関心が高まった。
＊授業の構想の時などに、他教科の連携を考えるようになった。
＊教科横断的な授業を模索するようになった。
＊教科の本質がどこにあるかについて意識するようになった。

イ　自分の教科で、考えの可視化の仕方を意識して授業を行うようになった。

＊様々な機器を活用するようになった。
＊写真などの言葉以外の教材を活用するようになった。
＊以前はパワポやラミネートで作った図などを板書と組み合わせて説明することで満足していたが、生徒の思考に合わせて板書を作っていくことも重要性が逆に見えてきた。
＊授業中のワークシートや話し合いの時に使うホワイトボードについて、文章で記述させるだけでなく、図などで表して可視化することを取り入れるようになった。
＊音楽の構造を可視化できるようになった。

ウ　協働的な課題解決に至る過程を重視した授業づくりが上手くなったと感じる。

＊課題設定や仮説、その検証方法を考えるところに時間をかけ、目的意識をもった課題解決活動を行えるような授業を行うようになった。
＊自分たちでテーマを発見したり、グループ討論した結果を発表したりして全体でさらに議論を深めるという流れをできるだけ取り入れるようになった。
＊意図的にCD科の内容を入れるような課題解決のプロセスを仕組むようになった。

エ　CD科の3領域の内容を意識した授業づくりをするようになった。

＊教科の特性上、論理・発想は以前から重点をおいてきたが、これまで何となく可視化して思考を共有し、全体で検討することを行ってきた場面で、CD科で学習した伝達・発信の視点を活かせるようになった。
＊「対話・協働」の分野を意識することで、結果だけではなく、生徒の考えにスポットをあて、可視化できるようになった。

オ　CD科の指導内容について理解が深まった。

＊基礎と活用という枠組みで自分の教科の授業づくりで参考になった。
＊相手とか目的ということの意味を実践レベルで意識させることが、CD科の要件だと思うようになった。
＊以前より対話・協働を意識できるようになった。
＊結果的に物事を形にする前に考えを深めたり引き出したりすることを大切にするようになった。
＊各領域のねらいをしっかり考えるようになった。
＊写真の目的、心理学的手法など、教科の枠にとらわれないものを学ぶことができた。

カ　その他

＊生徒が協働的な課題解決を支えるためのスキルを持っているので、学習目標の達成に向けた授業展開がしやすくなった。初めは生徒も方法を探りながら進めていたが、1年生のうちにそのようなステップを踏んでおくことが学習内容の深まりにつながっていく。

③「四年間を振り返って研究開発が「上手くいった」あるいは「上手くいかなかった」ことは何か」

　最後に、本校の教師たちが感じた開発研究の成果と課題をお示しします。次のような回答がありました。◎はうまくいったこと、▲はうまくいかなかったことです。

ア　生徒たちの様子を見て感じる達成と課題
◎生徒にとって「やらされるCD活用」ではなく、「自ら必要感を持ってやるCD活用」は、生徒の心に残り、その後に活用される力を身に付けられる。

◎学習内容を活用していることを自覚まではしていない気がするが、自然と使っている場面はよく見かける。

◎ある程度自主的に進める筋道がつけられるようになったこと。

◎受け手を意識した伝達・発信ができるようになってきたこと。

◎思考や情報を整理、類型化し、ロジックに仕立て上げていくワザが身についたこと。

◎CD科を楽しみ、自分の人生に役立つものと肯定的にとらえていること。

◎プレゼンや表現がこれまでより上手くなり、様々な発信の場面でCD科の学習が生きていると感じる。

▲生徒のモチベーションに支えられた実践研究であったと思うが、学校行事等と重なる時期は、生徒にとってかなりの負担でもあった。何かを増やす分だけ何かを削ることも必要。

▲「ワザカード」が生徒の負担になる可能性もある。

▲均質性の高い集団で「対話」を生み出すことの難しさ。

▲生徒が自ら主体的に必要なツールやワザを選んで用いることが十分にはできなかったのは、使うのが当たり前に感じられる程、同じツールやワザを使う場面を繰り返し設定できなかったのが要因。

▲論理的な思考を高めるための教材や場面づくりをもう少し工夫して、テーマ学習の内容をさらに深める取り組みをする必要がある。

イ　教師の授業や研究に対する姿勢や学校としての成果と課題

◎今まで以上に学年や異なる教科間で連携するようになった。

◎学年単位でCD科のカリキュラムを相談したり、研究会で全体で検討し合うことで、教員自身が　課題を発見したり追究することができた。

◎新しい授業を開発しようという姿勢が培えた。

◎教科の授業の広がり、深まりが出てきた。同教科の先生とCD科をきっかけとして教科の本質を見つめ、共通理解ができるようになった。

◎目的達成ばかりではない様々な場面に生徒の学びの価値を置くことができるようになれたことで、教科の目標達成度が深まった。

◎実践から入って、授業等を積み重ねながら進めた部分はよかった。

◎教員としてのプロ意識、生徒への責任感の高さ、教材開発力の高さ、チーム力（よく話、情報交換する風土）。

◎学年主任として企画立案を実施して強く感じたのは、従来の「総合的な学習の時間」

をCD科として学習することによって、一つ一つのプログラムのねらいやステップを意識することができるようになった。また、例えば新入生オリエンテーションを、従来は単に学校生活のオリエンテーションとしてやっていたが、CD科としての意識を持つことによって、その後の学習や活動につながる力を身につける時間として考えることができるようになった。

▲CD科の準備が大変。

▲教科目標や指導内容が拡散しすぎる。授業づくりにバリエーションが広がったという点では評価できるが、ひとつのトピックに絞り込み、それを試行錯誤して職員全体で深めるという展開になりにくかった。

▲やることの多さ、多忙感。

▲協働や対話に力を入れて開発してこなかったこと。

▲いろいろなことを絡めすぎていること。

▲様々な実践をもう少し共有、精選、改善したかった。

これらの結果から、生徒が変化することを見届けた教師の自身も、CD科によって変わっていったことが読み取れます。

CD科は、「教科等横断的な資質・能力の育成」を目指すカリキュラム作りを、一つの新教科を作るという形で実現しようとしたわけですが、一般の学校では総合的な学習の時間の取り組みや、各教科が連携して、ある資質・能力の育成を目指すという形で実現していくことになるのだと思います。

生徒たちへの教育効果が上がることが、最も大切な成果として求められるのは当然ですが、「教科等横断的な」取り組みをすることが、実は各教科が互いに他を知り合うことや、学校全体として共通の指導を展開することなどにつながっていくことが、実はとても大切なことだったのではないかと、以上の研究評価を通して実感しています。

（前川哲也・宗我部義則）

CD 科が学校のカリキュラムづくりに
示唆するもの

お茶の水女子大学基幹研究院准教授　冨士原紀絵

1. CD 科につながる附属中学校のカリキュラム開発
（Curriculum Development）の前史

　文部科学省の研究開発学校制度は学習指導要領の改善に資する情報を得ることを目的として、学校における実践研究の取り組みを促し支援するものである。制度が成立して以降、全国の学校において、とりわけ多くの国立大学の附属学校園はこの目的を果たすための取り組みを行い、これまでの学習指導要領改善において一定の役割を果たしてきた。その一方で、研究開発学校の指定を受けずとも、全国の附属学校園は実践研究の場として今も積極的に独自でカリキュラム開発を行い続けている。

　お茶の水女子大学附属中学校（以下、附中と略す）では、過去に数回研究開発学校の指定を受けてきた。2000 年以降に限ると 2005 ～ 2007 年の「協働して学びを生み出す子どもを育てる――幼・小・中 12 年間の学びの適時性と連続性を考えた連携型一環カリキュラムの研究開発」、2009 ～ 2011 年の「探究する楽しさを見出す主体的な研究活動――「自主研究」を中心とした教科と総合をつなぐ統合型教育カリキュラムの開発」と本書の CD 科のカリキュラム開発研究である。

　ここでは最初に、これら一連の研究開発指定の中で、2005 年からの幼小中連携カリキュラムの開発研究において、附中単独で取り組んだ「つなぐ科」という教科のカリキュラムの開発に注目したい。「つなぐ科」とは教科横断的・総合的な内容を取り扱い、「どの子にも自分と学校での学びと社会生活とをつなぐ芽を育てる教科」と位置づけられ「総合的な学習や各教科と重なり合う「インター教科」」として開発されたものである。

　当時の単元開発の体制は「それぞれに専門性や関心の異なる教師同士がアイデアを出し合ったり、各教科の既習の知識をふまえて提案し合ったり、（それを持ち寄って逆に……筆者註）それぞれの教科での取り扱い方」を検討するというものであった。この体制を反映した教科開発の成果は、最終報告書で以下のようにまとめられている[1]。

単元開発を通して、生徒たちに育てたい力や今考えさせたい問題などを教科の枠組みを超えて話し合うことができた。このことはとかく教科の視野に埋もれがちな私たち中学校教員にとって大きな刺激になった。これによって学校としての教育観をさらにすりあわせてゆくことができたといえよう。さらに、他教科の指導を視野に入れてつなぐ科の指導を考えることはもちろん、自教科の教科内容についてもつなぐ科との関連で見直しがなされるようになった。

　「教育観のすりあわせ」とは目指す生徒像の共有であり、それに即して生徒に身につけさせたい資質や能力の共有である。これらを共有したことで、新教科のカリキュラム開発のみならず自教科を見直すことにも繋がり、教科と総合的な学習の関係、ひいては学校教育全体の教育課程の再構築への意識が高まる経験をしていたことになる。ただし、当時は具体的な「指導方法の工夫・指導論の共有」と「教師個々人の違い（専門性や経験差等）を生かし高め合う」までに至らなかった点で課題が残ったとされている。

　次の 2009 年からの研究開発指定を受けた自主研究の研究時には「つなぐ科」は消滅している。そして、このこと自体、実際には「つなぐ科」の取り組みがいかに困難であったかの一端を物語っている。教科横断を実現した大胆な新教科の価値は 2009 年の研究開発時の運営指導委員からも高く評価され、継続できないかと示唆され続けた。今年度から実施される学習指導要領では「教科横断的」な教育課程編成が強く打ち出されているが、当時においては先進的すぎる試みであったのかもしれない。

　ともあれ、「つなぐ科」のカリキュラム開発では多くの単元が開発され、CD 科研究開発初年次の報告書にも「つなぐ科」で開発した「教科横断的で総合的な学習材や単元」を「積極的に再評価し、活用してゆく」と示されている。

　以上の経緯から確認しておきたい要点は、附中では教師が異動したり、一時期は違う研究に重点が置かれたとしても、CD 科にいたるまで、教科横断的なカリキュラム開発の志向が脈々と生き続けていることである。事実、2005 年当時の教諭は 2014 年には約半数入れ替わっているにも関わらず、である。これは教師のカリキュラム開発における意識の継承であり、既に附中の教師の文化であるといえる。

　カリキュラム・マネジメントモデルを開発した田村（2016）はカリキュラム・マネジメントを構成する要素の一つとして「学校文化」を挙げている[2]。「文化」とは「継続的に共有された考え方や行動様式」であるとされ、「学校文化」とは「単位学校の教師間が共有している組織文化」、「児童生徒が共有している生徒文化」、「学校に定着した校風文化」の集合体であるとされている。こうした「文化的要因」は可視化しにくいものの、「カリキュラムにかかわる決定や実施、評価に当たって重要な規定要因」であるという。

「可視化」という視点で過去の附中の研究開発の経緯を紐解けば、教科を越境することに対する教師の心の障壁が低くなっており、それが年を経ても教師の組織文化として継承されているということがCD科のカリキュラム開発のプロセスにおいて「重要な規定要因」として機能していることがわかる。

　それに加えて、「自主自律の精神をもち、広い視野に立って行動する生徒を育成する」という学校教育目標が教育課程全体を通して学校生活の隅々まで行き渡り、生徒間にも「自主自律」というモットーが自らの「校風」であると自覚化され、長年にわたり共有され続けている点も見逃せない。とりわけ1978年から取り組み始めた自主研究（生徒個々人が関心のある研究課題を発見・設定し、課題の解決の方法論も自分で決定し、解決してゆく）の取り組みについて2009年から重点的に研究を行ったことで、生徒自身が中学校での学習とは、教科による学習にのみ価値があるのではなく、通常教科以外でも、自らが主体となって取り組む学習や教科外活動等が学校生活において重要であるという意識が「生徒文化」として一層深く根付いていたことも、CD科のカリキュラム開発を促した重要な規定要因である。「自主」あるいは「自律」を教育目標に掲げ、長年にわたり校訓として引き継がれている中学校は全国に多々存在する。それが真に生徒の中に継承され、学校生活を送る上で深く自覚化されているだろうか。自校のカリキュラムを見直す上で、教育目標や校訓が生徒の中に、どの程度根付いているのかについて検討してみる必要があるだろう。

　こうして「学校文化」という点に注目してみると、附中は最近求められている、生徒が主体となり、対話的で協働的に教科横断的な課題解決を図る学びを実現するためのカリキュラム開発において「教師文化」と「生徒文化」、「校風」ともに恵まれた要素を抱えている特殊な学校に見えるかもしれない。しかし、仮に、今後、こうした学びが求められない時代になったとしても、附中は教科横断的なカリキュラム開発を継承し続けてゆくであろうことも推測できる。教科横断的なカリキュラム開発を一過性の「ブーム」に終わらせることになるのか、「文化」として根付かせるのかという点において、それを「文化」として継承し続けている附中から学ぶことがある。それは決して開発されたCD科のカリキュラムのみを見ていても捉えられないものであり、本章で詳細を取り上げることはできないが、学校の取り組みの歴史、そして教育目標を実現するための教育課程全体を俯瞰して見えてくるものである。これまでに重点を置いてこなかった学習活動・学習領域に、教師と生徒が一体となって取り組む場合、「学校文化」がカリキュラム開発の取り組みの成否を大きく左右するであろうことを、附中の経験から学ぶこととして示唆しておきたい。

2. カリキュラム開発とカリキュラム・マネジメント
　　(Curriculum Management)

　「つなぐ科」でのカリキュラム開発では教科横断的な単元のコンテンツにこだわった。その当時は、上述のように、確かに教科横断的な教育内容の意義を認め、そうした単元開発の成果を自教科を見直す契機にまでつなげたという経験はできたものの、指導法の共有がなされなかったことが、開発した教科の継承の妨げになっていた。

　今回のCD科のカリキュラム開発はその逆の方向で進んでいる。すなわち、コンテンツも同時的に開発に着手はしたものの、それ以上に、当初からCD科の指導方法と学習方法の研究に重点を置いて研究を進めていた。「つなぐ科」当時の問題点を、意識的あるいは無意識に反省した上で、今回の研究が進んでいたように見える。

　ここで考えてみたいのは、教科担任性の中学校において校内全体で教科横断的なカリキュラムを開発し維持するために、（表裏一体ではあるには違いないが）指導法の研究とコンテンツの開発の研究をいかに実施するか、である。

　総合的な学習の時間が導入され、数年後に小学校と中学校を対象に行われたある調査では、とりわけ教科担任性である中学校の実践が低調であることが明らかにされていた[3]。この背景として、何を学習課題とするかというコンテンツの開発への意識が優先され、その結果、扱うとなったコンテンツは自身の専門性とは異なるといった意識が、多少ならずとも一部の教師の間に生じていた点を指摘できる。附中の「つなぐ科」においても、その取り組みが教師の教科等の専門性を生かすに留まらず、それを「高める」契機になるということは理解されていたにもかかわらず、立ち止まってしまっていた。

　ここで、2017年に告示された「中学校学習指導要領中学校解説　総則編」においてカリキュラム・マネジメントの三つの側面として示されている以下の記載に注目してみたい[4]。

（ア）教育の目的や目標の実現に必要な教育の内容等を教科横断的な視点で組み立てていくこと
（イ）教育課程の実施状況を評価してその改善を図っていくこと
（ウ）教育課程の実施に必要な人的又は物的な体制を確保するとともにその改善を図っていくこと

　（ア）の視点にもとづき、先ずは教科の内容等を横断的に「つなげる」試みに着手している学校もあるだろう。（ア）の説明には「各学校において具体的な教育目標及び内容を定めることとなる総合的な学習の時間において教科等の枠を越えた横断的・総合的な学習が行わ

れるようにすること」という記述もあることから、総合的な学習で何を学習課題とするかを決め、そこに各教科の学習を結びつけるという試みを行っている学校もあるかもしれない。この（ア）の側面におけるカリキュラム・マネジメントの試み（「組み立て」）が上手く進んでおり、各教師が担当教科の視点を生かして実際に積極的に関わっている学校は問題ないであろう。しかし、「紙上」にカリキュラムを描くことができるのはともかく、その実践化となると、かなり困難な試みとなっている学校もあるだろうことは、過去の附中の経験からも想定される。育てたい生徒像や、その実現のために備えさせたい資質や能力について、教師間での十分な検討と共有作業を抜きに、単に教科の内容を「つなげる」ようとする行為には専門性に基づいて展開される教科学習の妨げになるのではという意識が働くであろうこと、教科等の枠を越えようとする総合的な学習のコンテンツを開発しても、そこに必ずしも教師の教科の専門性や個々人の関心といった「個性」が生かされないと感じる者がいるであろう状況は想像に難くない。

　教科越境的な CD 科のカリキュラム開発において、附中では初年次の 2014 年度から「思考・判断・表現」「伝達・発信」「対話・協働」というワーキンググループにすべての教師を意図的に教科を交えて組織し、指導内容とともに指導方法の具体的な研究を始めた。また、初年度については、同時に各教科（従来の教科外領域の道徳の時間や特別活動、自主研究という組織も含む）組織単位で、自教科で生徒に育てたい「思考・判断・表現」とは何かを明らかにすることと、それに関する試行的実践に着手していた。「思考・判断・表現」グループには全教科の教師が一人は所属している。そのグループの中で、各科の教師が自教科における「思考・判断・表現」とは何か、どういった指導法があるかを出し合いつつ協議を進めていた。そして、その協議の結果を今度は各教科組織に持ち帰り検討し実践するという体制であった。同様の体制で「伝達・発信」と「対話・協働」グループも協議を進め教科組織に持ち帰ってもいたが、初年次当初は「思考・判断・表現」に特に重点をおいた点が、CD 科の取り組みの推進において重要だったと考えられる。各教科の特質が強く表れるのは「思考・判断・表現」であり、各教科の特質を尊重した体制で研究を始めたことが、全教科の教師の CD 科に関わる意識の障壁を低め、取り組みへの意識を高めることにつながったとみられるからである。

　開発 2 年目は 3 グループの体制を継続し研究協議を進めるとともに、それらが各教科の実践の蓄積とともに深められ、3 グループ内で指導法の体系性が図られた。3 グループの領域を CD 科内で「基礎（A）」領域と位置づけ、基礎で学んだことを現実の課題解決に「活用（B）」するという 2 領域を設けることとされ、教科の大枠が決まっていった。3 年目には「思考・判断・表現」グループ名を「論理・発想」というグループ名に変更し、さらに評価方法の研究グループを立ち上げ、その研究に重点がシフトしていったものの、実践研究の体

制面では大きな変化はなく 4 年間の研究として結実した。

「つなぐ科」消滅の背景を踏まえつつ今回の 4 年間の研究経過を検討すると、教科の特性や教師の専門性を尊重しつつ、指導法と学習方法の観点から教科を越境する研究グループを作ったことの重要性が示唆される。すなわち、一足飛びに教科越境的な内容編成を試みるのではなく、先ずは①育てたい生徒像を明確にし、教科越境的な研究課題と研究主題を設定する。そして、②各教科の特質を尊重しつつも教科を越えて「論理・発想」「対話・協働」「伝達・発信」に焦点付けた組織を作り、主として指導方法と学習方法を学び合い検討する。さらに、③全教員が 3 グループの検討内容を総合的に検討する場を設け、繰り返し、育てたい生徒像とその実現のために必要な資質や能力を見直しカリキュラムを練り上げていく、というプロセスを辿ったことである。このプロセスが附中のカリキュラム開発では有効に機能したのである。既に別稿で、「対話・協働」グループに所属していた社会科の教師が担当する「社会科」の授業において、社会科の教科カリキュラムに裏付けられていることこそが、対話的で協働的な学習を一層深いものにしていた例を紹介している[5]。こうした例が本書から多々学ぶことができる。

多くの中学校は毎年、あるいは数年間単位で研究課題を設定している。諸事情で特定の教科の研究を行っている、あるいは行わざるを得ない学校もあるだろうが、特段の事情がない場合、学校教育目標や育てたい生徒像を踏まえ、敢えて教科越境的な研究課題を設定してみることを検討してみてはどうだろうか。指導方法や学習方法の研究に向けて教科越境的な研究課題と研究組織を作り、各教科の特質を尊重しつつも教師全員が一つの課題に向けて互いに学び合うという取り組みの中で、カリキュラム・マネジメントの教科越境的なコンテンツが見えてくることを附中の経験は示唆している。

3. CD 科のカリキュラム・マネジメントの課題と期待

CD 科のカリキュラム開発は、国の指定を受けた 4 年間の「研究」であるが故に、明確な成果を出すために適宜カリキュラムの「評価」を実施せざるを得ず、その点においては、上述の指導要領で示されている（イ）の点は実施されている。つまり、カリキュラムを「マネジメント」しつつ「開発」しているということになる。また、同じく指導要領の（ウ）の点で見れば、研究開発学校の指定を受ける前提として、「人的・物的体制」が整っている必要があり、その点で当初から充実していた。なお、「人的・物的体制」という面では、地域の公立中学校の方が、子どもが問題や課題を見出す生活という基盤を共有している点で、都市部の国立大学の附中にはない強みにもなる。というのも、CD 科の実践において子どもが取り組んだ課題は全ての生徒が共有した生活実感に支えられた切実性という側面は弱く、CD

科の「学習」のプロセスの中で社会全体にとっての切実な課題として見出されている。生活圏の地域を通り越して、一足飛びに社会の中にある大きな課題に挑むのは、成長に応じて子どもの視野を広げるという良い点もあるが、課題の抽象化と一般化という点において取り組み次第では問題点にもなる。附属中学校の取り組みにおける問題意識の設定の方法や、課題の学年に応じた広がりを参考にしつつも、公立学校では地域の中で共有されている子どもの生活実感を強みとして生かしたカリキュラムを開発し、マネジメントすることが期待できる。

そして、研究開発学校故に整った条件は、指定が無くなって以降も附中が自力でカリキュラムを開発し、マネジメントを行う体制を継続してゆくことが課題となることを意味する。附中の教師たちが自力で（イ）〜（ウ）を満たし、そこで何を行ったのかを記録し発信し続けてこそ、汎用化の範となってゆくだろう。この営みの蓄積こそが、（1）で述べた、附中のカリキュラム・マネジメントを支える固有の「学校文化」ということの証にもなる。

注

1）お茶の水女子大学附属幼稚園・附属小学校・附属中学校（2007）『平成19年度　研究開発実施報告書（第3年時）幼・小・中12年間の学びの適時性と連続性を考えた連携型一貫カリキュラムの研究開発——協働して学びを生み出す子どもを育てる』pp.151-164。

2）田村知子（2016）「第3章　カリキュラムマネジメントの全体構造を利用した実態分析」田村知子・村川雅弘・吉富芳正・西岡加名恵編著『カリキュラム マネジメント ハンドブック』ぎょうせい、pp.38-39。

3）紅林伸幸・越智康詞・川村光（2005）「「総合的な学習の時間」の現状と課題——地方2県を対象とした質問紙調査の結果から」『「総合的な学習の時間」の年間計画作成等に関する実施報告書』（研究代表者 酒井朗）pp.200-210。

4）文部科学省（2018）『中学校学習指導要領解説総則編』pp.42-43。

5）冨士原紀絵（2017）「カリキュラムを創りマネジメントするためのポイント」『中学社会通信　Socio express2017秋号』教育出版、pp.2-5。

第5章

平成29年度版学習指導要領への対応

　本章では、開発研究を終えて、一般の学習指導要領に基づいた教育課程に戻すにあたって、CD科の内容を各教科等の指導の中にどのように位置付けていったかを示します。

CD 科の授業を
「平成 29 年度版学習指導要領」による
教育課程のもとで実施する

　ちょうど CD 科の開発が終了する年に、「平成 29 年度版学習指導要領」が告示されました。第 1 章にも述べたとおり、「総則」には、「各学校においては、生徒の発達の段階を考慮し、言語能力、情報活用能力（情報モラルを含む。）、問題発見・解決能力等の学習の基盤となる資質・能力を育成していくことができるよう、各教科等の特質を生かし、教科等横断的な視点から教育課程の編成を図るものとする。」との記述があります。この実現のために、「新教科」の形をとって開発したのが CD 科でした。

　しかし、一般の学校はもちろん、開発研究を終えた本校も「学習指導要領」に基づいた指導を行っていくことになります。そうした状況下で、CD 科で開発した指導内容や授業をどうやって活かしていくと良いでしょうか。私たちお茶の水女子大学附属中学校は、そんなふうに考えて「平成 29 年度版学習指導要領」に基づく教育課程の下で、CD 科の成果を活かしつつ、どのように「教科横断的な指導」を試みていくかを、日々の実践を通して試みています。基本的な考え方はこうです。

---

①CD 基礎の内容のうち、各教科で引き取れる内容は積極的に教科で扱う。
　・CD 科開発のために拠出していた年間時数を参考に各教科で検討する。
　・教科の指導の中に積極的に関連付けて取り込んでいく。
②道徳の時間に扱える内容は、道徳の学習と関連付けて行う。
③CD 科の内容を精選して、実施可能な時数分、総合的な学習の時間で取り扱う。
　ア　CD 基礎の内容を中心に CD 活用の一部を含めて取り上げていく。
　イ　行事と絡めて積極的に取り扱っていく。
　ウ　これまで「学年総合」と呼んでいた学年プログラムに代えて「総合 CD」という名称で扱っていく。

---

1. 教科での取り扱い

　基本的な考え方①に示した各教科での取り扱いについては、「CD 科学習指導要領」にまとめた指導内容のうち、各教科で扱いやすいものを、他教科との重複を恐れずに、積極的に

取り扱っていくことにしました。そして、各教科の年間指導計画のどこに、CD科の内容を関連付けられるかを検討し、まとめてみました。こうした出来上がったのが、次ページ以降の「モデルカリキュラム」です。各教科はこれを参照して、年間指導計画を作成します。

「モデルカリキュラム」を見ていただくと、各教科が取り扱うCD科の指導事項には、各教科内の各学年の取り扱いの上でも同じ項目が複数学年にわたって出てきます。また各教科を通覧しても重なりや取り扱う時期が違っていたりもします。しかし、CD科の指導事項は、協働的な課題解決の場面で働く汎用的かつ実践的な知識や技能なので、むしろ反復し重層的に学んでいくことでいっそう身につけて行ければ良いと考えています。

2. 道徳・総合的な学習の時間での取り扱い

第1章に述べたとおり、本校では学年ごとの弾力的な運用を可能にするために「総合カリキュラム（略して「総カリ」）」という時間を設定しています。

*「総合」が付くので、「総合的な学習の時間」と混同されやすいのですが、実は昭和52年改訂「学習指導要領」の策定過程の議論の中で「ゆとりと充実」の教育が模索された時代に本校で開発した運用方法に付けられた名前のため、以来ずっとこの名称を用いています。具体的な運用は第1章の19ページを参照ください。

基本的な考え方②のとおり、道徳については、道徳の学習を進める中で関連付けしやすいものを、指導する教師が意識して取り扱うことで関連を図ることにしました。結果的には、「B 対話・協働」の領域の内容が関連付けしやすいように思われます。

CD科の内容の多くは③の通り「総合的な学習の時間」の内容として実施していくことになります。これまで「学年総合」と呼んでいた、横断的・総合的な課題を取り扱う学習を、「総合CD」と呼ぶことで、生徒たちにもCD科との関連を意識しやすいようにして実施することにしました。

3. モデルカリキュラムの不断の修正をとおして

こうして、開発研究を終えたCD科は、一般の学校と同じ『中学校学習指導要領』に基づく教育課程の中に移し替えられ、教科・道徳・総合（総合CD）という枠組みで実践されていく形となりました。それは、新『学習指導要領』が求める「教科等横断的な資質能力」として、「協働的な課題解決の力」を掲げて学校カリキュラム全体の中で、各教師が共通の意識をもって取り組む一つの形を作ろうとするものです。

より効果的な形で「協働的な課題解決の力」を育てていけるよう、モデルカリキュラムを毎年見直しながら、検討を重ねていきたいと考えています。　　　　　（宗我部義則・薗部幸枝）

新学習指導要領　第1学年　コミュニケーション・デザイン科　モデルカリキュラム

月	行事予定	CD科の内容			
		【基礎】A論理・発想	【基礎】B対話・協働	【基礎】C伝達・発信	【活用】
4月	入学式・始業式／委員選挙	ワザカードで振り返ろう ウ：問題解決の思考（ワザカード）	話し合いの基本 会議の進め方 ア：対話・話し合いの基礎（互いの立場の尊重、目的・論点をとらえた効果的な話し合い） 私を知る・相手を知る ア：対話・話し合いの基礎（質問の機能　ペア・インタビュー）	伝える・聴く（ペア・クラスへの自己紹介） 情報収集の仕方と注意点 ア：情報収集と共有（インターネット） 相手に伝える説明 イ：戦略的な表現（演繹的な発表） 図書室の使い方と情報収集の注意点 ア：情報収集と共有（図書室） 情報を共有するために～効果的な掲示物作成 イ：戦略的な表現（ポスター）	
5月	体育大会	発想法入門～クラスで生徒祭テーマをどのように解釈するか（アイデア出し） ア：思考の基礎操作（マインドマップ） アイデアの整理 ア：思考の基礎操作（KJ法）			〈生徒祭プロジェクト〉 （①クラスで生徒祭テーマをどのように解釈するか？～アイデア出し）
6月	宿泊行事	クリティカル・シンキング入門（2） イ：論理思考の基礎（クリティカルシンキング）	生徒祭のクラス企画を具体化し、審議を通過するためには？～企画提案・予算獲得のための話し合い（4） ア：対話・話し合いの基礎（目的・論点をとらえた効果的な話し合い）	紛らわしいグラフに注意 イ：戦略的な表現（グラフ） 効果的に伝えるコツ～文字だけではない伝達 イ：戦略的な表現（イラストレーション） リアルな場面になるような脚本を考えよう イ：戦略的な表現（脚本）	（②～⑤企画を具体化し、審議を通過するためには？～企画提案・予算獲得のための話し合い）
7月		発想法入門～自主研究に向けて興味の対象を見つけよう ア：思考の基礎操作（マインドマップ／マンダラート）	質問法入門 ア：質問の機能（オープン／クローズドクエスチョン） 係会合 ア：対話・話し合いの基礎（目的・論点をとらえた効果的な話し合い） 交渉の方法①～アポイントの取り方編 交渉の方法②～実践編 ウ：外部との交渉（シミュレーション）		⑥～⑩プロジェクトの具体化～小グループでの調査、インタビュー相手へのアポとりなど、インタビュー調査準備
8月					⑪インタビューのまとめ、ポスター発表に向けての作成
9月	自主研究講堂発表／生徒祭	あの時の判断は!?～生徒祭の活動を振り返る ウ：問題解決の思考（フローチャート）	生徒祭に来るいろいろなお客様へ伝えるためには？ ア：相手・場に応じた伝え方（ロールプレイ）		⑫⑬実演発表やおもてなしに向けての最終打合せ ⑭～⑲生徒祭での発表 （⑳生徒祭の振り返り）
10月	生徒会選挙		ものはいいよう～アサーション（2） イ：対立の解決・解消（アサーション） ホワイトボードミーティング～学級の振り返りを通して～ ア：対話・話し合いの基礎（WBミーティング）		〈〇〇プロジェクト〉 ①～④班で協力して旅のテーマ・見学先・ルート・時間配分を考えよう
11月			合唱曲を決めよう～目的に応じた話し合い ア：対話・話し合いの基礎（目的・論点をとらえた効果的な話し合い）	写真による効果的な表現 イ：戦略的な表現（写真・ポスター）	⑤⑥〇〇プロジェクト学習で見聞したことをポスターで表現するための構成を考えよう ★〇〇プロジェクト学習★ ⑦⑧ポスター作成
12月	マラソン大会	トゥールミンモデルとは？ イ：論理思考の基礎（トゥールミンモデル）			⑨⑩ポスター発表会（ポスターセッション）
1月		合唱コンクールへのロードマップを作ろう（2） ウ：問題解決の思考（ロードマップ）		演劇ワークショップ（6） イ：戦略的な表現（目的に合わせた表現の組み合わせ～演劇）	
2月		PDCAサイクルで進捗状況を振り返ろう ウ：問題解決の思考（PDCAサイクル）		プレゼンテーションソフトでの発信（3） イ：戦略的な表現（プレゼンテーションソフトの利用）	
3月	合唱コンクール／歓送会／卒業式／修了式		アンガーマネジメント入門 イ：対立の解決・解消（アンガーマネジメント）	著作権ワークショップ～動画作成に向けて ア：情報収集と情報共有（知的財産の保護）	
授業時数		10	18	20	

CD基礎時数	48	CD活用時数 22

注）表中のかっこで囲んだ数字は、その題材の時間数を表している。かっこ数字がない場合は、
　　1時間で実施していることを表す。

各教科、CD 科を関連付けて扱える単元等を示し、対応する CD 科の指導事項を太字で示した。

（2020 年 3 月版）

月	CD 科と教科・自主研究との連携した指導									自主研究
	国語	社会	数学	理科	音楽	美術	保体	技家	英語	
4月	お気に入りのものを紹介し合う [B対] ア(ア) 対話の土台	オリエンテーション	正の数・負の数 [A論] ア(イ) 多面的な思考と統合的な思考	生物の観察 [A論] ア(ア) 観点を設定し比較分類	リコーダー演奏を楽しもう	クロッキーをはじめよう！	陸上競技(障害走) [A論] ウ [ウ] 俯瞰的に捉える 体つくり運動 [B対] ア(ア) 尊重・建設的対話	情報モラルと知的財産 [C伝] ア(エ) 情報収集と情報共有 [知的財産の保護・著作権等の知識]	中学校入門期	
		【地理】世界と日本の地域構成 [A論] ア(ア) 比較分類								
5月	説明を読み、理解したことを文章にまとめる [A論] イ(イ) トゥールミンモデル	加法・減法 [A論] ア(イ) 多面的な思考と統合的な思考	生物の特徴と分類の仕方 [A論] ア(ア) 観点を設定し比較分類	弦楽器（三味線ワークショップ・ヴァイオリン）の演奏に親しもう	色の広がり、色の魅力	陸上競技(障害走) 体育大会種目 [B対] ア(ア) 話し合い、イ(ウ) 対立の解消	生物育成に関する技術とその利用に関する問題解決の方法 [A論] ア(イ) 情報の収集と情報共有 [インターネットを利用した情報収集の理解]			
6月	小説を読み、考えたことを伝え合う [B対] ア(ア) 対話の場づくり	世界の各地の人々の生活と環境 [A論] イ(イ) 複眼的思考 [C伝] ア(ア)～(ウ) 情報収集と可視化	乗法・除法 [A論] ア(イ) 多面的な思考と統合的な思考	植物の体の共通点と相違点 動物の体の共通点と相違点 [A論] ア(ア) 観点を設定し比較分類	感じる色のイメージを伝えよう [B対] ア(ア)(オ) 目的に応じた話し合いの工夫 情景を表す音楽を味わおう	水泳（クロール）器械運動(平均台)	自分のことを伝え合う [B対] ア(イ) 相手や場に応じた伝え方	自主研究ガイダンス（問題解決のための探究活動のイメージをつかむ）		
7月	詩を創作し感じたことや考えたことを書く	【歴史】古代までの日本 [A論] イ(イ) トゥールミンモデル [B対] ア(エ) インタビュー	平面図形（前期） [A論] イ(イ) 論理的な表現と批判的吟味	身の回りの物質とその性質 気体の発生と性質	記憶に残るシンボルマーク [C伝] イ(ア)(イ) 目的に合わせた効果的な表現	水泳（クロール）器械運動(平均台)	ディジタル作品の設計と制作 [C伝] イ(ア)(ウ)(エ) 戦略的な表現 [目的に応じた表現方法の工夫、プレゼンテーションソフトによる発表資料の作成と発表]		夏休みミニ課題発見 [A論] ウ(ア) 問題を分割して目的と目標明確	
8月	読書紹介			水溶液			着衣水泳			夏休み課題追究 [A論] イ(イ) 多面的思考
9月	小説を読み、考えたことを伝え合う [B対] ア(ウ) 効果的に話し合う	文字式 [A論] ア(イ) 多面的な思考と統合的な思考 [A論] イ(イ) 論理的な表現と批判的吟味	溶解、粒子のモデル [C伝] ア(ウ) 可視化し共有	弦楽器（箏・ギター）に親しもう	作品相互鑑賞会	バスケットボール [A論] ウ(ウ) 進捗状況把握 体つくり運動 [B対] ア(ア) 尊重・建設的対話	家族や友達などを紹介する [C伝] イ(ア)(エ) 目的に合わせた表現	ミニ自主研究発表会 [C伝] イ(エ) 目的に合わせた表現 講堂発表会（3年生に学ぶ）		
10月	学校図書館を活用し、多様な情報を得て考えたことなどを資料にまとめる [A論] イ(ウ) 多面的な見方	中世の日本 [A論] ウ(エ) マインドマップ座標軸 [B対]	1 次方程式 [A論] ア(イ) 多面的な思考と統合的な思考 [A論] イ(イ) 論理的な表現と批判的吟味	状態変化と熱、粒子のモデル [C伝] ア(ウ) 可視化し共有 物質の融点と沸点	ミュージック・アクティヴィティ（音楽自由活動）を楽しもう	MY アート レポート 個人プレゼンテーション	長距離走 ベースランニング 保健・体育理論	家族・家庭と地域 「お茶の SONAE カルタ」作り [C伝] ア(ウ) 情報収集と情報共有 [様々な可視化することのよさの理解]		ラウンドテーブル（3年生に学ぶ、探究の姿勢）
11月	古文を音読して古典の世界に親しむ	空間図形（後期） [A論] ア(イ) 多面的な思考と統合的な思考	光と音 [C伝] ア(ウ) 可視化	音風景をサンプリングして音楽をつくろう [A論] ア(イ) [B対・協] ア(オ)	心に響くデザインとは [B対] ア(ア)(ウ)(オ) 建設的な対話づくり [C伝] イ(ア) イ(ア)・(イ)・(エ) 目的に合わせた効果的な表現	長距離走 ベースランニング 保健・体育理論	調理と食文化「最高の一番だしをとくろう」 [A論] ア(ア) 思考の基礎操作 [様々なデータを基に比較、判断する]	写真について説明する [A論] ウ(ア) 客観と主観 [C伝] イ(ア)(エ) 目的に合わせた表現	自主研究ゼミ [A論] ウ(ア) 問題を分割して目的と目標明確、[A論] ウ(イ) 手順とスケジュール [C伝] ア(ア) 図書検索 (イ) インターネット	
12月	単語の類別について理解する [A論] ア(ア) 比較・分類	【地理】世界の諸地域 [A論] ア(ア)、(イ)、イ(イ) 批判的思考(ウ) [C伝] イ(イ) 表現の批判的吟味	関数 比例 [A論] イ(イ) 論理的な表現と批判的吟味 [C伝] ア(ウ) 可視化の方法	力の働き [C伝] イ(ア) 目的に合わせた効果的な表現	合唱コンクールに向けて [B対] ア(ア)(オ) 建設的な対話づくり [C伝] イ(ア) 表現の工夫	合唱コンクールに向けて [B対] ア(ア)(オ) 曲聴する。 [A論] ウ(イ) 計画	ダンス [C伝] イ(ア)(エ) 目的に合わせた表現 保健・体育理論	私たちの消費生活「エシカル消費カード」作りと共有 [C伝] イ(エ) 戦略的な表現 [目的に合わせた表現の工夫]		自主研究ゼミ [A論] イ(イ) 多面的に思考、ウ(ウ) 俯瞰的に捉え修正
1月	漢文を音読して古典の世界に親しむ。		反比例 比例と反比例の利用 [A論] イ(イ) 論理的な表現と批判的吟味 [C伝] ア(ウ) 可視化の方法	火山活動と火成岩	心に響くデザインとは グループプレゼンテーション [C伝] ア(ウ) イ(ア)(イ)(ウ)(エ)	器械運動 マット運動 [C伝] イ(ア)(エ) 目的に合わせた表現 保健・体育理論		show & tell をする [A論] ア(ア) 客観と主観 [C伝] イ(ア)(エ) 目的に合わせた表現	課題発掘セミナー（社会人に学ぶ探究心）	
2月	本や資料から文章や図表などを引用して説明する。 [C伝] ア(エ) 知的財産の保護	（地域調査の手法①：フィールドワーク…自主研究 課題発掘セミナーとコラボ） [A論] イ(ア) 多面的思考	資料の活用 [A論] イ(イ) 論理的な表現と批判的吟味 [C伝] イ(ア) 表現の批判的吟味	地震の伝わり方と地球内部の動き [A論] イ(イ) 論理的な表現と批判的吟味 身近な地形や地層、岩石の観察 [C伝] イ(エ) 効果的な表現	暮らしに息づく木の命	器械運動 マット運動 [C伝] イ(ア)(エ) 目的に合わせた表現 保健・体育理論	衣生活と自立「多織絞織布を染めよう」 [A論] イ(イ) 思考の基本操作 [視点を変えて多面的に思考・発想]	2年生学年発表会 ポスターセッションに参加（自主研究について学ぶ）	
3月	記録を読み、理解したことや考えたことを報告したり文章にまとめる。			自然の恵みと火山災害・地震災害 [A論] ア(イ) 多面的に思考・発想	卒業式の音楽	作品相互鑑賞会	器械運動 マット運動 [C伝] イ(ア)(エ) 目的に合わせた表現 保健・体育理論	外国人の先生に手紙を書く [C伝] イ(ア)(エ) 目的に合わせた表現		

月毎の区切り線はおおよそのラインである。

新学習指導要領　第2学年　コミュニケーション・デザイン科　モデルカリキュラム

月	行事予定	CD科の内容			
		【A基礎】論理・発想	【A基礎】対話・協働	【A基礎】伝達・発信	【B活用】
4月	入学式・始業式 委員選挙	研究での課題決定 [1] ア：マインドマップ （研究での課題決定 [1]　ア：マインドマップ）	学級での話し合い [1]　ア		学級目標をつくろう [1] 研究課題を設定する [1]
5月	体育大会		生徒祭自主G：[1] イ：目的や目標を鮮明にして仲間を募る （生徒祭自主G：[1]　イ：目的や目標を鮮明にして仲間を募る）	林間学校しおり作成のための技法 [1] イ：イラストレーション 林間学校スタンツ制作のための技法 [1] イ：身体表現	生徒祭プロジェクト導入 [2]
6月	宿泊行事	研究での考察の書き方 [1] イ：トゥールミンモデル		（林間学校しおり作成 [1]　イ：イラストレーション） （林間学校スタンツ制作 [1]　イ：身体表現）	林間学校しおり作成 [1] 林間学校スタンツ制作・練習 [2]
7月		生徒祭に向けた進捗状況把握と修正 [1] ウ：ガントチャート （生徒祭プロジェクト運行 [1] ウ：ガントチャート）		写真や動画の撮影の技法 [2] イ：写真、動画 （写真や動画の撮影 [1]　イ：写真、動画）	生徒祭でプロジェクト運行 [1] 林間学校で映像と画像を撮る [1]
8月					
9月	自主研究講堂発表 生徒祭	生徒祭に向けた進捗状況把握と修正 [1] ウ：PDCAサイクル （生徒祭プロジェクト運行 [1]　ウ：PDCAサイクル）		林間学校ビジュアルレポート [1] イ：キャッチコピー 林間学校パワポ作成 [1] イ：プレゼンテーションソフト 林間学校パワポ作成 [1] イ：音（BGM・効果音）	林間学校パワポを使った発表会 [2] 生徒祭でのプロジェクト運行 [1] 生徒祭でのプロジェクト発表 [3]
10月	生徒会選挙		研究室訪問導入 [1]　ア：依頼状を書く	林間学校映像編集 [1]　イ：動画 （動画編集 [2]　イ：動画）	林間学校映像編集 [2] 林間学校映像発表会 [2] 研究室訪問導入 [1]
11月			研究室での質問内容の検討 [1] ア：インタビュー	研究室訪問の内容を紹介しよう [1] イ：ポスターにまとめる	研究室訪問の準備 [1] 研究室訪問発表準備 [2] 研究室訪問発表会 [2] 研究室訪問のまとめ [1]
12月	マラソン大会		企画の立て方・示し方 [1]　ウ：企画書 （企画検討立案 [2]　ウ：企画書）		テーマ別学習導入 [1] テーマ別学習企画案検討 [2]
1月		訪問学習に向けて情報を批判的に読み取る [2] イ：クリティカルシンキング	訪問先との交渉 [1] ウ：アポイントメントを取る	基礎情報の収集 [1]　ア：情報収集 （訪問先の基礎情報収集 [1]　ア：情報収集）	訪問学習準備・情報収集 [2] 訪問先との連絡・交渉 [1] 訪問先での質問検討 [1]
2月				訪問学習発表準備 [1] イ：イラストレーション 訪問学習発表準備 [1] イ：プレゼンテーションソフト （訪問学習発表準備 [2] イ：イラストレーション、プレゼンテーションソフト）	訪問学習 [2] 訪問学習の発表準備 [2] 訪問学習発表会 [2]
3月	合唱コンクール 歓送会 卒業式 修了式		立場を決めて討論する技法 [2] ア：ディベート （立場を決めて討論 [2]　ア：ディベート）		テーマ別学習ディベート準備 [2] テーマ別学習ディベート [2]
	授業時数	6	8	12	
				CD基礎時数　26	CD活用時数　44

各教科、CD科を関連付けて扱える単元等を示し、対応するCD科の指導事項を太字で示した。

(2020年3月版)

月	国語	社会	数学	理科	音楽	美術	保体	技家	英語	自主研究
4月	インタビューと自己紹介 [B対] ア(ウ) 効果的に話し合う 俳句に親しむ	【地理】日本のすがた [A論] ア(イ) [B対] ア	文字式の計算 [A論] ア(イ) 多面的な思考と統合的な思考	電流 [C伝] ア(ウ) 可視化する	弦楽器（三味線・ワークショップ・ヴァイオリン）の演奏に親しもう	お互いをクローキーしよう！	体力テスト 陸上競技（リレー）体育大会種目 [B対] ア(ア)	食生活と栄養「栄養レクチャー紙芝居」作成と共有 [C伝] イ(ア) 戦略的な表現 [目的に応じた表現の調整・改善・評価]	その日にしたことや感想などを日記に書く [A論] イ(イ) 目的や対象を意識して、表現を調整・改善・評価する	課題設定 [A論] ウ(ア) 問題を分割して目的と目標明確
5月	物語を読み、人物像について話し合う [B対] ア(ウ)		多項式の乗法・除法 [A論] ア(イ) 多面的な思考と統合的な思考			「身近な人を見つめて」―思いを込めて対象を表そう―	陸上競技（幅跳・高跳）[B対] ア(ア) 保健			自主研究①② [A論] ウ(イ) 目標達成の手順とスケジュール [C伝] ア(ア) 図書検索とインターネット
6月	古典の随筆を読み、現代版に書き替える [C伝] イ(ア)(エ) 効果的な表現	【歴史】近世の日本 [A論] ア 【地理】地域調査の手法②：地形図の具体的な活用（林間学校とのコラボ）	式の活用 [A論] ア(イ) 多面的・統合的思考 [A論] ア(ウ) 条件制御 [A論] イ(イ) 論理的表現と批判的吟味	電流と磁界 [C伝] ア(ウ) 可視化する	フーガ・ソナタ形式の特徴を感じ取って鑑賞しよう		水泳（平泳ぎ）保健	調理と食文化「ウェアラブルカメラによる調理場面の振り返り」 [A論] ウ(ウ) 問題解決の思考 [問題解決に向けて修正を加えながら解決しようとする]	旅行の計画を立てて発表する [B対] ア(イ) 目的や相手、場に応じた伝え方を工夫する	自主研究③〜⑥ [A論] ア(イ) 多面的に思考、ウ(ウ) 行動を俯瞰して捉え修正・解決
7月	説明文 メディアリテラシー [A論] ア(ア) イ(イ)		連立方程式 [A論] ア(イ) 多面的な思考と統合的な思考	生物と細胞 [A論] ア(ア) 観点を設定し、比較	作品相互鑑賞会		水泳（平泳ぎ）保健			自主研究⑦
8月	漢詩の鑑賞			気象観測、天気の変化（前期）					職業に関して、仲間と話し合う	自主研究⑧グループ内発表会
9月	評論文を読む [A論] イ(ア) 論理思考	日本の諸地域 [A論] ア(ア)(イ) [B対] ア(ア),(ウ)	1次関数 [A論] イ(イ) 論理的な表現と批判的な吟味 [C伝] ア(ウ) 可視化の方法	植物の体のつくりとはたらき [A論] ア(ウ) 変える条件と変えない条件を考えて計画	物語や情景を表す音楽を味わおう 「日本の歌」を自分のキーで歌おう	アートポエム [C伝] ア(ウ)	バレーボールとサッカー [B対] ア(ア) 保健	ディジタル作品の設計と制作・地域の食材を生かした調理をしよう「お茶中オリジナルレシピWebページ」 [A論] ウ(イ) 問題解決の思考 [目標達成までの手順の計画] [C伝] イ(エ) 戦略的な表現 [Webページによる目的に合わせた表現の特徴をいかした選択と表現]	[A論] イ(ウ) 多様な物の考え方を知り、多面的な見方を育む [B対] ア(イ) 質問の機能について知り、場面に応じて質問の仕方を工夫する	[C伝] イ(エ) 目的に合わせた表現 [A論] ウ(ウ) 自らの行動を俯瞰的の捉え（PDCAサイクル）講堂発表会（3年生に学ぶ）
10月	古典の物語を読み、テーマについて話し合い比較、吟味する [A論] ア(イ) イ(ウ)		図形の性質、平行線と多角形 [A論] イ(イ) 論理的な表現と批判的な吟味	動物の体のつくりとはたらき [A論] ア(ア) 情報を吟味する	「暮らしを豊かにするペーパーウェイト」（石彫） [C伝] イ(イ) 目的に応じた表現		球技 バレーボール・サッカー [B対] ア(ア) 陸上競技（長距離走）	[A論] ウ(イ) 問題解決の思考 [目標達成までの手順の計画] [C伝] イ(エ) 戦略的な表現 [Webページによる目的に合わせた表現の特徴をいかした選択と表現]		ラウンドテーブル（探究の姿勢を学ぶ）課題設定 [A論] ウ(ア) 問題を分割して目的と目標明確
11月	論説文：筆者の主張を踏まえて課題解決について考え発信する [A論] ウ(ア) [C伝] ウ(ア)	地域の在り方 [A論] ア（ア）(イ)、イ、ウ(ア)(エ) [B対] ア、イ [C伝] ア、イ	図形の合同 [A論] イ(イ) 論理的な表現と批判的な吟味	物質の成り立ち 原子と分子 粒子モデル [C伝] ア(ウ) 可視化する	ミュージック・トーク〜みんなと聴きたい音楽で語り合おう〜 [A論] ア(ア)(イ)・イ		サッカー・柔道 [B対] ア(ア) 陸上競技（長距離走）		大切なものを紹介する文章を書き、スピーチする。 [C伝] イ(エ) 図表・画像・身体表現などの特徴を生かして、表現する	自主研究①② [A論] ウ(イ) 目標達成までの手順とスケジュール
12月	短歌の鑑賞を視覚化して共有する [C伝] ア(ウ)		三角形 [A論] ア(ウ) 条件制御 [A論] イ(イ) 論理的な表現と批判的な吟味	化学変化 粒子モデル [C伝] ア(ウ) 可視化する	音楽紹介のプレゼンをし意見を共有する	作品相互鑑賞会	球技 ベースボール型	材料と加工に関する技術 設計「既存の製品の市場調査」 [C伝] イ(イ) 情報収集と情報共有 [インターネットを使用した情報収集と共有]		自主研究③④ [C伝] ア(ア) 図書検索 とインターネット
1月	小説を読み、登場人物になったつもりで手紙を書く [C伝] イ(ア)	【歴史】近代の日本と世界 欧米における近代社会の成立とアジア諸国の動き〜 議会政治の始まりと国際社会との関わり [A論] ア	四角形 [A論] ア(ア) 比較・分類 [A論] ア(ウ) 条件制御 [A論] イ(イ) 論理的な表現と批判的な吟味	化学変化と物質の質量 [A論] ア(ア) 変える条件と変えない条件を考えて計画	合唱コンクールに向けて [B対]ア(ア)(イ) [C伝] イ(ア) 目的に応じた表現	「レザークラフト」（革工芸） [C伝] イ(ア) 目的に応じた表現 [A論] ウ(イ) 計画 [C伝] イ(ア) 表現の工夫	柔道 [B対] ア(ア) ダンス [C伝] イ(ア) 目的に応じた表現 からだづくり運動 [B対] ア(ア)	材料と加工に関する技術 作品の評価・活用 [C伝] イ(エ) 戦略的な表現 [プレゼンテーションによる表現の特徴をいかした選択と表現]	自分の町を紹介する文章を書く [C伝] ア 情報収集 イ(ア) 効果的な表現について理解し、目的に応じて表現を調整・改善・評価する	自主研究⑤〜⑦ [A論] ア(イ) 多面的思考、ウ条件制御、イ(イ) 判断を構成する要素
2月	小説を題材に批判的視点を持って討論（ディベート）を行う [C伝] イ(ア) 戦略的な表現		箱ひげ図・確率 [A論] イ(イ) 論理的な表現と批判的な吟味 [C伝] イ(ア) 効果的な表現 [C伝] イ(イ) 表現の批判的な吟味	日本の気象、自然の恵みと気象災害（後期） [A論] ア(イ) 多面的思考、ウ(ア) 問題の所在に気づき、具体的に分割して考える						自主研究⑧グループ内発表会⑨学年発表会 ポスターセッション [C伝] イ(ア) 目的に合わせた表現 [A論] ウ(ウ) 自らの行動を俯瞰的に捉え（PDCAサイクル）
3月	東北地方の文学と鑑賞				卒業式の音楽	作品相互鑑賞会				

月ごとの区切り線はおおよそのラインである。

新学習指導要領　第3学年　コミュニケーション・デザイン科　モデルカリキュラム

月	行事予定	CD科の内容			
		【CD基礎】　A論理・発想	【CD基礎】　B対話・協働	【CD基礎】　C伝達・発信	【CD活用】
4月	入学式・始業式 委員選挙	学級目標を決めよう [1] ア：アイディアを引き出すコツ、ア：発想（ア：マインドマップ、ア：問題の発見・分割と達成目標ア、ァ：ロードマップ）	学級目標を決めよう [1] ア：会議の進め方、引き出す話し合い、意見の調整、ファシリテータ、ブレーンストーミング 交渉の準備をしよう [2] （イ：交渉の準備と実践）	修学旅行ビジュアルレポート [2] ウ：戦略的な表現 （ア：可視化による情報共有）	〈復興支援を考える〜支援プロジェクトを実施する〉 ①〜⑥プロジェクトの具体化、見通しを立て実行する、インタビュー調査・交渉準備、交渉する [6]
5月	体育大会	（ウ：PDCA） （ウ：ガントチャート） （イ：批判的思考（価値の多様性、多面的、複眼的なものの見方））	（イ：合意形成、B：相互利益） （ア：目的に応じた話し合い） （イ：交渉の準備と実践）	修学旅行ビジュアルレポート [2] ウ：戦略的な表現 エレベーターピッチトレーニング [2] ウ：戦略的な表現	⑦〜⑫プロジェクトの具体化、見通しを立て実行する、インタビュー調査、交渉準備、交渉する、計画を立て直す、調整する、軌道修正する [6]
6月	宿泊行事	（ウ：ガントチャート）	（ア：目的に応じた話し合い） （イ：交渉の準備と実践）	（ウ：戦略的な表現）	⑬〜⑳企画実現に向けて見通しを持って主体的に活動する。プロジェクト管理（ガントチャート）、対象・目的を意識して伝達・発信。交渉する。協働的で建設的な話し合い。対立の調整　[8]
7月			（ア：目的に応じた話し合い） （イ：交渉の準備と実践）	（ウ：戦略的な表現）	㉑〜㉖企画実現に向けて見通しを持って主体的に活動する。対象・目的を意識して伝達・発信。交渉する。ポスター表現、プレゼン、言葉・音楽・身体表現を組み合わせた発信、SNS、画像（動画）を組み合わせた発信 [6] 休日・夏休み等課外活動㉗〜㉜企画を実践する [6]
8月				（ウ：戦略的な表現）	㉝㉞プロジェクト実施報告（発表）に向けて準備する。対象・目的を意識した視覚的効果を考えた伝達・発信の準備、協働的な話し合い [2]
9月	自主研究講堂発表 生徒祭	評価軸を学ぶ [2] ウ：評価軸×評価リスト （ウ：リフレクション、フィードフォワード）		（ウ：戦略的な表現）	㉝㉞プロジェクト実施報告（発表）に向けて準備する。対象・目的を意識した視覚的効果を考えた伝達・発信の準備、協働的な話し合い [2] ㉟〜㊱プロジェクト実施の成果報告会　対象・目的を意識した視覚効果を考えた伝達・発信、プレゼン ふり返り [2]
10月	生徒会選挙	（ウ：ガントチャート） （ウ：思考の可視化（マトリックス、KJ法、マインドマップ等））	（ア：ファシリテータ） （ア：ブレーンストーミング）	（ア：可視化による情報共有） （イ：相手の分析）	〈プロジェクト成功のためのHOW TO本を作ろう〉 ①②プロジェクト活動の企画・実施のふり返り [2] 活動の見通しを立てる 課題設定、比較、整理、アイディアを出し合う、焦点を絞る、発想を広げる（マインドマップ等思考ツールの活用）、順位付け、評価基準作成
11月		（ウ：PDCA）	（ア：ファシリテータ） （ア：ブレーンストーミング）		③④情報の収集、共有、整理、分析 [2] 協働的な話し合い ⑤⑥本の構成を考える [2]
12月	マラソン大会	（イ：批判的思考）		（ア：可視化による情報共有） （イ：相手の分析） （ウ：効果的な表現を工夫する）	⑦⑧本の内容・プロットをプレゼンする。[2] クリティカル・シンキング、多角的、批判的に聴く 他者からの意見をもとに本の構成を再検討する。 本作成の分担をする、絵コンテ・構成案作成 ⑨⑩本を作成する。[4] 目的・対象を意識して、まとめ表現する
1月		（ウ：リフレクション、フィードフォワード）	〈現代社会への視座①〉 アンガーマネジメント [2] ア：アンガーマネジメント		⑪ふり返り [1] 〈現代社会への視座②〉住みよい社会について考えよう〜高齢者疑似体験〜 [1]
2月					〈現代社会への視座③〉模擬裁判 [2] 確かな根拠に基づいた判断、他者の意見から自分の判断を再構成、社会の人々と協働し社会の運営に主体的に参加する態度の育成 〈現代社会への視座④〉世界の課題を自分の視点で考えてみよう [2] 課題設定、持続可能な社会への課題意識、社会に主体的に関わろうとする態度、課題を解決しようとする態度、異文化理解・他者理解
3月	合唱コンクール 歓送会 卒業式 修了式	★（　）は [CD活用] で活用される [CD基礎] の内容項目 ［例］9月の [CD活用]「プロジェクト実施報告（発表）」の中で、【CD基礎】伝達・発信の（戦略的な表現）が活用されることを表す。			
授業時数		3	5	6	
				CD基礎時数　14	CD活用時数　56

各教科、CD科を関連付けて扱える単元等を示し、対応するCD科の指導事項を太字で示した。

(2020年3月版)

月	国語	社会	数学	理科	音楽	美術	保体	技家	英語	自主研究
4月	俳句を読み考えたことを伝え合う [C伝] イ(ア) 効果的な表現	近代産業の発展と近代文化の形成 第一次世界大戦前後の国際情勢と大衆の出現 第二次世界大戦と人類への惨禍 [A論] イ(ウ) 多面的な見方	因数分解 [A論] ア(イ) 多面的な思考と統合的な思考 [A論] イ(イ) 多面的な見方	原子の成り立ちとイオン、酸・アルカリ [C伝] ア(ウ) 可視化する	弦楽器（三味線・ヴァイオリン）の演奏に親しもう	作品と共にクロッキーしよう！	陸上競技 体育大会種目 応援ダンス [B対] ア(ウ) 話し合い、イ(ウ) 対立の解消	エネルギー変換に関する技術「二次エネルギーを利用している機器・機械調査」 [C伝] ア（イ）情報収集と情報共有 [インターネットを使用した情報収集と共有]	日本の伝統文化を紹介する文章を書き、発表する [C伝] イ(ア) 目的に合わせた効果的な表現	課題設定 [A論] ウ(ア) 問題を分割して目的と目標明確 [A論] ウ(イ) 目標達成の手順とスケジュール
5月	童話を読んで感じたことや考えたことを伝え合う [B対] ア(エ) 質問の種類 [C伝] イ(ウ) 発表資料の作成		平方根 [A論] ア(イ) 多面的な思考と統合的な思考			ブラス・キーホルダー制作 [C伝] イ(ア) 目的に応じた表現	陸上競技 体育大会種目 リレー [B対] ア(ウ) 話し合い、イ(ウ) 対立の解消			自主研究①下級生へアドバイス② [A論] ウ(イ) 目標達成の手順とスケジュール [C伝] ア(ア) 図書検索 （イ）イ インターネット
6月	俳諧紀行文を読み、引用して文章を書く	現代の日本と世界 [A論] イ(イ) 多面的な思考と統合的な思考	2次方程式 [A論] イ(イ) 多面的な思考と統合的な思考 [A論] ア(ウ) 変える条件と変えない条件を考えて計画 [C伝] ア(ウ) 可視化する	水中の物体に働く力、力の合成・分解、力と運動 [A論] ア(ウ) 変える条件と変えない条件を考えて計画 [C伝] ア(ウ) 可視化する	音楽の要素をとらえながら鑑賞・表現しよう		ハンドボールとバレーボール [A論] ウ(ウ) 俯瞰的視座 [A論] イ(ウ) 論理思考の基礎 [様々な価値観や多様なものの見方や多面的、複眼的なものの見方]		外国人の先生にインタビューをする [A論] イ(ア) 目的、相手、場に応じた伝え方の工夫	自主研究③〜⑥ [A論] イ(イ) 多面的に思考、ウ(ウ) 行動を俯瞰的に捉え修正・解決
7月	情報を編集し、自分の考えを書く [A論] イ(ア) 情報の吟味	【公民】現代社会と私たちの生活 [B対] イ(ウ) 対立の解消	相似な図形(前期) [C伝] イ(ア) 効果的な表現			作品相互鑑賞会	体つくり運動オリジナルワークショップ [A論] ウ(ウ) PDCAサイクル			自主研究⑦ [C伝] イ(ア) 目的に合わせた表現 [A論] ウ(ウ) 進捗状況を俯瞰的の捉え
8月	文法 助動詞と助詞	個人の尊重と日本国憲法	2次関数 [A論] イ(イ) 論理的な表現と批判的な吟味 [C伝] イ(ア) 効果的な表現	生物の殖え方、遺伝 [C伝] ア(ウ) 可視化し共有	管弦楽の響きを味わおう	日常をアートに残そう！当たり前の中にステキを見つけよう！「デイリーライフアート」制作 [C伝] ア(ウ) イ(2) イ	球技 フラッグフットボールとハンドボール [B対] ア(ア) 立場の尊重	住生活と自立「住まいと防災」 [A論] ウ(エ) 問題解決の思考 [複合的な問題に対して判断・意思決定していく]	尊敬する人などを紹介する文章を書き、発表する [C伝] イ(ア) 目的に合わせた効果的な表現	自主研究⑧グループ内発表会 [C伝] イ(ウ) プレゼンソフトを用いた資料作成 講堂発表会（発表者は [C伝] ウ(イ) 目的に合わせた表現）
9月	和歌を読んで古典に親しむ [C伝] イ(エ) 表現の組み合わせ				「日本の歌」を自分のキーで歌おう [C伝] ア(ウ) イ(2) イ					
10月	論説文を読んで討論する [C伝] A(ウ) 可視化の工夫	現代の民主政治と社会 [B対] ア [A論] ア(ア)、イ(イ)(ウ)	円(後期) [A論] イ(ウ) 多面的な見方 [C伝] イ(ア) 効果的な表現		ミュージック・トーク〜みんなと聴きたい音楽で語り合おう〜 [A論] ア（ア）（イ）・イ [C伝・発] ア(イ)(ウ)・イ(ウ)(エ) 音楽紹介のプレゼンをし意見を共有		柔道・ダンス 保健	プログラムによる計測・制御「生活の中にある計測・制御」 [C伝] ア(イ) 情報収集と情報共有 [インターネットを使用した情報収集と共有]		ラウンドテーブル発表者 [C伝] イ(エ) 目的に合わせた表現の組み合わせ、[A論] ウ(ウ) 自らの行動を俯瞰的仁に捉え
11月	古典「論語」に親しむ	私たちの暮らしと経済 [A論] イ(イ) 批判的吟味 ウ(エ) 意思決定	三平方の定理 [A論] イ(イ) 多面的な見方 [C伝] イ(ア) 効果的な表現	自転と公転、太陽の様子、惑星と恒星、月や金星の運動と見え方 [A伝] ア(イ) 視点を変えて多面的に思考・発想		作品制作途中段階鑑賞会	柔道・ダンス 保健	幼児の生活と家族「家族の立場になって考えよう」 [B対] ア(イ) 対話・話し合いの基礎 [伝わり方や受け止め方の違いと伝え方の工夫]	二つのものを比べて、どちらがよいか話し合う [A論] イ(イ) 論理的な表現や批判的な吟味	自主研究集録の執筆 [A論] イ(エ) 判断を構成する要素、[C伝] イ(エ) 目的に合わせた表現の組み合わせ
12月	小説「高瀬舟」を読んで批評する [A論] ア(ウ) 複眼的な思考					完成作品相互鑑賞会	ベースランニング 保健			
1月	自分の考えを話したり聞いたりして評価し合う [A論] ア(ア) 観点を設定して考え判断	地球社会と私たち [A論] イ(ウ) 論理思考 [B対] ア(エ) 対立の解消	標本調査(後期) [A論] イ(イ) 論理的な表現と批判的な吟味 [C伝] イ(ア) 効果的な表現 [C伝] イ(ウ) 表現の批判的な吟味	自然と人間 [A論] ウ(ア) 問題の所在 [A論] イ(エ) 評価の軸を設定し、判断・意志決定	合唱コンクールに向けて [B対] ア（ア）（ウ）（オ）選曲する [A論] ウ(イ) 練習計画を立てる [C伝] イ(ア) 曲想を工夫する	版表現多様性―石膏版画の制作―	選択球技 [A論] ウ(ウ) PDCAサイクル 保健	技術を評価する視点「技術と社会、環境、経済とのかかわり」 [B対] イ(イ) 対立の解決・解消 [問題解決のための状況分析と他者との意見交換]	過去・現在・未来の自分について文章にまとめる [A論] イ(イ) 俯瞰的なとらえ	
2月	小説「故郷」を読んで人間や社会について考える [B対] ア(ウ) 論点を捉えて効果的に話し合う	より良い社会を目指して [A論] ウ(エ)		科学技術と人間 [A論] イ(ウ) 多面的、複眼的なものの見方		作品相互鑑賞会	選択球技 [A論] ウ(ウ) PDCAサイクル 保健			
3月	卒業に向けて				卒業式の音楽					

月毎の区切り線はおおよそのラインである。

おわりに

　コミュニケーション・デザイン科（CD科）は、平成26年度に文部科学省研究開発学校の指定を受け、新教科として平成30年度までの5年間、研究実践に取り組んでまいりました。

　研究当初からESD（education for sustainable development「持続可能な開発のための教育」）の考え方を基盤にして、世界に生じている様々な現代社会の課題を自らの問題として捉え、身近なところから取り組む（think globally, act locally）ことにより、課題の解決につながる新たな価値観や行動を生み出すことや、持続可能な社会を創造していくことを目指す学習や活動を通して、持続可能な社会づくりの担い手を育む教育を目指しました。

　これまで学校教育の中では、答えが明確なもの、一つの答えを導き出すための学習方法・学習技術の習得や知識理解に重きがおかれていましたが、次世代を担う生徒たちにとって、「どのように考えるか」「どうあるべきか」「どうすべきか」といったことを、他者と協働的・創造的に課題を解決していくための方法を、体験的に学んでいく力が必要となります。協働的な課題解決の場面では、図解化など様々なツールを活用して自分の考えをまとめて話し合ったり、統合メディア表現によって効果的に伝達・発信したりするための考え方や表現方法を学び、次世代に向けた教育がより効果的に進めていくことができるようにと考えてCD科のカリキュラムを作成しました。

　これまでの研究を踏まえ、各教科や総合的な学習の時間、本校の教育の特色の一つである自主研究などとの関連を示すとともに、新教科としてカリキュラム編成や指導内容の系統化、そして新教科全体の評価規準や評価の具体化についても取り組み、一つの形として本書にまとめることができました。ぜひ多くの先生方に本書を手にとっていただき、それぞれの授業実践の中でご活用いただけましたら幸いです。

　最後になりますが、これまで本研究のためにご指導・ご支援いただきました上智大学・奈須正裕先生、東北大学・堀田龍也先生、東京大学・藤江康彦先生、お茶の水女子大学・冨士原紀絵先生をはじめ、各教科等の助言者、研究協力者の先生方、そして本校で40年以上続けられてきている「自主研究」についてまとめた本『自分の"好き"を探究しよう！』に続き、本書の出版にご尽力くださいました明石書店の大江道雅社長ならびに秋耕社の小林一郎氏に心からの感謝とお礼を申し上げます。

2020年6月

お茶の水女子大学附属中学校副校長

小　泉　　薫

お茶の水女子大学附属中学校　沿革

明治 8（1875）年	「御茶の水」に東京女子師範学校開校
明治 15（1882）年	東京女子師範学校附属高等女学校創設（中学校の前身）
昭和 7（1932）年	現在地（大塚）に移転
昭和 22（1947）年	東京女子高等師範学校附属中学校発足（男女共学）
昭和 24（1949）年	お茶の水女子大学を新設（東京女子高等師範学校を包括）
昭和 27（1952）年	お茶の水女子大学文教育学部附属中学校に改編
昭和 42（1967）年	創立 20 周年記念式典
昭和 52（1977）年	創立 30 周年記念式典
昭和 53（1978）年	「ゆとりの教育」の実践　「自主研究」誕生
昭和 54（1979）年	帰国子女教育学級発足
昭和 55（1980）年	お茶の水女子大学附属中学校に改編
昭和 57（1982）年	『「ゆとり」の教育実践』（第一法規）出版
昭和 62（1987）年	創立 40 周年記念式典
平成 2（1990）年	文部省コンピュータ利用の研究指定校になる
平成 7（1995）年	校内 LAN 整備完了・インターネット接続開始
平成 8（1996）年	文部省武道推進指定校になる
平成 9（1997）年	文部省研究開発学校に指定される（12 年度まで）
	「児童・生徒が自分にとって『意味ある学び』を創出する教育課程の開発」
	教育課程を「教科」「総合」「探究」の 3 つの領域とし、自主研究を「探究」領域に位置づける。OWN プランを開発した。
	創立 50 周年記念式典
平成 10（1998）年	文部省光ファイバー網による学校ネットワーク活用方法研究開発実践研究校に指定される（12 年度まで）
平成 16（2004）年	お茶の水女子大学が国立大学法人となる
平成 17（2005）年	文部科学省研究開発学校に指定される（19 年度まで）
	「協働して学びを生み出す子どもを育てる〜幼・少・中 12 年間の学びの適時性と連続性を考えた連携型一貫カリキュラムの研究開発〜」
平成 19（2007）年	創立 60 周年記念式典
平成 20（2008）年	第一校舎改修工事完了
平成 21（2009）年	文部科学省研究開発学校に指定され、「『探究する楽しさ』を見出す主体的な研究活動」をテーマに掲げ「自主研究」を中心とした教科・総合の統合型教育課程の研究開発を行う（23 年度まで）
平成 26（2014）年	第二校舎改修工事完了
	文部科学省研究開発学校に指定され、
	「協働的な思考・判断・表現の力を育てる授業づくり〜コミュニケーション・デザイン科の開発〜」を行う（30 年度まで）
平成 29（2017）年	創立 70 周年記念式典

【執筆者及び研究同人一覧】（〔　〕内は執筆担当）

校長

池田全之［刊行に当たって］　　　　お茶の水女子大学附属中学校・校長
　　　　　　　　　　　　　　　　　お茶の水女子大学 基幹研究院教授

加賀美常美代［はじめに］　　　　　お茶の水女子大学附属中学校・校長（2015-18 年度）
　　　　　　　　　　　　　　　　　お茶の水女子大学名誉教授
　　　　　　　　　　　　　　　　　目白大学心理学部教授

副校長

小泉　薫［おわりに］　　　　　　　お茶の水女子大学附属中学校・副校長

運営指導委員

奈須正裕［第1章②］　　　　　　　上智大学総合人間科学部教育学科・教授
堀田龍也［第3章④］　　　　　　　東北大学大学院情報科学研究科・教授
藤江康彦［第3章⑤］　　　　　　　東京大学大学院教育学研究科・教授
冨士原紀絵［第4章②］　　　　　　お茶の水女子大学基幹研究院・准教授

教員（50 音順）

有友愛子［第2章⑲］　　　　　　　お茶の水女子大学附属中学校・教諭　　家庭科
市川千恵美［第2章③］　　　　　　お茶の水女子大学附属中学校・教諭　　国語科
大塚みずほ［第2章⑥］　　　　　　お茶の水女子大学附属中学校・教諭　　数学科
加藤理嘉［第2章⑯］　　　　　　　お茶の水女子大学附属中学校・教諭　　英語科
君和田雅子［第2章⑪］　　　　　　お茶の水女子大学附属中学校・教諭　　保健体育科
木村真冬［第2章⑫］　　　　　　　お茶の水女子大学附属中学校・教諭　　社会科
桐山瞭子［第2章⑭、第3章③］　　お茶の水女子大学附属中学校・教諭　　美術科
栗原恵美子［第2章④］　　　　　　東洋大学非常勤講師
　　　　　　　　　　　　　　　　　元お茶の水女子大学附属中学校教諭　　家庭科
近藤久美子　　　　　　　　　　　　お茶の水女子大学附属中学校・養護教諭・学校保健
佐々木善子［第2章①］　　　　　　お茶の水女子大学附属中学校・主幹教諭　　社会科
佐藤吉高［第2章⑰］　　　　　　　お茶の水女子大学附属中学校・教諭　　保健体育科
関口　智　　　　　　　　　　　　　お茶の水女子大学附属中学校・教諭　　英語科
宗我部義則［第1章①、第2章㉒、第4章①、第5章①〕
　　　　　　　　　　　　　　　　　お茶の水女子大学附属中学校・教諭　　国語科
薗部幸枝［第2章④、第5章①］　　お茶の水女子大学附属中学校・教諭　　理科
寺本　誠［第2章⑤］　　　　　　　お茶の水女子大学附属中学校・教諭　　社会科
戸谷順子［第2章②］　　　　　　　お茶の水女子大学附属中学校・教諭　　国語科
中島義和［第2.章⑩］　　　　　　　広島大学附属東雲中学校・教諭
　　　　　　　　　　　　　　　　　元お茶の水女子大学附属中学校教諭　　英語科
中山由美［第2章⑮］　　　　　　　お茶の水女子大学附属中学校・教諭　　音楽科
西平美保［第2章⑦］　　　　　　　お茶の水女子大学附属中学校・教諭　　英語科
藤原大樹［第2章⑳、第3章③］　　お茶の水女子大学附属中学校・教諭　　数学科
前川哲也［第2章⑧、第4章①］　　お茶の水女子大学附属中学校・教諭　　理科
松嶋美佐　　　　　　　　　　　　　お茶の水女子大学附属中学校・教諭　　数学科
松本純一［第2章⑱、第3章①］　　お茶の水女子大学附属中学校・教諭　　数学科
森　裕樹　　　　　　　　　　　　　お茶の水女子大学附属中学校・教諭　　保健体育科
山本江津子［第2章⑬］　　　　　　お茶の水女子大学附属中学校・教諭　　理科
渡邉光輝［第2章㉑、第3章①］　　お茶の水女子大学附属中学校・教諭　　国語科
渡邊智紀［第2章⑨、第3章②］　　お茶の水女子大学附属中学校・教諭　　社会科

●お茶の水女子大学附属中学校
〒112-8610
東京都文京区大塚 2-1-1
TEL. 03-5978-5862
URL http://www.fz.ocha.ac.jp/ft/

コミュニケーション・デザインの学びをひらく
──教科横断で育てる協働的課題解決の力

2020 年 10 月 30 日　初版第 1 刷発行

編　者	お茶の水女子大学附属中学校
発行者	大　江　道　雅
発行所	株式会社明石書店

〒101-0021 東京都千代田区外神田 6-9-5
電　話　03 (5818) 1171
FAX　03 (5818) 1174
振　替　00100-7-24505
http://www.akashi.co.jp

組　版	有限会社秋耕社
装　丁	明石書店デザイン室
印刷・製本	モリモト印刷株式会社

（定価はカバーに表示してあります）　　　　ISBN978-4-7503-5096-7

自分の"好き"を探究しよう！

お茶の水女子大学附属中学校「自主研究」のすすめ

お茶の水女子大学附属中学校 [編]

◎A5判／並製／154頁　◎1,600円

関心のある研究課題を選び、その課題を追究し研究を深め、多様な形態で成果を発表するお茶の水女子大学附属中学校の「自主研究プログラム」。「自ら学ぶ」象徴的な教育実践例として、「自主研究」の紹介を通して子どもたちの学びの姿がどのように創出されるかを考察・詳解する。

《内容構成》

〈価格は本体価格です〉

社会科アクティブ・ラーニングへの挑戦
社会参画をめざす参加型学習
風巻浩著
◎2800円

国際セクシュアリティ教育ガイダンス[改訂版]
科学的根拠に基づいたアプローチ
ユネスコ編　浅井春夫、艮香織、田代美江子、福田和子、渡辺大輔訳
◎2600円

ユニセフ「子どもの権利とスポーツの原則」実践のヒント
その指導、子どものため？おとなのため？
日本ユニセフ協会「子どもの権利とスポーツの原則」起草委員会編
◎1500円

教育のディープラーニング　世界に関わり世界を変える
マイケル・フラン、ジョアン・クイン、ジョアン・マッキーチェン著
松下佳代監訳
濱田久美子訳
◎3000円

教育のワールドクラス　21世紀の学校システムをつくる
アンドレアス・シュライヒャー著　経済協力開発機構(OECD)編
ベネッセコーポレーション企画・制作　鈴木寛、秋田喜代美監訳
◎3000円

社会情動的スキル　学びに向かう力
経済協力開発機構(OECD)編著
ベネッセ教育総合研究所企画・制作
無藤隆、秋田喜代美監訳
◎3600円

キー・コンピテンシー
国際標準の学力をめざして
ドミニク・S・ライチェン、ローラ・H・サルガニク編著
立田慶裕監訳
◎3800円

キー・コンピテンシーの実践
学び続ける教師のために
立田慶裕著
◎3000円

メタ認知の教育学　生きる力を育む創造的数学力
OECD教育研究革新センター編著
篠原真子、篠原康正、袰岩晶訳
◎3600円

アートの教育学　革新型社会を拓く学びの技
OECD教育研究革新センター編著
篠原康正、篠原真子、袰岩晶訳
◎3700円

色から始まる探究学習　アートによる自分づくり・学校づくり・地域づくり
「地域の色・自分の色」実行委員会、秋田喜代美編著
◎2200円

生きるための知識と技能7
OECD生徒の学習到達度調査(PISA)2018年調査国際結果報告書
国立教育政策研究所編
◎3600円

PISAから見る、できる国・頑張る国2
トップを目指す教育
経済協力開発機構(OECD)編
渡辺良監訳
◎4600円

PISAから見る、できる国・頑張る国
未来志向の教育を目指す：日本
経済協力開発機構(OECD)編
渡辺良監訳
◎3600円

TIMSS2015算数・数学教育／理科教育の国際比較
国際数学・理科教育動向調査の2015年調査報告書
国立教育政策研究所編
◎4500円

多様性を拓く教師教育　多文化時代の各国の取り組み
OECD教育研究革新センター編著　斎藤里美監訳
布川あゆみ、本田伊克、木下江美、三浦綾希子、藤浪海訳
◎4500円

〈価格は本体価格です〉

図表でみる教育 OECDインディケータ(2019年版)

経済協力開発機構(OECD)編著 ◎8600円

学習の本質 研究の活用から実践へ

OECD教育研究革新センター編著
立田慶裕、平沢安政監訳 ◎4600円

教育とエビデンス 政策と研究の協同に向けて

OECD教育研究革新センター編著
岩崎久美子、菊澤佐江子、藤江陽子、豊浩子訳 ◎3800円

教育研究とエビデンス 国際的動向と日本の現状と課題

国立教育政策研究所編 大槻達也、惣脇宏、豊浩子、
トム・シュラー、籾井圭子、津谷喜一郎、秋山薊二、岩崎久美子著 ◎3800円

教員環境の国際比較 専門職としての教員と校長

OECD国際教員指導環境調査(TALIS)2018報告書[第2巻]
国立教育政策研究所編 ◎3500円

諸外国の教育動向 2019年度版

文部科学省編著 ◎3600円

諸外国の生涯学習

文部科学省編著 ◎3600円

成人教育・生涯学習ハンドブック 理論と実践

ピーター・ジャーヴィス著
渡邊洋子、犬塚典子監訳 P・ジャーヴィス研究会訳 ◎8000円

21世紀型学習のリーダーシップ イノベーティブな学習環境をつくる

OECD教育研究革新センター編著
斎藤里美、本田伊克、大西公恵、三浦綾希子、藤浪海訳
木下江美、布川あゆみ監訳 ◎4500円

学びのイノベーション 21世紀型学習の創発モデル

OECD教育研究革新センター編著
有本昌弘監訳 多々納誠子訳 小熊利江訳 ◎4500円

GDPを超える幸福の経済学 社会の進歩を測る

ジョセフ・E・スティグリッツほか編著
経済協力開発機構(OECD)編 西村美由起訳 ◎5400円

デジタル時代に向けた幼児教育・保育 人生初期の学びと育ちを支援する

アンドレアス・シュライヒャー著
経済協力開発機構(OECD)編 一見真理子、星三和子訳 ◎2500円

若者のキャリア形成 スキルの獲得から就業力の向上、アントレプレナーシップの育成へ

経済協力開発機構(OECD)編著 菅原良、福田哲哉、松下慶太監訳
竹内真、佐々木真理、橋本諭、神崎秀嗣、奥原俊介訳 ◎3700円

日本のオンライン教育最前線 アフターコロナの学びを考える

石戸奈々子編著 ◎1800円

反転授業が変える教育の未来 生徒の主体性を引き出す授業への取り組み

反転授業研究会編 芝池宗克、中西洋介著 ◎2000円

反転授業の実践知 ICT教育を活かす「新しい学び」21の提言

反転授業研究会・問学教育研究部編 中西洋介著 ◎2000円

〈価格は本体価格です〉